Kursbuch 4: Sport und Gesellschaft

Kursbücher Sport

Kursbuch 1 **(Sportbiologie)** mit Beiträgen zu den biologischen Grundlagen des Sports, zur funktionellen Anatomie, zur Physiologie, zum Zusammenhang von Sport und Gesundheit sowie zur Sportmedizin.

Kursbuch 2 **(Trainingslehre)** mit Beiträgen zum Begriff und der Methodik des Trainings, zum Training der Kondition (Ausdauer, Kraft, Schnelligkeit und Beweglichkeit), zum Koordinationstraining sowie zum psychologischen Training.

Kursbuch 3 **(Bewegungslehre)** mit Beiträgen zu Merkmalen sportlicher Bewegungen, zum Bewegungslernen, zur Bewegungsentwicklung, zur Messung sportlicher Bewegungen, zur Bewegungsgestaltung.

Kursbuch 4 **(Sport und Gesellschaft)** mit Beiträgen zur gesellschaftlichen Bedeutung des Sports, zum Verhältnis von Spielen und Leisten sowie Konkurrieren und Kooperieren, zur Organisation des Sports, zum Komplex Sport und Wirtschaft, zum Sport in den Massenmedien, zu den Olympischen Spielen der Neuzeit und zu ökologischen Aspekten des Sporttreibens.

Sport und Gesellschaft

Kursbuch Sport

6., völlig neubearbeitete Auflage

Herausgegeben von

Volker Scheid
Robert Prohl

mit Beiträgen von

Robert Prohl / Volker Scheid
Ingrid Bähr / Bernd Gröben
Bernd Schulze
Gerhard Trosien
Markus Eppinger
Michael Krüger
Simone Lang / Helmut Altenberger

begründet von

Peter Röthig
Stefan Größing

Limpert Verlag

Herausgeber: Prof. Dr. Volker Scheid (Universität Kassel)
Prof. Dr. Robert Prohl (Universität Frankfurt/M.)

Autoren: Prof. Dr. Helmut Altenberger (Universität Augsburg)
Dr. Ingrid Bähr (Universität Frankfurt/M.)
Dr. Markus Eppinger (Universität Kassel)
Dr. Bernd Gröben (Universität Frankfurt/M.)
Prof. Dr. Michael Krüger (Universität Münster)
Dr. Simone Lang (Universität Rostock)
Prof. Dr. Robert Prohl (Universität Frankfurt/M.)
Prof. Dr. Volker Scheid (Universität Kassel)
PD Dr. Bernd Schulze (Universität Stuttgart)
Prof. Dr. Gerhard Trosien (Fachhochschule Heidelberg)

Bibliografische Information Der Deutschen Bibliothek
Die Deutsche Bibliothek verzeichnet diese Publikation in der Deutschen Nationalbibliografie; detaillierte bibliografische Daten sind im Internet unter http://dnb.ddb.de abrufbar.

6., völlig neubearbeitete Auflage 2009

www.verlagsgemeinschaft.com

Umschlagfotos: PIXELIO / invisiblekila, PIXELIO / Marco Kröner, Arne Simann
Satz: Composizione Katrin Rampp, Kempten
Druck und Verarbeitung: M.P. Media-Print-Informationstechnologie, Paderborn
Printed in Germany / Imprimé en Allemagne
ISBN 978-3-7853-1769-3

Zur Neubearbeitung der Kursbuch-Reihe

Die Vermittlung der Theorie des Sports stellt aus zwei Gründen besondere didaktische Anforderungen an eine Lehrbuchkonzeption:

- Zum einen stellt „der Sport" einen Lebensbereich dar, der sich innerhalb und außerhalb der Schule vor allem durch Eigentätigkeit und Freude am Tun auszeichnet und über den nachzudenken eigentlich weniger bedeutsam erscheint.
- Zum anderen ist die Sportwissenschaft, die es didaktisch zu erschließen gilt, kein einheitlicher Wissenschaftsbereich, sondern sie besteht aus einer großen Vielfalt unterschiedlicher Teildisziplinen sowohl aus geistes- als auch sozial- und naturwissenschaftlichen Feldern.

Es ist deshalb besonders wichtig, den Adressatenbezug der sporttheoretischen Inhalte sicher zu stellen, d.h. von der Lebens- und Erfahrungswelt der Schülerinnen und Schüler auszugehen, um von dort aus fachwissenschaftliche Fragestellungen in propädeutischer, also einführender Absicht zu entwickeln und die Mehrperspektivität der theoretischen Klärungsbemühungen sportlicher Problemfelder zu veranschaulichen. Ziel und Funktion des theoretischen Wissens über den Sport bestehen darin, dass Schülerinnen und Schüler

- ihr eigenes Sporttreiben innerhalb und außerhalb der Schule bewusster erfahren und besser zu gestalten lernen,
- die Kompetenz erwerben, sich mit den Erscheinungen des Freizeit-, Leistungs- und Mediensports kompetenter und auch kritischer auseinanderzusetzen und
- sich mit den Inhalten und Methoden der Fachwissenschaft im Sinne eines propädeutischen Unterrichts vertraut machen.

Die Kursbuchreihe versucht, diesen unterschiedlichen didaktischen Aufgabenstellungen gerecht zu werden, indem keine Textbücher mit festgelegten Lernschritten vorgelegt, sondern vielmehr „Fahrpläne" und „Wegweiser" angeboten werden, um sich in der vielfältigen Landschaft der Sportwissenschaft zu orientieren und sie sich durch selbstständiges Erarbeiten anzueignen. Realisiert wird diese didaktische Absicht, indem jedes Kursbuch in verschiedene Aspekte und Themenbereiche differenziert ist. Spezielle, häufig projektorientierte Arbeitsaufträge sowie Literaturhinweise für eine vertiefende Weiterarbeit sollen die selbsttätige Arbeitsweise unterstützen. Durch die offene, den Lernprozess eher unterstützende als vorstrukturierende Darbietungsweise sind die Kursbücher dazu geeignet, sowohl komplett durchgearbeitet, als auch in ausgewählten Kapiteln exemplarisch eingesetzt zu werden.

Die Auswahl der Inhalte und Themen der vier Bücher in der Kursbuchreihe erfolgte zum einen in Anlehnung an die Stoffplanungen in den Lehrplänen der Bundesländer, zum anderen unter dem Aspekt der sportpraktischen Relevanz und somit auch des Adressatenbezuges. Die Begründer der Kursbuchreihe, Peter Röthig und Stefan Grössing, haben das erfolgreiche und richtungsweisende Lehrwerk in den 80er-Jahren unter diesen didaktischen Leitideen ins Leben gerufen. Wir, als deren Nachfolger in der Herausgeberschaft, werden uns bemühen, es in diesem Sinne weiterzuführen.

Volker Scheid *Robert Prohl*

Vorbemerkungen zum Kursbuch „Sport und Gesellschaft"

„Sport" ist eine Kulturform der menschlichen Bewegungsfähigkeit, die sich gesellschaftsspezifisch ausprägt. So ist es kein Zufall, dass der Sport in der modernen Gesellschaft eine bisher nicht gekannte Bedeutung erlangt hat. Der professionelle Spitzensport hat sich inzwischen zu einem mächtigen Wirtschaftsfaktor und dem global wichtigsten Medienereignis entwickelt, so dass sich nach Auffassung mancher Soziologen die moderne Gesellschaft insgesamt in einem Prozess der „Versportlichung" befindet. Eine vertiefte Auseinandersetzung mit den Zusammenhängen zwischen Sport und Gesellschaft ist deshalb eine notwendige Grundlage, um sich in der Vielfalt der aktuellen Bewegungskultur orientieren und die ständig neuen Entwicklungen mit kritischem Abstand einschätzen zu können.

Entsprechend dieser Themen- und Facettenvielfalt dient das 1. Kapitel mit dem Titel „Die gesellschaftliche Bedeutung des Sports in Vergangenheit und Gegenwart" als eine Art „Wegweiser" für dieses Kursbuch und umfasst sowohl historische als auch anthropologische und soziologische Perspektiven. Es ist empfehlenswert, dieses einleitende Kapitel zu Beginn der Unterrichtseinheit zu bearbeiten. Dabei sind thematische Überschneidungen mit den nachfolgenden Kapiteln unvermeidlich und durchaus auch gewollt, denn jedes einzelne Kapitel ist zudem als eigenständiger Unterrichtsinhalt konzipiert.

Die weiteren Kapitel des Kursbuches behandeln wesentliche Themen des gesellschaftlichen Phänomens „Sport": das Spielen und Leisten, Kooperieren und Konkurrieren als dessen soziale Komponenten (Kapitel 2), die Organisation des Sports (Kapitel 3), das Verhältnis zwischen Sport und Wirtschaft (Kapitel 4), die Bedeutung des Sports in den Massenmedien (Kapitel 5), die Entwicklung der Olympischen Spielen der Neuzeit (Kapitel 6) sowie Probleme des ökologischen Verhältnisses zwischen Sport und Umwelt (Kapitel 7).

Inhalt

Robert Prohl / Volker Scheid
Die gesellschaftliche Bedeutung des Sports in Vergangenheit und Gegenwart

Ingrid Bähr / Bernd Gröben
Spielen und Leisten, Konkurrieren und Kooperieren im Sport

Bernd Schulze

Die Organisation des Sports

Gerhard Trosien

Sport und Wirtschaft

Markus Eppinger
Sport in den Massenmedien

Michael Krüger
Olympische Spiele der Neuzeit

Simone Lang / Helmut Altenberger

Fair geht vor – Ökologische Achtsamkeit beim Sporttreiben
Was Sporttreibende über Umweltschutz wissen sollten

Die gesellschaftliche Bedeutung des Sports in Vergangenheit und Gegenwart

In allgemeiner Auslegung ist **„Sport"** eine Form der Bewegungskultur in modernen Gesellschaften, in der Menschen sich in sozial geregelten Formen bewegen. Aus diesem Grund ist die Sportsoziologie die hauptsächliche Bezugsdisziplin für die Analyse des gesellschaftlichen Phänomens Sport.

Sportsoziologie thematisiert das Handlungsfeld Sport in seiner inneren Struktur, seine Entwicklung innerhalb und in Abhängigkeit einer Gesellschaft und seine jeweiligen (funktionalen, symbolischen, kulturellen, ökonomischen) Bedeutungen und Wirkungen (Heinemann in Sportwissenschaftliches Lexikon 2003, 536ff).

In dem Maße, wie sich der Sport in den vergangenen Jahrzehnten zu einem Wirtschaftsfaktor entwickelt hat, ist auch die Sportökonomik als wichtige gesellschaftswissenschaftliche Disziplin des Sports in Erscheinung getreten.

Jedoch werden auch zentrale Fragestellungen anderer Disziplinen der Sportwissenschaft von der sozialen Dimension sportlichen Handelns berührt wie

- die Sportpsychologie, die sich z.B. mit der Leistungsmotivation, aber auch mit sozialen Anschlussmotiven im Rahmen der gesellschaftlichen Felder des Sports befasst oder
- die Sportpädagogik, die sich z.B. mit Wertfragen sozialen Handelns im Sport für Bildung und Erziehung beschäftigt oder
- die Sportgeschichte, die der Frage der Entstehung des gesellschaftlichen Phänomens „Sport" nachgeht.

Die Frage nach dem „Woher", also der **historischen Entwicklung** des gesellschaftlichen Phänomens, das wir heute „Sport" nennen, steht am Anfang dieses Artikels. Im Anschluss an die historische Betrachtung werden die **Bedeutung, Werte** und **Felder des Sports** in der modernen Gesellschaft erörtert.

Kenntnisse der **Sportgeschichte** schärfen den Blick für die Bedingungen und die Veränderbarkeit des modernen Sports. Eine so verstandene Sportgeschichte hat nicht nur bewahrende, sondern vor allem auch eine aufklärende, kritische Funktion.

Stationen der historischen Entwicklung des Sports

„Sport" ist eine moderne und global verbreitete Erscheinung der **Bewegungskultur,** die erst im 18. und 19. Jahrhundert in England als Bezeichnung für die körperlichen Freizeitvergnügungen der (männlichen) englischen Oberschicht entstanden ist („Gentlemansports").

Etymologisch ist das Wort **„Sport"** aus dem Englischen „to disport" = sich vergnügen hergeleitet. Der Wortstamm kommt aus dem Lateinischen „deportare" = fortbringen, sich zerstreuen. Vom Wortsinn her bedeutet „Sport" also Zerstreuung, Vergnügen.

Bewegungskultur ist die eingeübte und nach Regeln gestaltete Bewegung des Körpers als Ausdruck sozialer oder spiritueller Identität. Sie ist eine zivilisatorische conditio sine qua non. Bewegungskultur wird von Menschen unterschiedlicher Gruppierung oder Gesellschaftsschichten beiderlei Geschlechts getragen und ist vermutlich so alt wie die Menschheit selbst. Sie kann durch Rhythmik und Musik entscheidend unterstützt werden. Dabei spielt die verbale Kommunikation eine untergeordnete Rolle. Sprache ist in der Regel auf das Wesentliche reduziert oder durch Signale ersetzt. Erscheinungsformen westlicher Bewegungskultur sind Sport, Spiel, Leibesübungen (Turnen, Gymnastik, Fitness, Exerzieren), Tanz, Ballett, Pantomime, Zirzensik, Etikette, Prozessionen … (nach Fietze 2005).

Anthropologie ist die Lehre von der Natur des Menschen. Bewegungskultur als ein anthropologisches Phänomen bedeutet also, dass diese ein fester Bestandteil des Menschseins, unabhängig von historischen oder ethnischen Merkmalen ist.

Die Kultivierung der menschlichen Bewegungsfähigkeit hat jedoch eine sehr viel längere Geschichte, so dass davon auszugehen ist, dass es sich dabei um ein anthropologisches Phänomen handelt.

Sparta und Athen

Auf die Entwicklung der Bewegungskultur im Abendland hat vor allem die griechische Antike entscheidenden Einfluss genommen. Jedoch bildete diese Epoche der Bewegungskultur, die sich über zwei Jahrtausende erstreckte (ca. 1200 v. Chr. bis 600 n. Chr.), keineswegs eine Einheit, sondern war immer wieder Veränderungen unterworfen. Am Beispiel der körperlichen Erziehung, insbesondere in der Gegenüberstellung der athenischen und der spartanischen Bewegungskultur, lässt sich die Spannweite der Sinngebungen in der griechischen Antike exemplarisch verdeutlichen.

Die Quellen zur spartanischen Geschichte kommen von antiken Historikern, die außerhalb von Sparta lebten. Die Ursprünge der Besiedlung Spartas liegen im Dunkeln. Die Anfänge der Stadt werden um das Jahr 900 v. Chr. vermutet. Eroberungsfeldzüge wie die messenischen Kriege (ca. 740–720 v. Chr.) ließen Sparta zur Führungsmacht der peleponnesischen Bundes aufsteigen (um 600 v. Chr.). Der militärische Ruhm des Staates wurde noch dadurch erhöht, dass der König Leonidas zu einer Legende stilisiert wurde, nachdem er kämpfend bei den Thermophylen mit allen seinen Soldaten gefallen war. Das Bündnis mit den anderen griechischen Verbündeten war stets labil und eskalierte schließlich im peleponnesischen Krieg gegen den Stadtstaat Athen (um 435 v. Chr.). Der Niedergang setzte mit einer im Jahre 371 v. Chr. verlorenen Schlacht ein. Der Peloponnesische Bund zerfiel, weil viele Städte zu Athen überwechselten. Das spartanische Militär war bedeutungslos geworden. Viele Soldaten dienten in den folgenden Jahrhunderten als Söldner in den verschiedensten Armeen der damals bekannten Welt.

Sparta war ein Kriegerstaat, in dem die körperliche Erziehung ausschließlich der Wehrertüchtigung diente. Die spartanische Gemeinschaft regelte rigoros das Leben der Menschen. Ziel der Erziehung (Agogé) sollte es sein, staatstreue Bürger zu produzieren. Dies hatte vor allem auch einen militärischen Hintergrund. Die bisherige Kampfweise der Aristokratie, Mann gegen Mann in homerischer Heldentradition, hatte sich als überholt erwiesen. Die Heere mussten größer werden, weite Teile der Bevölkerung sollten am Kampf teilnehmen. So wurde als taktisches Mittel die spartanische „Phalanx" erfunden. Es stand nicht mehr der heldenmütige, individualistische Einzelkämpfer im Blickpunkt, sondern eine Einheit von Truppenangehörigen. Die Kämpfer (Hopliten) griffen in geschlossener Formation an, so dass die Manöver vorher diszipliniert geübt werden mussten, weil es darauf ankam, dass sich die Einheit gleichmäßig bewegte und sofort den Kommandos folgte. Fiel ein Mann, rückte sofort der hinter ihm gehende Soldat vor. Die Reihen mussten geschlossen bleiben.

„Lesen und schreiben lernten sie nur so viel, wie sie brauchten; die ganze übrige Erziehung war darauf gerichtet, dass sie pünktlich gehorchten, Strapazen ertragen und im Kampf siegen lernten", berichtet der griechische Geschichtsschreiber Plutarch, der rund 100 Jahre nach der Zeitenwende lebte (zitiert nach Krüger 2004, 113).

Die dafür notwendige Soldatentugend wurde **„arete"** genannt. Die Erziehung der spartanischen Jugend war vollständig auf die Vermittlung kriegerischer Tugenden und Fertigkeiten ausgerichtet. Im Zentrum stand die körperliche Ausbildung und Abhärtung, wobei die Erziehung der 7- bis 20jährigen Jungen und Mädchen gemäß der Idee der „arete" in den Händen der Polis Sparta lag. Dazu wurden die Jungen in langfristige Gruppen („Horden“) zusammengeführt und es wird berichtet, dass mit Absicht unter den Jungen Streit und Konflikte provoziert wurden, um zu beobachten, wie sich die einzelnen im Kampf gegen andere durchzusetzen in der Lage waren.

In die körperliche Ausbildung (Laufen, Ringen, Diskus- und Speerwerfen) wurden nach der Überlieferung auch die Mädchen einbezogen, „damit die Zeugung der Kinder in kräftigen Körpern erfolgte“ (Plutarch, zitiert nach KRÜGER 2004, 113).

Aufgabe 1

Stellen Sie Beziehungen dieser Form „Bestenauswahl“ und der aktuellen Methode des „Assessment-Center“ zur Rekrutierung von Personal in Unternehmen her. Worin bestehen die Überschneidungen, worin liegen die historisch begründeten Unterschiede?

Literatur: OSTERMANN, M.: Assessment Center. Erfolgstips und Übungen für Bewerber. Niedernhausen 2001.

„Arete“ hat sich in der Folgezeit vor allem durch Aristoteles zu einem Kernbegriff der antiken Ethik entwickelt. In der ursprünglichen Bedeutung war damit jedoch keine moralische Haltung oder Qualität gemeint, sondern eine besondere Tüchtigkeit, die einem Fachmann ebenso zukam wie einem Werkzeug. So zeigte sich die „arete“ eines Messers in der Schärfe seiner Klinge. Bezogen auf den spartanischen Krieger bedeutete „arete“ soviel wie „stark, tapfer, körperlich ausgebildet“ – ein perfektes Kriegswerkzeug.

Im Unterschied zum diktatorischen Sparta sollte die Körper- und Bewegungskultur in der Polis **Athen** der Erziehung zur **Demokratie** dienen.

Abb. 1: Halsamphore um 510–500 v. Chr. Der rechte Boxer geht zu Boden und gibt mit ausgestrecktem Finger das Zeichen zum Aufgeben. Sein Gegner dringt trotzdem weiter auf ihn ein und wird daher vom Kampfrichter mit einer Gerte geschlagen.

Wenn im Zusammenhang mit dem antiken Athen von Demokratie als Staatsform die Rede ist, so ist dabei zu berücksichtigen, dass einige für den modernen demokratischen Staat unentbehrliche Elemente fehlten. So waren z.B. Frauen politisch gesehen ohne Rechte und Sklaven galten als Privateigentum, gleichsam als „Ware“. Wenn man den tatsächlichen Umfang des Personenkreises darstellen möchte, der letztlich aktiver Träger der Demokratie war, so kommt man auf eine Minderheit von 10.000 Männern über dreißig Jahre (entspricht rund 3% der Gesamtbevölkerung von Attika in der Antike).

Das Bildungsideal bestand in der sog. **„Kalokagathie“,** wobei unterstellt wurde, dass ein körperlich „schöner“, also athletisch wohlgeformter Mensch (Mann) auch moralisch „gut“ und geistig rege sei.

Aus diesem Grund wurde das Betreiben von Gymnastik in Athen in Festen institutionalisiert, um eine Jugend hervorzubringen, „die für den Frieden, aber auch für den Krieg aufs beste vorbereitet ist und sich für uns um die schönste Betätigung bemüht“ (Solon, um 594 v.Chr.).

Diese utopische und aus heutiger Sicht in mancher Beziehung auch problematische Bildungsidee wurde in den Gymnasien umzusetzen versucht. Die dort betriebenen Leibesübungen bestanden hauptsächlich in athletischen Disziplinen wie Lauf, Weitsprung mit Hanteln, Diskus- und Speerwurf und Kampfdisziplinen wie Ringen, Boxen und Allkampf (Pankration).

Die bis heute bekannteste bewegungskulturelle Errungenschaft der Antike sind die **Olympiaden,** an denen sich auch Sparta und Athen beteiligten. Die ersten dokumentierten Olympischen Spiele fanden 776 v. Chr. statt, wobei die Ursprünge der Olympien weit früher im Mythos der griechischen Geschichte verborgen sind.

Die Olympischen Spiele der Antike waren kulturell und politisch von unvergleichbar großer Bedeutung. Sie dienten als politisches Forum, da sowohl das Volk als auch Diplomaten und politische Vertreter aus allen Teilen der griechischen Welt zusammenkamen. Nach den Perserkriegen kamen die ewig zerstrittenen Griechen zur Einsicht, dass Olympia zum Symbol ihrer innerstaatlichen Eintracht werden sollte, mit Orakel und Schiedsgericht.

Nicht zu unterschätzen ist die organisatorische Aufgabe der Offiziellen in Olympia selbst, die für den reibungslosen Ablauf des antiken Großereignisses zuständig waren. Menschen aller Schichten und Berufsgruppen nutzten die Tage als gesellschaftliches Forum und aus wirtschaftlichen Aspekten. Neben den Wettkämpfen gab es dann auch Theateraufführungen und Unterhaltungen zwischen Buden mit Volksfestcharakter wie Darbietungen von Trompetern und Jongleuren. Das gemeine Volk hauste in einfachen Zeltstädten.

Trotz des kultisch-religiösen Charakters der antiken Olympischen Spiele gab es auch damals schon Skandale um Bestechungen und Doping, die insbesondere der antike Reiseschriftsteller Pausanias (2. Jahrhundert n. Chr.) beschrieben hat.

Es bleibt festzuhalten, dass bereits in der **Antike** die wesentlichen gesellschaftlichen und individuellen Sinnmomente anzutreffen sind, die die weitere Entwicklung der europäischen Bewegungskultur und Leibeserziehung entscheidend geprägt haben: Selbstvervollkommnung, Wehrertüchtigung, Gesundheit und gesellschaftliches Spektakel.

„Kalogathie" bedeutet so viel wie „edle und schöne Menschlichkeit" (schön = **kalos,** edelmütig und geistig gebildet = **agathos**). Durch diese kann ein „Freier" den eigenen Geist und Körper so ausbilden, dass ihm ein Leben zum eigenen und seiner Mitmenschen Glück gelingt.

Aufgabe 2

Aufgrund welcher ethischen Argumente ist das Bildungsideal der „Kalogathie" aus heutiger, moderner Sicht nicht mehr zu rechtfertigen?

Literaturempfehlung:
PIEPER 2000.

Abb. 2: Rekonstruktion des alten Zeustempels auf Olympia.

Aufgabe 3

Informieren Sie sich über die beiden dominanten Polis der griechischen Antike, Sparta und Athen, und deren politische Verhältnisse anhand von Geschichtsbüchern. Inwiefern stehen die Bildungsideale der „Arete" und der „Kalogathie" in Zusammenhang mit der jeweiligen Staatsform?

Die Deutsche Turnbewegung

In vergleichbarer Weise, wie die Antike das europäische Abendland geprägt hat, ist die **Turnbewegung** Weg weisend für die Entwicklung der Bewegungskultur im deutschsprachigen Raum gewesen. Mit dieser Epoche, die sich über das gesamte 19. Jahrhundert erstreckte, ist untrennbar die historische Figur Friedrich Ludwig Jahn (1778–1852) verbunden, der als **„Turnvater Jahn"** in die Geschichte eingegangen ist. Jahn steht für die Politisierung der Bewegungskultur, die, wie alle Erscheinungen der Geschichte des Sports, nur aus der historischen Gesamtsituation zu verstehen ist.

Das zu Beginn des 19. Jahrhunderts in eine Vielzahl von Kleinstaaten und Fürstentümern zersplitterte „Heilige Römische Reich deutscher Nation" hatte den Krieg gegen das revolutionäre Frankreich verloren und wurde anschließend aufgelöst. Zwischen 1806 und 1813 stand das ehemalige Reichsgebiet unter der Herrschaft Napoleons. Dieses Ereignis rief eine Nationalbewegung hervor, die zwar einerseits im Sinne der französischen Revolution die Ideen der europäischen Aufklärung aufgriff, sich jedoch andererseits gegen die französische Fremdherrschaft auflehnte. Ziel war ein geeintes, wehrfähiges Deutschland freier, selbstbewusster Bürger. Da zu diesem Bildungsideal der Stärke und des Selbstbewusstseins, spätestens seit den **Philanthropen,** auch die Körperertüchtigung zählte, gehörte die Deutsche Turnbewegung zu den wesentlichen Stützen der gesamten **Nationalbewegung.**

Aufgabe 4

Informieren Sie sich anhand von Geschichtsbüchern über die historische Entwicklung, die gesellschaftliche Bedeutung aber auch die Skandale der antiken Olympischen Spiele und stellen Sie Vergleiche zu den modernen Olympischen Spielen an, die im Kapitel „Olympische Spiele der Neuzeit" in diesem Kursbuch dargestellt werden.

Literaturempfehlung: Krüger 2004.

Aufgabe 5

Informieren Sie sich anhand von Geschichtsbüchern über die geschichtliche Situation in Europa im ausgehenden 18. und beginnenden 19. Jahrhundert. In welcher Beziehung stehen die Idee der Aufklärung, die französische Revolution von 1789 und die Eroberungspolitik Napoleons mit der Entwicklung der Deutschen Turnbewegung?

Philanthropismus ist die Bezeichnung für eine gegen Ende des 18. Jahrhunderts aufkommende bürgerlich-pädagogische Reformbewegung, in der unter Bezug auf antike Vorbilder Leibesübungen und Gymnastik als Bestandteil der Erziehung und Bildung des Menschen wieder entdeckt und neu gestaltet wurden. Die Philanthropen („Menschenfreunde"), deren bekanntester Vertreter im Bereich der Leibeserziehung J.C.F. GutsMuths (1759–1839) war, gelten als Wegbereiter der neuzeitlichen Leibeserziehung und deren didaktisch-methodischer Grundlegung.

Mit seinen populären und einflussreichen Schriften **Deutsches Volkstum** (1810) und **Die Deutsche Turnkunst** (1816) setzte sich Jahn an die Spitze dieser Bewegung. Er vertrat als einer der ersten die Auffassung, dass eine deutsch-nationale Erziehung ein Gleichmaß von Leib und Seele erforderte. Für dieses „Gleichgewicht" hatte das Deutsche Turnen zu sorgen.

Abb. 3 (li.): Johann Christoph Friedrich GutsMuths; (re.): Friedrich Ludwig Jahn.

Zitate von Friedrich Ludwig Jahn (aus DENK/HECKER 1981):

„Die Turnkunst soll die verloren gegangene Gleichmäßigkeit der menschlichen Bildung wieder herstellen, der bloß einseitigen Vergeistigung die wahre Leibhaftigkeit zuordnen, der Überfeinerung in der wieder gewonnenen Männlichkeit das notwendige Gegengewicht geben, und im jugendlichen Zusammenleben den ganzen Menschen umfassen und ergreifen."

„Alle Erziehung aber ist nichtig und eitel, die den Zögling in dem öden Elend wahngeschaffener Weltbürgerlichkeit als Irrwisch schweifen lässt, und nicht im Vaterlande heimisch macht."

„Eine wahre Volkserziehung muss die Vorarbeit für künftige Vaterlandsverteidiger ebenso übernehmen, als andere Ausbildung. ... Die Leibesübungen sind ein Mittel zu einer vollkommenen Volksbildung."

„Man trägt ein göttliches Gefühl in der Brust, sobald man erst weiß, dass man etwas kann, wenn man nur will."

Das Turnen nach Jahn ist ohne das Moment des Volkstums und ohne das Streben nach der **Einheit Deutschlands** nicht denkbar. Die Turnkunst war ihm zwar eine „menschheitliche Angelegenheit", die sich jedoch in ihrer besonderen Gestalt und Ausübung „vaterländisch" und „volkstümlich" ausprägte.

Berühmt geworden ist der Ursprungsort des Deutschen Turnens, der Turnplatz auf der Berliner **Hasenheide,** den Jahn 1811 gründete. Das Turnen war dort zunächst ein wildes Tummeln und Spielen von Schülern und Studenten der Region unter der Leitung Jahns, das sich erst allmählich in ein geregeltes Turnen an Geräten entwickelte. Das Beispiel der Hasenheide verbreitete sich sehr schnell in ganz Deutschland, vor allem aber in Preußen. Dabei waren es weniger die Inhalte der turnerischen Leibesübungen wie Gehen, Laufen, Springen, Schwingen, Reck- und Barrenübungen und anderes, die das Jahn'sche Turnen von den bis dahin bekannten

Abb. 4: Der erste deutsche Turnplatz – Hasenheide 1811.

Konzepten der Leibeserziehung (z.B. der philanthropistischen) unterschied. Es war vielmehr der Geist, in dem das Turnen vollzogen wurde, der den Unterschied ausmachte. Der Turnplatz sollte kein „Drillort" sein, der in „Schulsteifheit erstarre", sondern ein Ort freier Selbstentfaltung und Selbsttätigkeit, auch Selbstverantwortung und Selbstorganisation der Jugend. Hier sollten seine Schüler und Anhänger nicht nur körperliche Stärke erfahren und erworbenes turnerisches Können erleben, sondern auch ihre Persönlichkeit entwickeln und ihren Charakter bilden.

Turnsperre ist die historische Bezeichnung für das amtliche Verbot des Turnens in Preußen vom 2. Januar 1820 bis zur Wiederaufnahme der Leibesübungen in den „Kreis der Volkserziehungsmittel" am 6. Juni 1842, dem sich viele deutsche (Teil-) Staaten ganz, andere vorübergehend und manche gar nicht anschlossen. Nach Aufhebung der Turnsperre verliefen die Entwicklungen von **Vereinsturnen** und **Schulturnen** in getrennten Richtungen.

Bei den Bildungsbehörden und staatstragenden Obrigkeiten rief das Deutsche Turnen zwiespältige Reaktionen hervor. Einerseits wurde das Turnen als Mittel der Erhaltung der Volksgesundheit und Form der Wehrertüchtigung staatlicherseits begrüßt, andererseits als Ausdruck des nationalpatriotischen und egalitär-demokratischen Aufbruchs höchst skeptisch betrachtet. Zunächst überwog die Furcht, die der deutsche König und die ihn stützenden konservativen Kreise aus Adel und Militär gegenüber der Turnbewegung hegten. Dies führte schließlich zwischen 1820 und 1842 zu einer vorübergehenden **Turnsperre** in Preußen. Jahn selbst wurde zu dieser Zeit wegen „umstürzlerischer Umtriebe" der Prozess gemacht, von dessen Folgen er sich weder politisch noch privat jemals wieder erholte.

Aufgabe 6

Stellen Sie in Gruppenarbeit Nachforschungen anhand von Literaturstudien zu folgenden historischen Themen an:

Das Schicksal des Friedrich Ludwig Jahn nach dessen Verhaftung im Jahre 1819.
Literaturempfehlung: Braun 1993, 106–118.

Der Niedergang der revolutionären Strömung in der Deutschen Turnbewegung nach 1848
Literaturempfehlungen: Wieser 2000, 141–155; Hofmann 2001; Hofmann / Krüger 2004.

Der Beitrag der Turnbewegung zur Entwicklung der deutschen Nation in der zweiten Hälfte des 19. Jahrhunderts.
Literaturempfehlung: Krüger 1996.

Die Entwicklung des Schulturnens in der zweiten Hälfte des 19. Jahrhunderts
Literaturempfehlung: KLEINDIENST-CACHAY 1980; KRÜGER 2005[2].

Im Anschluss an Ihre Studien sollten Sie die folgenden Fragen beantworten und Ihren Mitschülern in Form eines Referates darüber berichten können:

- Welche politische Rolle spielte Friedrich Ludwig Jahn auf der Nationalversammlung in der Frankfurter Paulskirche 1848?
- Welche Maßnahmen ergriff die monarchistische Regierung des preußischen Königs Friedrich Wilhelm IV. zur Niederschlagung der deutschen Nationalbewegung? In welchem Zusammenhang steht diese historische Entwicklung mit dem Turnen in den USA?
- Aus welchen Gründen wurde Adolf Spieß (1810–1858) mit der Entwicklung eines Konzepts für das „Turnen" an Schulen beauftragt („Preußisches Schulturnen")? Worin bestehen die in den untenstehenden Zitaten von Adolf Spieß aufscheinenden Unterschiede zum Jahn'schen Turnen?
- Welchen Beitrag leistete das Deutsche Turnen zur Entwicklung eines deutschen Nationalstaates?
- Welche Bedeutung hat das Turnen in der zweiten Hälfte des 19. Jahrhunderts für die heutige Sportentwicklung in Deutschland?

Zitate von Adolf Spiess (aus DENK/HECKER 1981):

„Beim Turnen kommt es darauf an, … dass jedes einzelne Glied des Leibes, je nach seiner natürlichen Bestimmung, kunstgemäß geübt werde und somit überhaupt der ganze Leib, ebenmäßig ausgebildet, unter der Herrschaft des Geistes stehe. Darum muss das Turnen mit der Schulerziehung verbunden sein …" (1842).

„Wo immer das Turnen betrieben wird, soll es mit Ernst und Strenge als ein Unterricht gehandhabt werden, der vor Allem auch zum Gehorsam bildet, zum willigen Dienst gefügig macht; denn die Freiheit ist ein Dienst. Allen Schülern und zumal den an Jahren gereifteren muss die Gewöhnung in der Zucht, die Unterordnung unter die Herrschaft des Gesetzes unnachsichtig zugemutet werden" (1851).

„Insofern bilden nun auch die besonderen Kriegsübungen, so weit sie sich in leiblichen Thätigkeiten äußern, einen Teil der Turnkunst. Die Uebungen, welche nun im engeren Sinne wehrmännisches Turnen genannt werden können, stehen somit in natürlichem Zusammenhange mit dem allgemeinen Turnen und sind nur eine bestimmte, in engern Kreis gezogene Anwendung besonderer Turnfertigkeiten" (1842).

Ab ca. 1860 erlebte die Turnbewegung ihre „dritte Entfaltungsperiode" (DÜDING 1984). Neben zahlreichen Vereinen, die sich in der **Deutschen Turnerschaft (DT)** zusammenschlossen, gelang es, das Schulturnen flächendeckend in ganz Deutsch-

Der Arbeiter Turnerbund, nach 1919 **Arbeiter-Turn- und Sportbund (ATSB)**, bildete eine wichtige Säule der Arbeiter-Kulturbewegung. Die bürgerliche Deutsche Turnerschaft zählte dagegen politisch gesehen zu den Stützen der vaterländisch orientierten, nationalen bzw. nationalistischen Kräfte im kaiserlichen Deutschland und später auch in der Weimarer Republik.

land und an allen Schulen einzuführen; zunächst nur für Jungen, nach und nach aber auch für Mädchen. Die damals geschaffenen **„Turnsysteme"** können als Vorläufer des heutigen, systematisch betriebenen regulären Sportunterrichts angesehen werden.

Das „Turnen" wurde zu einer spezifisch „deutschen" Art der Leibesübungen und Körperkultur – im Unterschied zum englischen Sport, aber auch zur „schwedischen Gymnastik". Turnen war eine Angelegenheit des „Volks", der (klein-)bürgerlichen Gesellschaft in Deutschland, aber auch der Arbeiter. Sie waren zum größten Teil in den Vereinen der Deutschen Turnerschaft organisiert. Gegen Ende des 19. Jahrhunderts spalteten sich nach der Aufhebung des „Sozialistengesetzes" die sozialistischen Turner ab und gründeten eigene Arbeiter-Turn-, sowie nach und nach auch Sportvereine.

Der englische Sport auf dem Weg zur globalen Bewegungskultur

Im 18. und 19. Jahrhundert entwickelte sich in England eine bis dahin in Europa nicht gekannte Art der Leibesübungen – **der Sport**. Die sich dabei herauskristallisierenden Grundzüge haben ihre Wurzeln sowohl im rationalistischen Gedankengut der Aufklärung als auch in der aufkommenden kapitalistischen Industrialisierung mit den Grundsätzen der individuellen Leistung, der Konkurrenz und normierter Arbeitsabläufe. Mit der demokratischen Regierungsform in England und den USA wurden auch die sozialen Schranken der traditionellen Sportarten durchlässiger.

In England und auch Amerika entwickelten sich die **Grundsätze des modernen Sports:**

- Das Prinzip der **Leistung** ließ den Sportler nicht mehr nach möglichst vielseitiger Körperbildung streben, sondern nach technisch perfektem Spezialistentum.
- In dem Streben nach Höchstleistungen trat der Grundzug der freien **Konkurrenz** zutage, das eine **Chancengleichheit** für die wettkämpfenden Sportler erforderte, die sich im Prinzip der **Fairness** manifestierte.
- In den sog. c-g-s-Sportarten, also denjenigen Leibesübungen, deren Resultate in Raum-, Zeit- oder Gewichtmaßen festgehalten werden können, führte das Leistungsbedürfnis dazu, **Rekorde** anzusteuern und zu dokumentieren (to record = schriftlich festhalten, niederschreiben). Um dies zu ermöglichen, bedurfte es der Normierung der Bewegungsumwelten und einer universell gültigen **Reglementierung** (Sportregeln).

Das ursprünglich vor allem in Großbritannien weit verbreitete Interesse am Wetten sorgte schließlich für ein breites **öffentliches Interesse** an sportlichen Veranstaltungen. Der Sport entwickelte sich zunehmend zu einer Massenveranstaltung und trat mit Beginn des 20. Jahrhunderts unaufhaltsam seinen Siegeszug zur **globalen Bewegungskultur der Moderne** an.

In der Zeit der wirtschaftlichen Blüte Ende des 19. Jahrhunderts, der sog. „Gründerzeit", übernahm man in Deutschland neben dem englisch geprägten Wirtschaftsdenken auch den englischen Sport. Nach dem Ersten Weltkrieg (1914–1918) wurde der Sport schließlich zum bewegungskulturellen Ausdruck der demokratisch-egalitären Bestrebungen in der **Weimarer Republik.**

Allerdings waren mit dem Sport zunächst keine erzieherischen Absichten verbunden. Aus diesem Grund konnten sich die deutschen Turner zu Beginn des 20. Jahrhunderts kaum mit dem englischen Sport anfreunden. Dabei waren es weniger die Inhalte des Sports, also die Sportarten (z.B. Leichtathletik, Schwimmen, Boxen, Rudern oder Sportspiele), die auf Ablehnung stießen, sondern vielmehr die Art und Weise, wie diese Form der englischen Bewegungskultur betrieben wurde.

„Sport ist seinem Wesen nach Kampfspiel, und dabei geht es wesentlich im Sinne des Machtprinzips um die Niederzwingung des Gegners in irgendeiner Art. Es geht um die Leistung als solche, und das hat zur Folge, dass man nicht auf den Weg zur Erreichung dieses Zieles achtet. Mag die einzelne Bewegung auch naturwidrig und gegen die Normen des körperlichen Kräftespiels ablaufen, wenn sie nur ihren Zweck erreicht. Zur Erreichung der höchsten Leistungen, die allein den vorgesetzten Zweck erfüllen, kann nur die Spezialisierung verhelfen, und was ursprünglich lebendige Tätigkeit scheint, muss in Athletentum ausarten" (Heinz Döpp-Vorwald, zeitgenössischer Vertreter der deutschen Leibeserziehung 1928; zitiert nach Denk / Hecker 1996, 193).

Man verübelte dem Sport, dass die messbare Leistung (Zeit, Weite usw.) und der Wettkampf zu sehr im Vordergrund stünden, dass es nur einen Sieger gebe, der alle Meriten erntet, dass Siegerlisten und schließlich sogar absolute Rekordlisten geführt würden. Auf diese Weise, so die Befürchtungen der deutschen Turner, werde ein **krasser Egoismus** anstelle des turnerischen **Gemeinschaftssinns** gefördert. Ferner wurde von turn- und reformpädagogischer Seite kritisiert, dass man sich unnatürlicher technischer Hilfen zur Leistungssteigerung bediene und sich auf bestimmte Disziplinen spezialisiere, dass im Sport Geld verdient werden könne und auf den Sieger gewettet werde. Vom national-turnerischen Standpunkt aus gesehen war es besonders verwerflich, dass der englische Sport auf **Internationalität** angelegt war und sich deshalb kaum dazu eignete, die deutsche Jugend im **nationalen Geiste** zu erziehen.

Abb. 5: IOC-Sitzung in Athen 1896.

Aus diesem Grund stieß auch die moderne olympische Idee **citius, altius, fortius,** von dem Franzosen Pierre de Coubertin (1863–1937) mit den ersten **Olympischen Spielen der Neuzeit** im Jahr 1896 in Athen ins Leben gerufen, auf starke Vorbehalte.

Aufgabe 7

Informieren Sie sich über die Reformpädagogik und den besonderen Stellenwert der Leibeserziehung in dieser Epoche.

Literaturempfehlung: Prohl 2006[2], 43–55; Grupe / Krüger 2007[3].

Aufgrund der vorherrschenden Kritik wurde der Sport in die öffentlichen Schulen während dieser sog. **reformpädagogischen Periode** kaum aufgenommen.

Die Turnvereine hingegen, die weniger erzieherisch als vielmehr zunehmend erfolgs- und leistungsorientiert ausgerichtet waren, durchliefen einen Prozess der **„Versportlichung"**, indem sie die **sportiven Merkmale** der Chancengleichheit, der Rationalisierung und Spezialisierung und schließlich auch der Quantifizierung der Leistungen sowie das Streben nach

Rekorden übernahmen. Aufgrund dieser gesellschaftlichen Entwicklung setzte sich der Sport als Bestandteil der Bewegungskultur nach dem Ersten Weltkrieg auf breiter Basis durch. Berufssportliche Ereignisse wie Boxkämpfe, Radrennen und Fußballspiele zogen die Zuschauermassen an, wie auch die Sportvereine regen Zulauf erfuhren.

Carl Diem (1892–1962), der wohl einflussreichste Meinungsführer des Sports während der Weimarer Republik, versuchte die Popularität des Sports in der Öffentlichkeit auch pädagogisch zu untermauern. Aus diesem Grund betont sein Artikel „Das neue Ziel" in dem berühmten Buch **Der Sport am Scheideweg** des Sportjournalisten Willy Meisl (1928) die moralischen und pädagogischen Vorzüge des „richtig" betriebenen Sports mit Nachdruck.

Carl Diem macht in seinem Artikel „Das neue Ziel" (1928) geltend, dass Sport ebenso gesund sei wie jede andere Art der Bewegungskultur; ungesund seien allenfalls solche Entartungserscheinungen wie der Berufssport, in dem Sport nicht zweckfrei betrieben werde. Darüber hinaus sei der sportliche Wettkampf keineswegs ein zerstörerischer, sondern ein schöpferischer, der zu immer neuen und besseren Leistungen ansporne und somit eine Zukunftsperspektive in der Bewegungskultur eröffne. Das Gegeneinander im Sport sei also nichts anderes als eine künstlich hergestellte Konkurrenz auf Zeit, deren Sinn keineswegs in der Vernichtung des Gegners bestehe, sondern in einem fairen Messen der Kräfte unter gleichen Bedingungen. Die selbst gesetzten Regeln des Sports böten die Garantie, dass der sportliche Wettkampf nicht in die Gefahr gerate, dem Risiko der Selbst- und Fremdzerstörung zu erliegen. **Fair play,** der anständig-ritterliche, kameradschaftliche Umgang mit dem Gegner sei deshalb das moralische Grundprinzip, das Sport überhaupt erst zum **Sport** mache.

Die **Internationalität** des Sports war jedoch auch den meisten seiner Befürworter in Deutschland ein Dorn im Auge. Leibesübungen und Sport sollten nach vorherrschender Meinung Erziehungsmittel sein, um Deutschland nach dem verlorenen Ersten Weltkrieg wieder erstarken zu lassen. Der Vorwurf fehlenden „völkischen Bewusstseins" und damit verbunden die Ablehnung der Internationalität des Sports als der Bewegungskultur der Moderne zeugen jedoch von einer restaurativen Grundeinstellung, die der nationalsozialistischen Ideologie bereits zu diesem Zeitpunkt in die Hände spielte.

„Und gar das moderne Olympia! Haben die Griechen das Athletentum nicht genau so tief verachtet, als dieses es verdiente? Die harmonische Körperausbildung, nicht die einseitige Rekordleistung war der Sinn des Pentathlon. Nur der Grieche, der Freie, war in Olympia zugelassen, denn es war ein Fest der Rasse im Sinne der Auslese. Kraft und Bildung der Banausen zu steigern, wäre nicht rassehygienisch gewesen, und den Eifer der Sklaven zu spornen staatsgefährlich. Das moderne Olympia ist das genaue Gegenteil: auf Staat und Rasse bezogen international, verallgemeinernd, vermischend, auf den Menschen bezogen teilhaft, spezialistisch" (Heinz Döpp-Vorwald 1928; zitiert nach Denk/Hecker 1996, 193).

Aufgabe 8

In der Übersicht in Abb. 6 wird die Kritik des Deutschen Turnens an der bewegungskulturellen Idee des Sports zusammengefasst. Diskutieren Sie die Kritik an dem Erfolgsstreben, der Rekordsucht sowie der Spezialisierung mit Blick auf aktuelle Probleme des Spitzensports.

Kritikmomente der „Deutschen Turnbewegung" am Sport zu Beginn des 20. Jahrhunderts

- „egoistisches Erfolgsstreben"
- „rücksichtslose Rekordsucht"
- „naturwidrige Spezialisierung"

} Aktuelle Probleme des Spitzensports

→ mangelndes „völkisches Bewusstsein"!

Abb. 6: Überblick der Kritikmomente des traditionellen „Deutschen Turnens" am modernen „Sport" zu Beginn des 20. Jahrhunderts.

Sport und Leibeserziehung im Nationalsozialismus

Im Folgenden wird die dunkelste Epoche der Geschichte der Leibeserziehung bzw. des Sports in Deutschland behandelt, die gerade aus diesem Grund besonders intensive historische Aufmerksamkeit erfordert.

Geschichtliche Daten zum Sport im Nationalsozialismus

1933

- Übertragung der Regierungsgewalt in Deutschland auf die Nationalsozialisten. Adolf Hitler wird als Repräsentant der stärksten Partei im Reichstag, der Nationalsozialistischen Deutschen Arbeiter Partei (NSDAP) zum Reichskanzler ernannt. Dies markiert die Machtübernahme des Nationalsozialismus und den Beginn des sog. „Dritten Reichs".
- Verbot der Arbeitersportorganisationen und „Selbstgleichschaltung" der bürgerlichen Turn- und Sportverbände.
- Gründung der nationalsozialistischen Gemeinschaft „Kraft durch Freude" (KdF), einer politischen Organisation, die die Freizeit der deutschen Bevölkerung gestalten, überwachen und gleichschalten sollte.
- Auflösung des Deutschen Reichsausschusses für Leibesübungen (DRA)

1934

- Gründung des Deutschen Reichsbundes für Leibesübungen (DRL) unter der Kontrolle der NSDAP.
- Einführung des verpflichtenden Dienstes in der Hitlerjugend (HJ)

1935

- Einrichtung des „Amtes K" (körperliche Erziehung) im Reichserziehungsministerium

1936

- IV. Olympische Winterspiele in Garmisch-Partenkirchen
- XI. Olympische Sommerspiele in Berlin

1938

- Umwandlung des Deutschen Reichsbundes für Leibesübungen (DRL) in den Nationalsozialistischen Reichsbund für Leibesübungen (NSRL).

1939–1945

- Zweiter Weltkrieg. Der Sport tritt in den Hintergrund und wird mit zunehmender Dauer des Krieges kaum mehr organisiert oder politisch unterstützt.

8. Mai 1945

- Bedingungslose Kapitulation des Deutschen Reichs. Ende des Zweiten Weltkrieges.

Nach der Machtübernahme der Nationalsozialisten im Jahre 1933 wurde die Leibeserziehung auf deren politisches Grundsatzprogramm verpflichtet, das Adolf Hitler bereits vorher in „Mein Kampf" und den Erziehungsgrundlagen des völkischen Staates veröffentlicht hatte. Dort wurde die reformpädagogische Idee des „Volkstums" unzweideutig mit

Abb. 7: Jungvolk.

dem „rassischen Element des nordischen Menschen" und machtpolitischem Größenwahn verknüpft. Indem Hitler dem „Einpumpen bloßen Wissens" das **„Heranzüchten kerngesunder Körper"** entgegensetzte, schien er zwar vordergründig die reformpädagogische Kritik am Intellektualismus aufzugreifen und zu bestätigen, aber die Vielzahl einschlägiger Aussagen und Zitate zeigt eindeutig die Akzentverschiebung von der Bildungsidee ganzheitlicher Natürlichkeit zur „trotzigen Verkörperung männlicher Kraft".

Zitate zur nationalsozialistischen Leibeserziehung (aus Bernett 1966):

„Mit der Jugend beginne ich mein Erziehungswerk. ... Gibt es eine schönere in der ganzen Welt? ... Welch Material. Daraus kann ich eine neue Welt formen. Meine Pädagogik ist hart. Das Schwache muss weggehämmert werden. In meinen Ordensburgen wird eine Jugend heranwachsen, vor der sich die Welt erschrecken wird. Eine gewalttätige, herrische, unerschrockene, grausame Jugend will ich. Jugend muß das alles sein. Schmerzen muss sie ertragen. Es darf nichts Schwaches und Zärtliches an ihr sein. Das freie, herrliche Raubtier muss erst wieder aus den Augen blitzen. Stark und schön will ich meine Jugend. Ich werde sie in allen Leibesübungen ausbilden lassen. Ich will eine athletische Jugend. ... So habe ich das reine, edle Material der Natur vor mir. So kann ich das Neue schaffen. Ich will keine intellektuelle Erziehung. Mit Wissen verderbe ich mir die Jugend. Am liebsten ließe ich sie nur das lernen, was sie ihrem Spieltrieb folgend sich freiwillig aneignen. Aber Beherrschung müssen sie lernen. Sie sollen mir in den schwierigsten Proben die Todesfurcht besiegen lernen. Das ist die Stufe der heroischen Jugend. Aus ihr wächst die Stufe des Freien, des Menschen, der Maß und Mitte der Welt ist, des schaffenden Menschen, des Gottmenschen. In meinen Ordensburgen wird der Schöne, sich selbst gebietende Gottmensch als kultisches Bild stehen und die Jugend auf die kommende Stufe der männlichen Reife vorbereiten" (Adolf Hitler 1940).

„Die körperliche Ertüchtigung ist nicht eine Sache des einzelnen, auch nicht eine Angelegenheit, die in erster Linie die Eltern angeht, … sondern eine Forderung der Selbsterhaltung des durch den Staat vertretenen und geschützten Volkstums. … Es dürfte kein Tag vergehen, an dem der junge Mensch nicht mindestens vormittags und abends je eine Stunde lang körperlich geschult wird, und zwar in jeder Art von Sport und Turnen. Hierbei darf besonders ein Sport nicht vergessen werden, der in den Augen von gerade sehr vielen ‚Völkischen' als roh und unwürdig gilt: das Boxen" (Adolf Hitler 1933).

„Turnen – Sport – Gymnastik, diese drei Erziehungsweisen in den Leibesübungen sind ihrer Macht enthoben worden durch den Einbruch der nationalsozialistischen Weltanschauung in das Erziehungsgebiet der Leibesübungen. … Sie haben ihre Waffen einem kampfgewandteren, einem mit weiterem Blick und klaren Befehlen fechtenden politischen Nachfolger übergeben: der nationalsozialistischen Leibeserziehung" (Heinz Wetzel, Direktor der Reichsakademie für Leibesübungen in Berlin, 1937).

„Leibeserziehung ist … Erziehung vom Leibe her oder durch den Leib, d. h. sie greift dort an, wo der Jugendliche am leichtesten erziehbar ist: im Turnen, im Spiel, im Sport, in der Bewegung" (Richtlinien für die Leibeserziehung in Schulen 1937).

„'Raustreten zum Frühsport!' Auf dieses Kommando hin stürzt alles auf den Schulhof. Im Nu stehen die Jungen und Mädchen ausgerichtet angetreten. Die Führer (wir nennen sie Klassenführer), einer für die Jungen und ein Mädchen für die Mädchen, stellen die Stärken und die Namen der Fehlenden fest. … Zackige Kommandos: ‚Zum Melden die Augen – links!' und alle Augen sehen den Lehrer an, der nun herangetreten ist und die Meldungen entgegennimmt. ‚Augen geradeaus! Heil Hitler!' – und die Kinder antworten laut und frisch. ‚Rechts-um! Laufschritt, marsch, marsch! Folgen!' Der Lehrer übernimmt die Führung, und in munterem Trabe geht es durch das Schultor auf die Dorfstraße hinaus …" (Paul Dolge in Praxis der Landschule 1939).

Trotz der unverhohlenen **Ideologisierung,** die in den zeitgenössischen Zitaten exemplarisch zum Ausdruck kommt, begrüßten viele Turner und Leibeserzieher Hitlers Thesen in der Hoffnung, dass ihre Ideen zur Reform des Schulwesens endlich „mit starker Hand" umgesetzt würden. Eine Ausnahme bildeten freilich die sozialistische Arbeitersportbewegung sowie christlich-konfessionelle Sportvereinigungen, deren Verbände und Organisationen jedoch zwangsweise aufgelöst wurden. Viele Arbeiterturner und -sportler sowie jüdische Sportlerinnen und Sportler wurden in der Folgezeit interniert.

Das sprichwörtliche nationalsozialistische Erziehungsideal „hart wie Kruppstahl, schnell wie ein Windhund und zäh wie Leder", das den „neuen Menschentyp" unter Berufung auf Nietzsches Übermenschen als „herrliches Raubtier" und „blonde Bestie" beschrieb, sollte jede Form intellektueller Bildung gezielt vernachlässigen und somit geradezu zwangsläufig die körperliche Erziehung in den Mittelpunkt stellen. Der Leib wurde zum „Politikum" erklärt und die Leibeserziehung zum politischen Kernstück der nationalsozialistischen Erziehung erhoben.

Aus diesem Grund wurden nach 1933 in allen Schularten und -stufen Deutschlands fünf Sportstunden in der Woche eingeführt. Als „Gesinnungsfach" stand Leibeserziehung an der Spitze der Stundentafel und präsentierte sich gleichsam als Aushängschild der „neuen Schule". Die Aufwertung des Faches Leibeserziehung ging einher mit einer Aufwertung des Ansehens der Fachlehrer, die der nationalsozialistischen Indoktrinierung keinen nennenswerten Widerstand entgegensetzten.

Die politische Leibeserziehung des Nationalsozialismus bietet ein warnendes Beispiel, wie die Bewegungskultur und die Leibeserziehung in den Dienst eines diktatorischen politischen Systems gestellt werden können. Dies gilt auch für die politische Inszenierung der **Olympischen Spiele in Berlin 1936,** die der damaligen Welt vorgaukeln sollten, dass das nationalsozialistische Deutschland in Frieden mit anderen Völkern und Nationen leben und Sport treiben wollte.

Die XI. Olympischen Sommerspiele wurden vom 1. bis 16. August 1936 in Berlin ausgetragen. Die meisten Wettkämpfe fanden auf dem Olympiagelände in Berlin statt, mit dem Olympiastadion als zentraler Arena. Mit 49 teilnehmenden Nationen und 3961 Athleten stellten die Spiele von Berlin einen neuen Teilnehmerrekord auf.

Der herausragende Sportler der Spiele war der US-amerikanische Leichtathlet Jesse Owens, der vier Goldmedaillen gewann. Der Kunstturner Konrad Frey war mit drei Goldmedaillen, einer Silbermedaille und zwei Bronzemedaillen der erfolgreichste deutsche Athlet. Neben der sportlichen Bedeutung waren die Spiele 1936 besonders dadurch gekennzeichnet, dass die regierenden Nationalsozialisten sie erfolgreich als Propagandaforum missbrauchten, um das Image des NS-Regimes im Ausland positiv darzustellen.

Bereits die **VI. Olympischen Sommerspiele 1916** waren vom Internationalen Olympischen Komitee (IOC) nach Berlin vergeben worden. Mitten in die Vorbereitungen fiel der Ausbruch des **Ersten Weltkrieges,** der schließlich zur Absage der Spiele führte. Nach Kriegsende schloss das IOC Deutschland als offiziellen Kriegsverursacher aus der olympischen Gemeinschaft aus. Der Bann dauerte bis 1925. Seit der Wiederaufnahme in das IOC beschäftigte sich die Führung des „Deutschen Olympischen Ausschusses“ mit dem Gedanken, die Spiele erneut nach Berlin zu holen. Beim Ende Mai 1930 in Berlin stattfindenden IX. Olympischen Kongress stellte die Reichshauptstadt ihre Kandidatur vor, die schließlich von der Mehrheit der IOC-Delegierten bestätigt wurde.

Für Deutschland, das als Angreifer und Verlierer des Ersten Weltkrieges zu den Olympischen Spielen 1920 und 1924 nicht eingeladen worden war, bedeutete die Vergabe der Spiele nach Berlin einen Vertrauensbeweis und eine neue Chance, der Welt zu beweisen, dass Deutschland ein guter Gastgeber sein könne und nach dem Ersten Weltkrieg zur Normalität zurückgefunden habe. Nach der Machtübernahme durch die Nationalsozialisten war es jedoch zunächst völlig unsicher, ob die Spiele aufgrund der ideologischen Sichtweisen der neuen deutschen Regierung tatsächlich stattfinden konnten.

Angesichts der **propagandistischen Möglichkeiten,** die eine erfolgreiche Durchführung der Spiele bieten würde, betonte Reichskanzler Adolf Hitler, dass er alles tun werde, um die Spiele so vollkommen wie möglich zu gestalten. Mit den Olympischen Spielen wollte er der ganzen Welt zeigen, dass Deutschland unter seiner Führung ein friedliebendes, soziales und wirtschaftlich aufstrebendes Land sei. Um eine Verlegung der Spiele in ein anderes Land zu verhindern, ging Adolf Hitler offiziell auf die Forderungen des IOC nach Einhaltung der olympischen Regeln ein. Die Regierung verpflichtete sich dazu, einen freien Zugang „für alle Rassen und Konfessionen" in die Olympiamannschaften zu erlauben. Um den **Boykottbestrebungen** entgegenzutreten, verpflichteten sich die Veranstalter gegenüber dem IOC, auch deutsche Juden prinzipiell nicht von den Spielen auszuschließen.

Neben der Möglichkeit, durch die Spiele das Ausland über den wahren Charakter des nationalsozialistischen Staates zu täuschen, war die Gelegenheit, mit diversen Baumaßnahmen der **wirtschaftlichen Misere** zu begegnen, die Arbeitslosenzahl zu verringern und auf diese Weise die Popularität der Regierung zu steigern, ein weiteres Motiv für Hitlers Bestreben. Propagandistischen und wirtschaftlichen Nutzen erhoffte sich die nationalsozialistische Regierung auch durch den zunehmenden Fremdenverkehr. Die Olympischen Spiele waren außerdem ein willkommener Anlass, die von der NS-Ideologie geforderte körperliche Ertüchtigung, das „Heranzüchten kerngesunder Körper" für einen gesunden „Volkskörper" im Hinblick auf Wehrertüchtigung und Einsatz im Krieg, auf breiter Basis zu propagieren und auch in die Tat umzusetzen. Durch die Integration aller Landsleute in die Vorbereitung der Spiele sollte die Identifikation mit und Loyalität gegenüber dem Regime gefördert werden.

Boykottaufrufe: Nach der Machtübernahme der Nationalsozialisten 1933 kam es zu verschiedenen Boykottaufrufen, die nach der Verabschiedung der „Nürnberger Rassegesetze" 1935 bekräftigt wurden. Vor allem die Boykottdrohung der USA hatte erhebliches Gewicht, da sie einen Imageverlust für das nationalsozialistische Regime bedeutete. Auf Betreiben des damaligen Vorsitzenden des US-amerikanischen NOK und späteren IOC-Präsidenten, Avery Brundage, zog die Olympiamannschaft der USA ihren Boykott zurück und nahm an den Olympischen Spielen 1936 teil. Die meisten anderen Nationen schlossen sich daraufhin dieser Haltung an.

Dennoch gehörte nur eine sogenannte „Halbjüdin" der deutschen Olympiamannschaft von 1936 an, die Fechterin Helene Mayer, die eine Silbermedaille gewann. Eine ähnliche Alibifunktion hatte Werner Seelenbinder, der populäre mehrfache deutsche Meister im Ringen, der als bekannter Kommunist an den Spielen teilnehmen durfte.

Wirtschaftlich waren die Olympischen Spiele für die damalige Zeit ein großer Erfolg. Die Organisationskosten beliefen sich auf etwa 6,5 Millionen Reichsmark, außerdem wurden 16,5 Millionen Reichsmark in den Ausbau der Infrastruktur und fast 100 Millionen Reichsmark in den Bau der Sportanlagen investiert. Was die „reinen" Olympiakosten angeht, gab es laut Carl Diem einen Überschuss von 4,5 Millionen Reichsmark.

Abb. 8: Spiele unterm Hakenkreuz.

Um insbesondere die amerikanischen Gäste über die fortwährende Diskriminierung und Verfolgung der Juden in Deutschland zu täuschen, wurden alle Schilder mit der Aufschrift „Juden unerwünscht" entfernt. Jede judenfeindliche Äußerung sollte während der Spiele unterbleiben. Der Zynismus dieser Maßnahme wird durch die historische Tatsache entlarvt, dass zeitgleich das Konzentrationslager Sachsenhausen nahe Berlin entstand.

Wenige Wochen vor Eröffnung der Sommerspiele wurde das deutsche Volk aufgerufen, durch besonders zuvorkommendes und höfliches Verhalten gegenüber den Gästen der Olympischen Spiele „alle Vorurteile gegenüber dem deutschen Volk aus der Welt zu schaffen".

Das propagandistische Hauptereignis aber waren die Sommerspiele selber. Gegen alle Mahnungen des IOC, die Gastgeberrolle nicht zur Selbstdarstellung zu missbrauchen, nutzte das Regime alles, um mit einem **„propagandistischen Gesamtkunstwerk"** sich selbst gut in Szene zu setzen, mit begeisterten Volksmassen Ekstase und Einigkeit von Volk und Führer zu demonstrieren. Mit Rahmenveranstaltungen wie Theater- und Opernaufführungen, dem von Carl Diem geschaffenen Festspiel „Olympische Jugend", verschiedenen Kunstausstellungen, der Deutschlandausstellung und sportlichen Begleitveranstaltungen wollten die nationalsozialistischen Machthaber der Welt die Größe und Bedeutung Deutschlands vorhalten, alle bisherigen Olympischen Spiele übertrumpfen und sich als friedliebend und weltoffen darstellen.

Die Zwiespältigkeit des Systems offenbarte sich allerdings in der zynischen und skrupellosen Art, mit der die Nationalsozialisten vor den Gästen die wahren Zustände in Deutschland schönfärbten. Mit flaggen- und girlandengeschmückten Häusern und Straßen wurde eine perfekte Fassade aufgebaut, um den Eindruck eines ordentlichen, sauberen, zivilen und sozialen Deutschlands zu vermitteln.

Ein weiteres Merkmal nationalsozialistischer Propaganda war die ideologische Besetzung von **olympischen Symbolen.** Bei der Eröffnungsfeier bejubelten die Zuschauer die Olympiamannschaften beim Eintritt in das Stadion, als sie den rechten Arm hoben und zum vermeintlichen Hitlergruß ausstreckten. Allerdings wusste zu dieser Zeit kaum jemand, dass diese Ehrerbietung mit dem ausgestreckten Arm eigentlich der Olympische Gruß war.

Im Auftrag des Reichsministeriums für Volksaufklärung und Propaganda drehte Leni Riefenstahl den zweiteiligen Film **„Olympia"** über die Sommerspiele von 1936. Dieses Dokument gehört zu den bekanntesten Medien aus der Zeit des Nationalsozialismus und sorgt bis heute für kontroverse Diskussionen über das Verhältnis von Freiheit der Kunst und politischer Macht.

Entsprechende Aufgaben und weitere Informationen zu dem Olympiafilm 1936 bietet das Kapitel „Olympische Spiele der Neuzeit".

Die Nationalsozialisten haben das Instrument der Propaganda offensichtlich gekonnt eingesetzt, denn viele Gäste und Funktionäre sahen während der Olympischen Spiele nur das, was sie sehen sollten. Allerdings gab es auch im Ausland **kritische Stimmen** zur propagandistischen Inszenierung der Olympischen Spiele von Berlin, wie die nebenstehenden zeitgenössischen Pressestimmen zeigen.

Zeitgenössische Pressestimmen des europäischen Auslands zu den Olympischen Spielen von Berlin 1936:

„Der Sport wird nicht mehr um seinetwillen betrieben, sondern er ist Mittel zum Zweck. Eitelkeit, Ehre, soziale Stellung und falscher Nationalstolz sind die treibenden Faktoren, was dem olympischen Gedanken jedenfalls zuwider steht" (Berner Tageblatt, Schweiz).

„Zu oft haben wir das 'Deutschland über alles' und das ‚Hitlerlied' brüllen hören, nicht mehr der Sportler wurde gefeiert, sondern die ganze Nation, der Sieg der Rasse, der Regierung, des Heeres" (Paris Soir, Frankreich).

„Die Begeisterung und der absolute Glaube (des deutschen Publikums) in seinen neuen Gott, den Führer. Diese Begeisterung, deren Ausmaße jeder Olympiagast erleben konnte, sei unglaublich, verrückt, fanatisch. Der Führer könne mit seinem Volke, das ihn nicht nur achte, sondern auch wie ein höheres Wesen, wie eine Gottheit verehre, wie mit einer willenlosen Maschine verfahren. In Berlin habe man gesehen, dass Deutschland für alle Aufgaben, die seine Leiter stellen werden, bereit sei" (La Métropole, Belgien).

Aufgabe 9

Diskutieren Sie den folgenden Boykottaufruf aus dem deutschen Widerstand vor dem Hintergrund des propagandistischen Erfolges der Berliner Spiele und den kritischen Pressestimmen des europäischen Auslands (Heinrich Mann auf der Konferenz zur Verteidigung der Olympischen Idee am 6. und 7. Juni 1936 in Paris):

„Ein Regime, das sich stützt auf Zwangsarbeit und Massenversklavung; ein Regime, das den Krieg vorbereitet und nur durch verlogene Propaganda existiert, wie soll ein solches Regime den friedlichen Sport und freiheitlichen Sportler respektieren? Glauben Sie mir, diejenigen der internationalen Sportler, die nach Berlin gehen, werden dort nichts anderes sein als Gladiatoren, Gefangene und Spaßmacher eines Diktators, der sich bereits als Herr dieser Welt fühlt".

Literaturempfehlungen: Bernett 1986; Alkemeyer 1996.

Der **Zweite Weltkrieg**, der in der ideologischen Sprache des Nationalsozialismus die „letzte Bewährung" und „Feuerprobe" der politischen Leibeserziehung darstellen sollte, ging mit der bedingungslosen Kapitulation Deutschlands am 8. Mai 1945 zu Ende. Deutschland wird aufgrund der weltpolitischen Situation in zwei Staaten aufgeteilt. Der Wiederaufbau des Sports und der Bewegungskultur nehmen im geteilten Deutschland sehr unterschiedliche Entwicklungen. Zunächst soll auf die Entwicklung des Sports in der **Deutschen Demokratischen Republik (DDR)** zwischen 1949 und 1989 Bezug genommen werden.

Die sozialistische Körperkultur in der DDR

„Von der Sowjetunion lernen, heißt siegen lernen". Motto der Gesellschaft für Deutsch-Sowjetische Freundschaft (DSF), einer Massenorganisation in der DDR.

Im offiziellen Sprachgebrauch der DDR war in den 1950er Jahren noch nicht von „Sport", noch viel weniger von „Leibeserziehung" die Rede, die seit dem NS-Regime als ideologisch besetzt galt. Vielmehr wurde von **„sozialistischer Körperkultur"** gesprochen, später (ab den 1960er Jahren) von „Körperkultur und Sport in der entwickelten sozialistischen Gesellschaft der DDR". Die Körperkultur wurde zur Staatssache erklärt und unterlag den direkten Weisungen und Richtlinien der Staats- und Parteiführung der **Sozialistischen Einheitspartei Deutschlands (SED)**, die von Anfang an den politischen Charakter und Stellenwert von Sport und Schulsport betonten.

Man versuchte, sich dabei vollständig an das Vorbild der Sowjetunion und deren Sportorganisationen anzulehnen. Dies hatte den vermeintlichen Vorteil, sich mit den ideologischen Verfehlungen der nationalsozialistischen Leibeserziehung nicht (selbst-) kritisch auseinandersetzen zu müssen, um die pädagogischen Intentionen des Sports zu legitimieren.

Die totale gesellschaftliche und wirtschaftliche Orientierung an der Sieger- und Besatzungsmacht Sowjetunion bewirkte überdies ein Verbot der Wiedergründung traditioneller Turn- und Sportvereine, wobei man auch für die Arbeitersportvereine keine Ausnahme machte. Stattdessen führte man das sowjetische System des **Kommunalsports** ein, der allein in staatlicher Verantwortung organisiert und gelenkt wurde. Anstelle der alten Vereine gab es nun **Betriebssportgemeinschaften,** in denen der „Massensport", getrennt nach Betrieben und Belegschaften bzw. Kollektiven, betrieben wurde. Die Kinder und Jugendlichen hatten ein Freizeitangebot in **Schulsportgemeinschaften,** welche die Sportlehrer außerhalb der Unterrichtszeit durchführten. Mit der Abschaffung bzw. dem Verbot unabhängiger Vereine wurde die außerschulische Säule der historisch gewachsenen Bewegungskultur in der DDR fest an die politische Kette der Staatspartei gelegt.

Der **Deutsche Turn- und Sportbund (DTSB)** war die zentrale für den Sport zuständige Massenorganisation der DDR und wurde in der Praxis unmittelbar durch das Zentralkomitee der SED angeleitet.
Bereits in den 1950er Jahren entdeckten die politischen Führer der SED den **Hochleistungssport** als ein internationales Parkett, auf dem sich die vermeintliche Überlegenheit des sozialistischen Gesellschaftssystems beweisen könne. Dabei wurde vor allem auf die öffentlichkeitswirksamen Medaillenspiegel der Olympischen Spiele abgezielt. Zu diesem Zweck spannte man auch den Schulsport systematisch in die Maßnahmen zur Sichtung und Förderung sportlicher Talente ein. Durch das „System zur einheitlichen Sichtung und Auswahl" (ESA) wurden bereits in der Grundschule alle Kinder eines Jahrgangs hinsichtlich ihrer motorischen Begabung erfasst. Zudem fanden regelmäßig zentral organisierte sportliche Wettkämpfe in den olympischen Sportarten statt, die sog. **Spartakiaden,** in denen sich die jeweiligen Sieger auf unteren Ebenen qualifizierten und schließlich bei den Endkämpfen der Kinder- und Jugendspartakiaden starten durften.

1989 hatte der DTSB rund 3,7 Millionen Mitglieder, also über zwanzig Prozent der DDR-Bevölkerung.

Die sportliche Betätigung stand durchaus im Interesse der Staatsführung. Vor allem Kinder und Jugendliche sollten zum Sporttreiben motiviert werden und wurden flächendeckend in Schulsportgemeinschaften organisiert.

Die gewerkschaftlichen Betriebssportgemeinschaften waren die Grundorganisation des DTSB in den Volkseigenen Betrieben.

Die **Spartakiade** war ein nach dem Thraker Spartacus, dem Führer des Gladiatoren- und Sklavenaufstandes gegen Rom (73–71 v. Chr.), benanntes Massenwettkampfsystem der sozialistischen Staaten. Sie sollten das Sportinteresse breiter Bevölkerungskreise wecken, zum Wettkampf hinführen und Talente herausstellen. Die auf vergleichsweise hohem sportlichem Niveau geführten Wettkämpfe waren umrahmt von effektvollen Demonstrationen der sozialistischen Macht, von Massenübungen und symbolischen Darstellungen des sozialistischen Klassenkampfes.

Abb. 9: Fahnen bei der Spartakiade.

„Diplomaten im Trainingsanzug" – so wurden die DDR-Athleten bezeichnet, die der Welt durch außergewöhnliche Leistungen auf dem Sportplatz die Überlegenheit des real existierenden Sozialismus vorspiegeln sollten.

Die ausgewählten sportlich Hochbegabten wurden auf **„Kinder- und Jugendsportschulen" (KJS)** delegiert, die in Internatsform eine optimale Abstimmung zwischen Schule und Training gewährleisteten. Die meisten der zahlreichen späteren olympischen Medaillengewinner aus der DDR in den 1970er und 1980er Jahren gingen aus diesen Spezialschulen hervor. Für die Aufnahme in eine KJS waren allerdings nicht allein die sportlichen Leistungen bzw. die motorische Eignung ausschlaggebend, sondern auch eine staatskonforme ideologische Gesinnung sowie ein reiner „sozialistischer Stammbaum", was bedeutete, dass KJS-Kandidaten keine nahen Verwandten und schon gar keine Kontakte im „kapitalistischen Ausland" haben durften.

Die Belastungen der KJS-Schüler waren mit bis zu 60 Stunden in der Woche – hauptsächlich Training, daneben Schule und politischem Unterricht – erheblich und nur durch einen kasernenmäßig organisierten Alltag durchzuhalten. Auf diese Weise produzierte die KJS nicht nur ideologisch staatskonforme Repräsentanten für den Spitzensport, sondern auch zukünftige Trainer und Funktionäre in den sicherheitsempfindlichen Positionen des „Geheimhaltungsbereichs Spitzensport".

Jedoch war nicht allein der Spitzensport, sondern auch der normale Sportunterricht an den Schulen der DDR ideologisch ausgerichtet und folgte strikt den pädagogischen Zielen und Prinzipien der **„kommunistischen Erziehung und Bildung"**, die bereits Karl Marx (1818–1883) formuliert hatte.

„Unter Bildung verstehen wir drei Dinge: Erstens: Geistige Bildung. Zweitens: Körperliche Ausbildung, solche wie sie in den gymnastischen Schulen und durch militärische Übung gegeben wird. Drittens: Polytechnische Erziehung ... . Die Verbindung von bezahlter produktiver Arbeit, geistiger Bildung, körperlicher Übung und polytechnischer Abrichtung wird die Arbeiterklasse weit über die höhern und mittlern Klassen heben" (Karl Marx 1866; zitiert nach Bernett 1994, 20).

Die Idee der kommunistischen Pädagogik setzte also auf die Erziehung des „neuen Menschen", der dem bisherigen überlegen zu sein habe. Dem liegt ein **Menschenbild** zugrunde, das einem unbedingten Glauben an die individuell allseitige Erziehbarkeit und damit an die Allmacht der Erziehung verhaftet ist. Der „allseitig gebildete, sozialistische Mensch" sollte das Ergebnis einer ausschließlich sozial-determinierten gesellschaftlichen und erzieherischen Praxis sein.

In einem Fragment zur kommunistischen Pädagogik konzipiert Marx die „Erziehung der Zukunft, welche für alle Kinder über einem gewissen Alter produktive Arbeit mit Unterricht und Gymnastik verbinden wird, nicht nur als eine Methode zur Steigerung der gesellschaftlichen Produktion, sondern als die einzige Methode zur Produktion vollseitig entwickelter Menschen" (Karl Marx 1867; zitiert nach Bernett 1994, 21).

Da Marx selbst die „körperliche Ausbildung" als Bestandteil der allseitigen Erziehung erwähnt hatte, erübrigte sich eine pädagogische Legitimation der Körpererziehung an den Schulen der DDR und begründete deren hohen Stellenwert auch als ein Gesinnungsfach. Der immense Aufschwung des Leistungssports und dessen staatlich-ideologische Repräsentationsfunktion mit Beginn der 1960er Jahre taten ein Übriges, um den Funktionsträgern des Sports (neben den Spitzenathleten auch den Trainern, Sportlehrern und Sportfunktionären) ein hohes gesellschaftliches Prestige zu verleihen.

Der ebenfalls bei Marx zu findende Zusammenhang zwischen **„körperlicher Ausbildung", „Arbeit"** und **„militärischer Übung"** prägte die inhaltliche und methodische Richtung des Sportunterrichts. Das Motto des Sportabzeichens der DDR „Bereit zur Arbeit und zur Verteidigung der Heimat" galt gleichermaßen als Richtlinie des Sports in der Schule.

Ein Beispiel unter vielen anderen stellten die **Unterrichtshilfen Sport in der 9./10. Klasse** für die Hand des Lehrers dar, die den Lehrplan (1969/1973) ergänzten:

„Entsprechend der Zielstellung des Sportabzeichens ‚Bereit zur Arbeit und zur Verteidigung der Heimat' hat der Sportunterricht die Aufgabe, die sozialistische Wehrerziehung als wesentlichen Bestandteil der klassenmäßigen Erziehung der Schuljugend ... zu unterstützen. Dies geschieht vor allem durch einen intensiven Sportunterricht, an dem sich alle Schüler mit großem Einsatz beteiligen und in dem besonders für den Wehrdienst bedeutende Eigenschaften wie Ausdauer, Kraft und Gewandtheit vervollkommnet werden."

Auch aus diesem Grund wurde im Sportunterricht der DDR strikt auf die Einhaltung äußerer Organisationsformen geachtet, wobei eine „straffe, lehrerzentrierte Unterrichtsführung" dominierte. Das Standardwerk zur Methodik des Schulsports, das von einem Autorenkollektiv um Gerhard Stiehler herausgegeben und mehrfach aufgelegt wurde, propagierte vorbehaltlos die **vormilitärische Ausrichtung** des Sportunterrichts:

„Die im Sportunterricht zur Anwendung kommenden Ordnungsformen entsprechen denen der nationalen Volksarmee. ... Es sollte vom ersten Schuljahr an systematisch vorgegangen werden. Dann ist es ohne Schwierigkeiten möglich, alle geforderten Ordnungsformen so in den Unterricht einzubeziehen, dass nicht viel Zeit dafür verwendet werden muss" (Stiehler 1973; zitiert nach Bernett 1994, 221).

Mit der Auflösung der DDR im Jahr 1989 fiel der „Arbeiter- und Bauernstaat" wie ein Kartenhaus in sich zusammen. Aufgrund des kurzen historischen Abstands kann die Körperkultur und der Sport in der DDR ideengeschichtlich heute noch nicht abschließend beurteilt werden.

Aufgabe 10

Die gegenwärtig stark umstrittene sog. „Totalitarismus-These" besagt, dass Sport und Leibeserziehung in totalitären Gesellschaftssystemen besonders geeignete Felder der Indoktrination abgeben. Prüfen Sie diese These anhand eines Vergleichs zur gesellschaftlichen Funktion des Sports im Nationalsozialismus und der DDR. In welchen Merkmalen bestehen Übereinstimmungen, wo die Unterschiede?
Literaturempfehlungen: Bernett 1966; Bernett 1990; Bernett 1994; Prohl 2006[2]; Teichler 2003.

Zum Abschluss der historischen Betrachtung wird nun die Frage im Mittelpunkt stehen, welche politischen und pädagogischen Wertvorstellungen sich im Rahmen der pluralistischen Bewegungskultur in der **Bundesrepublik Deutschland (BRD)** nach dem Zweiten Weltkrieg entwickelt haben.

Sportpolitik und Leibeserziehung in der BRD

Der Vereinssport wie auch die Leibeserziehung in den Schulen der Bundesrepublik knüpften nach 1945 an die Traditionen von Turnen und Sport im 19. Jahrhundert und in der Weimarer Zeit an. Keineswegs jedoch wurde die Indienstnahme turn- und reformpädagogischer Ideen durch die faschistische Ideologie nach dem Zweiten Weltkrieg (selbst-)kritisch aufgearbeitet. Vielmehr wurde die Phase zwischen 1933 und 1945 nach Abschluss der sog. **„Entnazifizierung"** durch die Siegermächte von den Deutschen weitgehend verdrängt.

Geschichtliche Daten zum Sport in Deutschland (BRD und DDR) nach dem Zweiten Weltkrieg bis zu den XX. Olympischen Spielen in München 1972:

1945
- Aufteilung Deutschlands in vier Besatzungszonen
- Bildung von Turn- und Sportvereinen auf lokaler Ebene
- Verbot aller ehemaliger Turn- und Sportvereine

1946
- Bildung von Vereinen und Verbänden auf Kreis- und Landesebene
- Durchführung mehrerer Zonensporttagungen zum Wiederaufbau des Sports

1947
- Bildung eines „Deutschen Olympischen Ausschusses" (DOA) zur Vorbereitung der Teilnahme an Olympischen Spielen
- Gründung der Deutschen Sporthochschule in Köln mit dem Rektor Carl Diem

1948
- Beginn des „Kalten Krieges" zwischen den Westmächten USA, England und Frankreich und der Sowjetunion.
- Olympische Spiele in London ohne Teilnahme Deutschlands, Japans und der Sowjetunion

1949
- Gründung der Bundesrepublik Deutschland (BRD) und der Deutschen Demokratischen Republik (DDR)
- Gründung des Nationalen Olympischen Komitees (NOK) für Deutschland
- Gründung des Deutschen Fußballbundes
- Gründung von Betriebssportgemeinschaften in der DDR

1950
- Gründung des Deutschen Sportbundes (DSB) mit dem Präsidenten Willi Daume
- Gründung des Deutschen Turner-Bundes (DTB)
- Gründung der Deutschen Hochschule für Körperkultur (DHfK) in Leipzig

1951
- Anerkennung des NOKs für Deutschland durch das Internationale Olympische Komitee
- Gründung des NOK für die DDR

1952
- Aufhebung des Besatzungsstatus und Abschluss des Deutschlandvertrages
- Teilnahme einer westdeutschen Mannschaft bei den XV. Olympischen Spielen in Helsinki
- Gründung der Gesellschaft für Sport und Technik in der DDR (Wehrsport)

1953
- Niederschlagung des Volksaufstandes gegen das SED-Regime in der DDR
- Gründung der ersten Kinder- und Jugendsportschulen (KJS) in der DDR
- Gründung des Ausschusses Deutscher Leibeserzieher (ADL) in der BRD

1954
- Beitritt der BRD in die Europäische Wirtschaftsgemeinschaft (EWG)
- Die BRD wird in Bern Fußballweltmeister

1955
- Gründung des Warschauer Pakts
- Beitritt der BRD zur NATO
- Anerkennung des NOK der DDR durch das IOC

1956
- Einführung der allgemeinen Wehrpflicht in der BRD (Bundeswehr)
- Teilnahme einer gesamtdeutschen Mannschaft an den XVI. Olympischen Spiele in Melbourne

1957
- Gründung des Deutschen Turn- und Sportbundes (DTSB) der DDR

1959
- „Goldener Plan" zum Sportstättenbau und „Zweiter Weg des Sports" in der BRD

1960
- Teilnahme einer gesamtdeutschen Mannschaft an den XVII. Olympischen Spiele in Rom

1961
- Bau der Berliner Mauer durch die DDR
- Abbruch des innerdeutschen Sportverkehrs zwischen der BRD und der DDR

1964
- Teilnahme einer gesamtdeutschen Mannschaft an den XVIII. Olympischen Spiele in Tokio
- Einrichtung des ersten Bundesleistungszentrums in der BRD

1965
- NOK der DDR wird Vollmitglied im IOC und darf künftig eine eigene Mannschaft zu den Olympischen Spielen entsenden

1966
- IOC vergibt die Olympischen Spiele 1972 an München
- DSB beschließt „Charta des Deutschen Sports" zur Stärkung des Leistungssports in der BRD
- Erste Kinder- und Jugendspartakiade in der DDR

1967
- Gründung der Deutschen Sporthilfe in der BRD

1968
- Einmarsch der Warschauer Pakt-Truppen in die Tschecholowakei
- Aufnahme des Sports in die neue Verfassung der DDR
- Teilnahme zweier deutscher Mannschaften an den XIX. Olympischen Spiele in Mexiko

1969
- Beginn der Entspannungspolitik zwischen West- und Ostblock von Seiten der BRD
- Einführung von „Jugend trainiert für Olympia" in der BRD

1970
- Wiederaufnahme des innerdeutschen Sportverkehrs
- Gründung des Bundesinstituts für Sportwissenschaft (BISp) zur Förderung der Forschung im Leistungssport
- DSB-Aktion „Trimm Dich durch Sport"
- Erster Sportbericht der Bundesregierung in der BRD

1972
- Teilnahme zweier deutscher Mannschaften an den XX. Olympischen Spiele in München
- „Aktionsprogramm für den Schulsport" in der BRD
- Sport kann als Leistungsfach in der reformierten Oberstufe des Gymnasiums gewählt werden

Zunächst wurde das vielfältige **Sport- und Turnvereinswesen,** das während der NS-Diktatur vereinheitlicht worden war, reorganisiert. Um eine pluralistisch-demokratische Entwicklung des Sports zu gewährleisten, wurden dabei die Grundsätze der **Subsidiarität** und der **Einheit** des Sports leitend, die den Vereinssport in der Bundesrepublik Deutschland bis heute prägen.

Das **Prinzip der Subsidiarität** besagt, dass der Sport sich selbst verwalten soll und somit von staatlicher Administration und Einflussnahme weitgehend unabhängig ist. Nur wenn die eigenen Möglichkeiten nicht ausreichen, dürfen Vereine auf staatliche Unterstützung hoffen. Dies erfordert von den Vereinsmitgliedern eine hohe Bereitschaft zu Selbstgestaltung und Selbstverantwortung in Form der ehrenamtlichen Mitarbeit.

Das **Prinzip der Einheit des Sports** betrifft dessen Organisationsstruktur. Die vielen wieder- bzw. neu gegründeten Sportvereine werden gemeinsam in Landesportbünden und sportartenspezifischen Spitzenverbänden organisiert, wobei der 1950 gegründete Deutsche Sportbund (DSB) als Dachorganisation den bundesdeutschen Sport repräsentiert. Die einheitliche Organisationsstruktur bedeutet gleichzeitig die Einigung auf ein vergleichbares Sportverständnis, ungeachtet der unterschiedlichen bewegungskulturellen und politischen Traditionslinien (z.B. Turnen und Sport bzw. Arbeitersport und bürgerlicher Sport).

Anstelle einer offenen Aufarbeitung der Verfehlungen während der NS-Zeit wurde auf diese Weise indirekt eine Lehre aus der politischen Indienstnahme gezogen. Nur ein strikt **unpolitischer Sport** hatte in Westdeutschland in der Nachkriegszeit eine Chance, gesellschaftlich akzeptiert zu werden. Dies bedeutete, den idealistischen **Ethos des Sports,** wie ihn vor allem Carl Diem in der Weimarer Zeit betont hatte, wieder aufleben zu lassen und die olympisch-humanistischen Ideen der relativen **Nutz-** und **Zweckfreiheit** des Sports in den Mittelpunkt zu stellen. Aus diesem Grund sollten auch Politik und Wirtschaft aus dem Sport möglichst herausgehalten werden, da befürchtet wurde, dass sie den Gedanken des **Amateursports** gefährden.

„Sporttreiben sollte spielerisch-zwecklos sein, ohne Zwang, gemeinschaftsverbunden und ohne primäre Gewinnorientierung. Der einzelne sollte auch bei Turnen, Spiel und Sport die Verantwortung für sein Tun übernehmen; die Organisationen sollten sich darauf beschränken, Angebote und Orientierungen, auch in Bezug auf Wertmaßstäbe und Sinnmuster, zu liefern, die Wahl der Formen, Inhalte und Motive des Sportreibens jedoch ihm überlassen“ (aus Grupe 1990, 23).

Aufgabe 11

Vergleichen Sie den Wiederaufbau des Sportsystems in der BRD mit der zeitgleichen Entwicklung der sozialistischen Körperkultur in der DDR.

Ein entscheidender Faktor für die rasante Überwindung der **Theorie der Leibeserziehung** liegt in dem gestiegenen gesellschaftlichen Stellenwert begründet, den der Sport als Kulturphänomen in den 1960er und 70er Jahren erfuhr. Im Zuge dieses Prozesses, der bis heute andauert, durchlief der Sport eine rasante Aufwertung, Ausdifferenzierung und Kommerzialisierung. Die Einführung der Fußballbundesliga 1963 ist nur ein Beispiel für diese Entwicklung.

Die pädagogisch-ethischen Sinn- und Begründungsmuster des gesamten Sports beeinflussten auch die Entwicklung der schulischen Leibesübungen. Der DSB verstand sich von Beginn an als Anwalt des Faches Sport in der Schule, das jedoch zunächst unter den Bezeichnungen Turnen oder Leibesübungen firmierte. Die Indienstnahme für die Grundsätze der nationalsozialistischen Ideologie, die seinerzeit von der Mehrzahl der Leibeserzieher akzeptiert worden war, stellte die Legitimation des Faches zwar für kurze Zeit in Frage, jedoch beseitigten die für das Schulwesen verantwortlichen Kultusminister im Jahre 1956 auf Betreiben des DSB mit einer Grundsatzentscheidung jeglichen Zweifel.

Damit war das Schulfach politisch rehabilitiert und bedurfte nunmehr der pädagogischen, didaktischen und methodischen Ausgestaltung. Zu diesem Zweck suchte die sich entwickelnde **Theorie der Leibeserziehung** Bezugspunkte in der reformpädagogischen Vorkriegsepoche. So gelang es bis in die 1960er Jahre, **Leibesübungen** als Schulfach endgültig zu etablieren, und es ist kein Zufall, dass in diese Zeit auch die Gründung der ersten eigenständigen Institute und Fakultäten für Leibeserziehung bzw. Leibesübungen an westdeutschen Universitäten fiel. Ende der 1960er Jahre geriet der reformpädagogisch orientierte Ansatz allerdings unter starke Kritik, woraus innerhalb kürzester Zeit die Ablösung durch die **Sportwissenschaft(en)** resultierte.

Im Jahr 1968 traten bei den Olympischen Spielen in Mexiko erstmalig **zwei deutsche Mannschaften** an. Die DDR hatte sich auf diese Auseinandersetzung langfristig vorbereitet und dabei auch die Schule in ihre Maßnahmen zur Talentsuche und -förderung einbezogen, so dass, anders als von der bundesrepublikanischen Sportöffentlichkeit erhofft und erwartet, die ostdeutschen Athleten wesentlich erfolgreicher abschnitten als die westdeutschen. Unter dem Eindruck des Ost-West-Konfliktes, dem schlechten Abschneiden bei den Olympischen Spielen 1968 und den 1972 bevorstehenden Olympischen Spielen in München nahmen Sport und Sportwissenschaft nun auch in der Bundesrepublik, durch staatliche Förderung unterstützt, eine rapide Entwicklung. Mit zunehmender Dringlichkeit wurde gefordert, dass, ähnlich wie in der DDR bereits praktiziert, schon in der Schule breite Grundlagen für die Entwicklung sportlicher Höchstleistungen geschaffen werden sollten (z.B. durch die Einrichtung von sog. Sportgymnasien). Wiederum war es der Deutsche Sportbund, der dabei eine Vorreiterrolle übernahm.

Aufgabe 12

Diskutieren Sie die unterschiedlichen Anforderungen des Deutschen Sportbundes an den Schulsport vor dem Hintergrund der politischen Entwicklung zwischen den beiden deutschen Staaten in diesem Zeitraum.

„Die Leibeserziehung gehört zur Gesamterziehung der Jugend. Bildung und Erziehung sind insgesamt in Frage gestellt, wenn sie nicht oder nur unzureichend gepflegt wird" (Vereinbarung zwischen dem DSB und der Kultusministerkonferenz 1956; aus Wolf 1974, 46).

„Der Schulsport ist in der Praxis in Stoff und Methode noch nicht differenziert genug, als dass er den Anforderungen eines individuellen Leistungstrainings gerecht werden könnte" (Deutscher Sportbund: Charta des deutschen Sports 1966; aus Wolf 1974, 164).

Aus diesem Grund wurden die Einrichtung von Sportgymnasien und Sportzügen sowie die wirkungsvolle Zusammenarbeit von Schule und Verein in Neigungsgruppen gefordert. Die Förderung des Leistungssports wirkte sich in einer Vermehrung von Personalstellen an den Hochschulen aus und damit auf Forschung und Lehre.

Die Orientierung der schulischen Leibeserziehung auf den außerschulischen Sport blieb nicht allein auf den Spitzensport beschränkt. Daneben – als sog. **Zweiter Weg des Sports** – entwickelten sich zahlreiche Formen sportlicher Aktivitäten, die unter der Bezeichnung Breiten- oder Freizeitsport zusammengefasst wurden. Hatte sich die **Leibeserziehung** als integraler Bestandteil der Gesamterziehung verstanden, so wurde es nun als eine Aufgabe des **Schulsports** angese-

Der **Sport** und seine Repräsentanten stellten einen willkommenen (und abermals willfährigen) **Nebenkriegsschauplatz** für einen politischen Konflikt dar, der als **Kalter Krieg** in den 1960er und 70er Jahren zwischen den so genannten Blöcken der sozialistischen und kapitalistischen Gesellschaftssysteme ausgetragen wurde.

Abb. 10: „Trimmi" – Maskottchen der Trimm-Aktion des DSB 1970.

hen, auf das Leben in der Freizeit vorzubereiten. Da der Sport in der Freizeit zu einem zentralen Inhalt avancierte, musste sich die schulische Leibeserziehung fragen lassen, ob das, was sie anbot, außerhalb der Schule eine Fortsetzung finden konnte. Im Zuge dieser **Versportlichung** der gesamten Gesellschaft schwand die Notwendigkeit, das Fach in der Schule als pädagogisch relevant zu begründen: Sport, in seinen verschiedenen Bedeutungen und Handlungsfeldern (z. B. als **Freizeit-** oder **Leistungssport**), wurde in der Bevölkerung zunehmend als wertvoller Lebensinhalt empfunden, so dass die Forderung, ihm auch in der Schule Raum zu verschaffen, unmittelbar einzuleuchten begann. Damit erwies es sich jedoch als notwendig, in der Schule gezielt auf die außerschulische Wirklichkeit (des Sports) vorzubereiten. Dieser Auftrag ist dem schulischen Sportunterricht seitdem bis in die jüngste Vergangenheit gestellt worden.

Diese gesellschaftlichen Entwicklungen in der BRD fanden ihren Ausdruck in den bereits erwähnten, sprunghaften terminologischen Umbenennungen, die aus heutiger Sicht alles andere als zufällig gewesen sind. Sportunterricht und Schulsport lösten die traditionellen Fachbezeichnungen wie Turnen, Leibesübungen oder Leibeserziehung schlagartig ab; aus Leibeserziehern wurden nun Sportlehrer und Institute für Leibesübungen wurden in Sportinstitute bzw. Institute für Sportwissenschaft umbenannt.

Damit ist die Erörterung einiger Stationen in der historischen Entwicklung des Sports an der Schwelle zur Gegenwart angelangt. Die aktuellen Entwicklungen, die den Sport heute prägen, werden in den nun folgenden Abschnitten dieses einleitenden Kapitels behandelt.

Bedeutung, Werte und Felder des Sports in der modernen Gesellschaft

Was bedeutet „Sport" heute?

Die nebenstehende Auffassung, in der „Sport" als ein globales und nicht eindeutig definierbares Phänomen beschrieben wird, ist sicherlich zutreffend und sollte bei den folgenden Ausführungen stets mit beachtet werden. Dennoch liegen nicht wenige, teilweise auch einflussreiche **Begriffsbestimmungen** dessen von, was mit „Sport" gemeint sein kann.

- „Sport ist die willkürliche Schaffung von Aufgaben, Problemen oder Konflikten, die vorwiegend mit körperlichen Mitteln gelöst werden. Die Lösungen sind beliebig wiederholbar, verbesserbar und übbar, und die Handlungsergebnisse führen nicht unmittelbar zu materiellen Veränderungen" (VOLKAMER 1987, 53).
- „Sport ist selbstzweckhafte, schwerpunktmäßig im Medium körperlicher Bewegung vollzogene Eigenleistung, in der es um Anerkennung, Setzung und Austestung von Grenzen geht, wobei die freiwillig vereinbarte Auseinandersetzung zwischen gegnerischen Parteien der (in bestimmter Weise durchaus rücksichtslosen und nicht hilfsbereiten) Erreichung dieser individuell gesetzten Ziele dient und zugleich die Erzeugung des Wettkampfs als eines ästhetischen ‚Werkes' ermöglicht" (GÜLDENPFENNIG 2000, 201 f.).
- „Sport ist ein kulturelles Tätigkeitsfeld, in dem Menschen sich freiwillig in eine wirkliche oder auch nur vorgestellte Beziehung zu anderen Menschen begeben mit der bewussten Absicht, ihre Fähigkeiten und Fertigkeiten insbesondere im Gebiet der Bewegungskunst zu entwickeln und sich mit diesen anderen Menschen nach selbstgesetzten oder übernommenen Regeln zu vergleichen, ohne sie oder sich selbst schädigen zu wollen" (TIEDEMANN 2007).
- „Sport ist ein soziales Konstrukt. Nicht ein Bewegungsablauf – Laufen, Springen, Werfen usw. – ist bereits Sport …; dazu wird er erst durch eine situationsspezifische Rezeption und Bedeutungszuweisung durch den Handelnden" (HEINEMANN 2007).

Seit Beginn des 20. Jahrhunderts hat sich **Sport** zu einem umgangssprachlichen, weltweit gebrauchten Begriff entwickelt. Eine präzise oder gar eindeutige begriffliche Abgrenzung lässt sich deshalb nicht vornehmen. Was im Allgemeinen unter Sport verstanden wird, ist weniger eine Frage wissenschaftlicher Dimensionsanalysen, sondern wird weit mehr vom alltagstheoretischen Gebrauch sowie von den historisch gewachsenen und tradierten Einbindungen in soziale, ökonomische, politische oder rechtliche Gegebenheiten bestimmt. Darüber hinaus verändert, erweitert und differenziert das faktische Geschehen des Sporttreibens selbst das Begriffsverständnis (RÖTHIG / PROHL in Sportwissenschaftliches Lexikon 2003, 493 ff.).

- „Sport ist die Summe aller körperlicher Aktivitäten und Bewegungsformen, die von Menschen im Bewusstsein ihrer Bedeutung unternommen werden" (Dietrich/Landau 1999).
- „Der Deutsche Olympische Sportbund (DOSB) hat in seiner Aufnahmeordnung festgeschrieben, dass die Spitzenfachverbände sowie die Sportverbände mit besonderen Aufgaben u. a. folgende Voraussetzungen erfüllen müssen, um als Mitglied aufgenommen werden zu können: Die Ausübung der Sportart muss eine eigene, sportartbestimmende motorische Aktivität eines jeden zum Ziel haben, der sie betreibt. Diese eigenmotorische Aktivität liegt insbesondere nicht vor bei Denkspielen, Bastel- und Modellbautätigkeit, Zucht von Tieren, Dressur von Tieren ohne Einbeziehung der Bewegung des Menschen und Bewältigung technischen Gerätes ohne Einbeziehung der Bewegung des Menschen.
  Die Ausübung der eigenmotorischen Aktivitäten muss Selbstzweck der Betätigung sein. Dieser Selbstzweck liegt insbesondere nicht vor bei Arbeits- und Alltagsverrichtungen und rein physiologischen Zustandsveränderungen des Menschen.
  Die Sportart muss die Einhaltung ethischer Werte wie z. B. Fairplay, Chancengleichheit, Unverletzlichkeit der Person und Partnerschaft durch Regeln und/oder ein System von Wettkampf- und Klasseneinteilungen gewährleisten. Dies ist nicht gegeben insbesondere bei Konkurrenzhandlungen, die ausschließlich auf materiellen Gewinn abzielen oder die eine tatsächliche oder simulierte Körperverletzung bei Einhaltung der gesetzten Regeln beinhalten". (Internet-Ressource: http://www.dosb.de/de/ueber-uns/philosophie/sportdefinition/; Zugriff am 15.04.2007).
- „Sport ist ein System von Kommunikation körperlicher Leistungsfähigkeit nach dem Code von Sieg und Niederlage" (Stichweh 1990).
- „Der große Sport fängt da an, wo er längst aufgehört hat, gesund zu sein" (Bertolt Brecht).

Aufgabe 13

Vergleichen Sie die verschiedenen Definitionen bzw. Interpretationen von „Sport". Worin bestehen die übergreifenden Merkmale, wo liegen Unterschiede? Welche Auffassung von „Sport" deckt sich am ehesten mit der Ihrigen?

Abb. 11: Vielfalt bewegungskultureller Aktivitäten und deren individuelle Bedeutung.

Aufgabe 14

Welche der auf den nebenstehenden Fotos abgebildeten Aktivitäten würden Sie als „Sport" bezeichnen? Ordnen Sie diese Aktivitäten gemäß der Merkmale, die Sie aus den Definitionen von „Sport" herausgefiltert haben.

Literaturempfehlung: Kursbuch Sport 3: Bewegungslehre (Kapitel „Was ist eine sportliche Bewegung?").

Anthropologische Grundlagen sportlichen Handelns

Um in dieser Vielfalt der Formen eine übergreifende Struktur zu finden, lohnt es sich an den historischen Abriss des Sports anzuknüpfen. Dieser kann in der Feststellung zusammengefasst werden, dass Körper- und Bewegungskultur ein anthropologisches Phänomen ist. Dies bedeutet, dass – soweit bekannt – Menschen zu allen Zeiten und in allen Kulturen ihren Körper und ihre Bewegungsfähigkeit nicht nur zu existenziellen Zwecken – also zum Überleben – eingesetzt, sondern immer auch in spielerischer Absicht bzw. im Wettstreit kulturell überformt haben.

In der Anthropologie wird diese Tatsache auf die Wesensmerkmale des Menschlichen zurückgeführt, die der Sportsoziologe Klaus Heinemann (2007) mit den Begriffen **„Instinktarmut"**, **„Umweltoffenheit"** und **„Zeitöffnung"** beschreibt.

Diese Merkmale, die nach derzeitigem Erkenntnisstand allein den Menschen auszeichnen, sind die Bedingungen der Möglichkeit, um menschliches Verhalten als **„Handeln"** aufzufassen.

Instinktarmut besagt, dass Handeln nicht durch angeborene, artspezifische und erfolgssichere Verhaltensfiguren festgelegt ist, die durch eindeutige Reize ausgelöst werden. Menschliches Handeln ist also nicht biologisch determiniert. Daraus folgt das Merkmal der **Umweltoffenheit,** weil der Mensch eben nicht an eine spezifische Umwelt gebunden ist, sondern über eine hohe Anpassungsfähigkeit an vielfältige Umweltbedingungen verfügt. **Zeitöffnung** bedeutet schließlich, dass sich der Zeithorizont des Menschen in Vergangenheit und Zukunft öffnet, der Mensch also nicht nur in der Gegenwart lebt.

Der Begriff **Handeln** grenzt sich in der Regel von dem Begriff **Verhalten** ab. Damit kommt zum Ausdruck, dass menschliches Handeln im Gegensatz zum (bloßen) Verhalten sinnhaft, gewollt und zweckgerichtet ist.

Handeln
- ist ausgerichtet auf vorweggenommene Ziele (Zustände),
- findet in Situationen statt und orientiert sich an situativen Gegebenheiten,
- ist normativ geregelt und damit sozio-kulturellen Verhaltenserwartungen unterworfen,
- ist in organisierter Form gebunden an Energieaufwand, Anstrengung und Motivation (Franke in Sportwissenschaftliches Lexikon, 2003, 246).

Aufgabe 15

Beziehen Sie diese allgemeinen Merkmale menschlichen Handelns als einer spezifischen Form des Verhaltens auf den Begriff der Bewegung. Worin unterscheidet sich die menschliche **Bewegung** von der physikalischen und der rein biologischen Bewegung?

Literaturempfehlung: Kursbuch Sport 3: Bewegungslehre (Kapitel „Was ist eine sportliche Bewegung?").

Die anthropologische Gegebenheit der „Weltoffenheit" und „Zeitöffnung" des Handelns beschreibt der Philosoph Helmuth Plessner (1975) als **„exzentrische Positionalität"** des menschlichen Daseins. Damit ist gemeint, dass sich der Mensch zu sich selbst verhalten kann. Auf diese Weise ist der Mensch Kultur schaffend und vermag sich in vorgefundene kulturelle Systeme einzubringen, er kann seinen Körper wie ein Instrument einsetzen und ihn zugleich als seinen Körper erleben.

Zentral für die anthropologische Bedeutung des Sports als einem Kulturphänomen ist die Unterscheidung zwischen **äußerer Handlungsunsicherheit** und **innerem Handlungserleben.** Äußere Handlungsunsicherheit meint, dass dem Menschen ein zielgerichtetes und erfolgssicheres Instinktschema und damit eine feste und unmittelbare Einbindung in eine „natürliche" Umwelt fehlen. Aus diesem Grund ist die gesamte Menschheitsgeschichte von dem Bemühen gekennzeichnet, mittels technischer Erfindungen und Errungenschaften auf die natürlich Umwelt in der Weise einzuwirken bzw. sie so zu gestalten, dass das Handeln in dieser Umwelt zunehmend erfolgssicher wird.

Die vor allem in körperlicher Hinsicht immense Steigerung der Erfolgsicherheit menschlichen Handelns in der modernen Gesellschaft hat jedoch ihren Preis, weil eben der äußerliche Erfolg nur ein Aspekt der Qualität einer Handlung ist. Das innere Handlungserleben, als die andere Dimension der Qualität menschlichen Handelns, steht zur äußeren Handlungserfolgsicherheit in einem gegensinnigen Verhältnis: Je sicherer eine Handlung zum Erfolg führt, desto reizloser ist der Erlebnisgehalt der Handlungssituation.

In Kursbuch Sport 3: Bewegungslehre (Kapitel „Was ist eine sportliche Bewegung?") wird die „exzentrischen Positionalität" anhand der Einheit von „Leib sein" und „Körper haben" ausführlicher erläutert.

Aufgabe 16

Finden Sie Beispiele für technische Entwicklungen, die die Erfolgssicherheit körperlicher Tätigkeiten im Alltag erhöhen. Welche Konsequenzen haben diese technischen Errungenschaften für das Erleben des eigenen Körpers? Stellen Sie auch Bezüge zum Thema „Gesundheit" her (Literaturempfehlung: Kursbuch Sport 1: Sportbiologie; Kapitel „Wie gesund ist Sport?").

Wäre der Erfolg einer Bewegungshandlung das einzige Kriterium für deren Qualität, so wäre unser Leben angefüllt mit freudigen Momenten, denn im Alltag führen die körperlichen Bewegungshandlungen gesunder Menschen fast ausnahmslos zum gewollten Ziel: Wir steigen problemlos Treppen oder fahren erfolgreich mit der Rolltreppe und wir scheitern so gut wie nie, wenn wir eine Tür öffnen wollen oder den Türknopf in der Straßenbahn betätigen. Dennoch empfinden wir kaum jemals Freude über diese alltäglichen körperlichen „Erfolge". Woran mag das liegen?

„In dem Maße, wie der Mensch erfolgsichere Handlungsmuster aufbaut, verliert das Handeln seinen Eigenreiz als Handeln und entwertet sich subjektiv der Ertrag. Der Handelnde bezahlt die Erfolgssicherheit mit Monotonisierung und Gratifikationsverfall" (Tenbruck 1978, 112).

Merkmale und Werte sportlichen Handelns

Aufgrund der anthropologischen Merkmale sportlichen Handelns kann „Sport" als eine Institution aufgefasst werden. Durch seine räumlichen und zeitlichen Vorgaben und sozialen Regeln reduziert die **Institution Sport** einerseits die Komplexität der individuellen Bewegungsentfaltung, andererseits jedoch erweitert diese Institution das Spektrum der Bewegungskultur als dauerhaftes Angebot und langfristige Herausforderung. Aufgrund dieses anthropologischen Arguments hält GRUPE (1982, 107) „Sport nicht nur für Vergnügen, Erholung, Spiel und Entspannung" – dies natürlich auch, jedoch bietet Sport darüber hinausgehend „eine Möglichkeit, uns die freiwilligen Selbsterschwernis unseres Lebens zuzumuten, aus der Kultur entsteht."

Der Begriff **Institution** wird in der Literatur vieldeutig definiert und verwendet. Als kleinster gemeinsamer Nenner kann gelten, dass eine Institution ein Regelsystem ist, das eine bestimmte soziale Ordnung hervorruft. Der Philosoph ARNOLD GEHLEN (1961) geht davon aus, dass Institutionen als Entlastungssysteme anzusehen sind. Er ist der Meinung, der Mensch brauche einen Instinktersatz, da ihm die Instinktsicherheit des Tieres fehlt. Durch die trotzdem vorhandene Abhängigkeit von der Umwelt ist er auf Entlastung durch Institutionen angewiesen und ständig damit beschäftigt, Natur in Kultur umzuwandeln. Institutionen entstehen durch gleiche Handlungsmuster, welche mehrere Akteure ausführen.

In diesem Sinne kann Sport als eine Institution aufgefasst werden, die der systematischen **Verunsicherung des Erfolgs** von Bewegungshandlungen dient. Die Verunsicherung der Zielerreichung steigert die Qualität des Handlungserlebens. Diese Verunsicherung des äußerlichen Erfolgs von Bewegungshandlungen wird in der Institution Sport durch spezifische **Regeln** hergestellt, die als soziale **Normen** fungieren.

Soziale Normen sind konkrete Vorschriften, die das Verhalten betreffen. Sie definieren mögliche Handlungsformen in einer sozialen Situation. Sie sind gesellschaftlich und kulturell bedingt und daher von Gesellschaft zu Gesellschaft verschieden, unterliegen aber immer dem sozialen Wandel. Normen sind (äußerliche) Vorschriften der Gesellschaft an das Verhalten von Individuum in unterschiedlicher Verbindlichkeit. Sie sind zu unterscheiden von (innerer) vernunftgemäßer Gewissensprüfung von Handlungen. Die Einhaltung sozialer Normen wird durch Sanktionen (Belohnung oder Bestrafung) kontrolliert. Diese Sanktionen können durch die Mitmenschen erfolgen oder durch Personen in einer bestimmten Machtposition.

Dabei ist es wichtig, zwischen konstitutiven, strategischen und moralischen Regeln bzw. Normen zu unterscheiden.

- **Konstitutive Regeln** schaffen einen eigenen, neuen Handlungsraum, den es ohne diese Regeln nicht geben würde. Diese Art der Regel erschafft die verschiedenen Sportarten.
- **Strategische oder regulative Regeln** ordnen die Handlungsweisen einer bereits existierenden (konstitutiv geregelten) Tätigkeit. Bezogen auf den Sport sollte man diese Art der Regel befolgen, wenn man in der entsprechenden Sportart erfolgreich sein will, die Sportart selbst ist jedoch von der Existenz dieser Regeln logisch unabhängig.
- **Moralische Regeln** betreffen in erster Linie die Sportidee, d.h. ungeschriebene Grundsätze, mit deren Hilfe der „Sinn" der Institution „Sport" gestiftet wird. Möglichst viele Tore schießen, sich zu bemühen, besser zu sein als der Gegner sind ebenso Maxime des sportlichen Handelns wie die Anerkennung der Chancengleichheit des Gegners. Alle diese moralischen Regeln beruhen auf dem anthropologischen Wert der Institution Sport, dass die Verunsicherung des äußeren Handlungserfolgs eine Steigerung der Qualität des Handlungserlebens bewirkt.

Abb. 12: Die konstitutiven Regeln „machen" die Sportarten.

Aufgabe 17

Analysieren Sie verschiedene Sportarten (Mannschafts- und Individualsportarten) unter dem Aspekt konstitutiver, strategischer und moralischer Regeln bzw. Normen. In welchen Merkmalen bestehen Übereinstimmungen, worin bestehen Unterschiede?

Aus dem anthropologischen Fundament und den sozialen Regeln lassen sich nun die spezifische Bedeutung und die spezifischen **Werte sportlichen Handelns** ableiten.

Wert nennt man die zwischen einem Gegenstand und einem Maßstab durch den wertenden Menschen hergestellte Beziehung. Aus Werten leiten sich Regeln und Normen ab. Der Wert der Achtung des Eigentums ist Grundlage für soziale Normen, aus denen konkrete Vorschriften für das soziale Handeln abgeleitet werden, die u.a. im Bürgerlichen Gesetzbuch zusammengefasst werden, z.B.: „Wer eine fremde bewegliche Sache, in der Absicht, sie sich anzueignen, wegnimmt ...".

Werte sind zwar ein zentraler Bestandteil vieler Verhaltensvorschriften, jedoch sind sie nicht selber Verhaltensvorschriften.

Zwischenleiblichkeit und Habitus

„In der natürlichen Erfahrung erscheint die Bewegung nicht als neutrale Sache, sondern als Tätigkeit, die etwas soll, etwas zeigt und zu etwas führt. Insofern ist die Bewegung weniger Gegenstand (wie in der Physik oder Physiologie), als vielmehr Mittel und Voraussetzung gegenständlicher Erfahrung" (PAUL CHRISTIAN 1963, 19).

Grundlage des sportlichen Handelns ist zweifelsfrei die leiblich-körperliche Bewegung. Diese ist als **Wertträger** in mindestens zweierlei Hinsicht von entscheidender Bedeutung:

- Zum einen als unmittelbare Beziehung des Menschen zu seiner materialen Umwelt, d.h. den Gegenständen im Raum seiner Umgebung. Dies ist die **individuelle, leibliche Komponente des Sich-Bewegens.**
- Zum anderen als Medium gesellschaftlicher Kommunikation und Prägung. Dies ist die **soziale, körperliche Komponente des Sich-Bewegens,** die der Soziologe ROBERT GUGUTZER (2002, 132) prägnant zusammenfasst. Demnach ist die soziale Welt eine „zwischenleibliche" Welt der unmittelbaren Begegnung von Individuen. Dabei fungiert der „leiblich-praktische Sinn" **(Habitus)** in der Praxis als eine Orientierungsinstanz, die es dem Individuum ermöglicht, spontan oder automatisch und zugleich sinnhaft – weil situationsangemessen – zu handeln.

Aufgabe 18

Informieren Sie sich in Kursbuch 3: Bewegungslehre (Kapitel 1: „Was ist eine sportliche Bewegung?") über die Phänomenologie des Bewegungshandelns. Stellen Sie Bezüge zu den in diesem Abschnitt dargestellten anthropologischen Grundlagen sportlichen Handelns her. In welcher Beziehung steht die „fungierende Intentionalität des Leibes" zu dem anthropologischen Prinzip des „abnehmenden subjektiven Wertes bei zunehmender Erfolgsicherheit des Handelns"?

Der Begriff **Habitus** geht auf den französischen Sozialphilosophen Pierre Bourdieu zurück und bezeichnet ein „System dauerhafter und übertragbarer Dispositionen", die als „Erzeugungs- und Ordnungsgrundlage für Praktiken und Vorstellungen" fungieren, und zwar im Sinne einer „Spontaneität ohne Wissen und Bewusstsein" (Bourdieu 1987, 98). In den Habitus eines Menschen sind die Denk- und Sichtweisen, die Wahrnehmungsschemata, die Prinzipien des Urteilens und Bewertens eingegangen, die in der Gesellschaft am Werke sind, in der dieser Mensch sozialisiert worden ist. Als das „Körper gewordene Soziale" (Bourdieu/Wacquant 1996, 161) bzw. „inkorporierte Geschichte" ist der Habitus als „zweite", d.h. soziale Natur zu verstehen, die von Individuen im Laufe ihrer Lebensgeschichte präreflexiv erworben wird. Habitus bezeichnet das gesamte Auftreten einer Person, im Einzelnen also z.B. den Lebensstil, die Sprache, die Kleidung und den Geschmack. Am Habitus einer Person lässt sich nach Bourdieu der Rang oder Status einer Person in der Gesellschaft ablesen („feine Unterschiede").

Diese **„Logik der Einverleibung des Sozialen"**, die im Konzept des Habitus ihren theoretischen Ausdruck findet, wird vor allem in totalitären Regimen systematisch eingesetzt und in „Praxisformen ästhetischer Herrschaft und Beherrschung" erzieherisch ausgenutzt, wie der Sportsoziologie Thomas Alkemeyer (2003) feststellt. Insbesondere der Nationalsozialismus hat diese Mechanismen der „Einleibung" der sozialen Natur missbraucht.

Solche **zwischenleiblichen Phänomene** kennzeichnen jedoch vor allem unser alltägliches soziales Handeln, aber auch unser Handeln im Sport: Zum Beispiel beim Gespräch, in dessen Verlauf die gestischen Bewegungen der Dialogpartner unbewusst aufeinander abgestimmt sind, aber auch beim Tanzen oder beim Rudern.

Aufgabe 19

Welche im historischen Abschnitt dieses Kapitels erörterten Epochen der Körperkultur und der Leibeserziehung haben sich „der Logik der Einverleibung des Sozialen" in besonderer Weise bedient? Welche Methoden wurden dabei verwendet?

Der Sportpädagoge Jürgen Funke-Wienecke (1997, 38) macht auf die positive erzieherische Bedeutung zwischenleiblicher Erfahrungen im Sport aufmerksam: „Wenn sich vier Ruderer bemühen, ihr Boot zu bewegen, dann realisieren sie jene Zwischenleiblichkeit, die ihre primäre soziale Erfahrung prägt und die – wenn ‚das Boot läuft' – zu tiefer gegenseitiger Verbundenheit führt".

Diese Bewegungsbeziehungen können sowohl **kooperativ** als auch – wie im Wettkampfsport – **konkurrenzorientiert** angelegt sein. Die Idee sportlicher Konkurrenzbeziehungen stellt sogar ein pädagogisch besonders fruchtbares Feld der Sozialerziehung dar, wenn gegensätzliche Bestrebungen sozialer Art in eine geregelte Beziehung gesetzt werden.

„Wie man im Gegeneinander zugleich miteinander handeln, Egoismus, der den Sieg will, mit Altruismus, der sich der Fürsorge für den anderen verpflichtet weiß, in Balance halten kann. Dies als zwischenleibliche Beziehungsform realisieren und sich auf diesem schmalen, fast übermenschlichen Grat selbstbestimmt und zur Selbstkorrektur fähig bewegen zu können, stellt gewiss auch eine wertvolle Bereicherung sozialer Kompetenz in unserem Kulturkreis dar" (Funke-Wienecke 1997, 36).

Das Spielerische und die Eigenwelt des Sports: Das faire Gegeneinander

Das im obenstehenden Zitat angesprochene paradoxe Verhältnis zwischen **Konkurrenz und Kooperation** ist allerdings keine „übermenschliche", sondern – im Gegenteil – eine zutiefst humane Disposition. Die Regeln des Sports definieren das zwischenleibliche Handeln innerhalb dieses Regelwerks als ein zwar folgenloses, jedoch nicht beliebiges Leistungshandeln in einem gesellschaftlich geschützten Raum. Eben darin liegt der Sinn und der Wert sportlichen Handelns:
Im Gegeneinander miteinander zu agieren, um aneinander zu wachsen.

„Denn, um es endlich auf einmal herauszusagen, der Mensch spielt nur, wo er in voller Bedeutung des Worts Mensch ist, und er ist nur da ganz Mensch, wo er spielt" Friedrich Schiller (Über die ästhetische Erziehung des Menschen, 15. Brief, 1775).

„**Spiel** ist eine freiwillige Handlung oder Beschäftigung, die innerhalb gewisser festgesetzter Grenzen von Zeit und Raum nach freiwillig angenommenen, aber unbedingt bindenden Regeln verrichtet wird, ihr Ziel in sich selber hat und begleitet wird von einem Gefühl der Spannung und Freude und einem Bewusstsein des ‚Andersseins' als das ‚gewöhnliche Leben'" (Huizinga 1956, 37).

Dieses für das sportliche Handeln typische und spezifische Verhältnis von Kooperation und Konkurrenz wird durch den Begriff **Fairness** charakterisiert. Das Adjektiv „fair" bezeichnet ursprünglich eine ästhetische Anmutung („schön"), die moralische Bedeutung im Sinne von „anständig" und „gerecht" kam erst später hinzu.

Das engl. „fair" geht zurück auf das altengl. Adjektiv „fæger" = „schön", „lieblich". Verwandt ist auch das Verb „fegen", das auf „vagen" und „faga" = „reinigen", „glänzend machen", also „schön machend" zurückgeht. Erst vor diesem „sauberen" Hintergrund entwickelte sich „fair" dann zu „anständig", „gerecht". Und auch heute wird ja „sauber" und „anständig" als zusammengehörig verstanden. Verweist doch der Ausspruch „bleib sauber" in erster Linie auf die moralische Sauberkeit. Nicht nur „sauber" und „anständig" wird jedoch mit „fair" assoziiert, sondern auch „sauber" und „schön" („the fair sex" = „das schöne Geschlecht").

- „Fairness ist diejenige sportliche Haltung, die in der agonalen Situation den Gegner als Partner nimmt, im Kampf den Spielsinn bewahrt, auf Regeltreue und Chancengleichheit achtet, das Gewinnen nicht über alles stellt, die rechte Einstellung zu Sieg und Niederlage gibt, zum echten Einsatz der eigenen Kräfte anspornt, unehrenhafte und ungleiche Vorteile ablehnt, erlittenes Unrecht überwinden hilft, in all diesen Situationen und Fragen großzügig und großmütig entscheiden kann und damit in der guten Bewältigung der agonalen und partnerschaftlichen Sportsituation teil hat an den Tugenden der Aufrichtigkeit, der Gerechtigkeit, Bescheidenheit, Selbstzucht, Herzensgröße und Noblesse" (Kuchler 1969, 156).
- Die **formelle Fair-play-Norm** (Befolgen der Wettkampfregeln) begrenzt das Gewinnmotiv. Um nicht ein leeres Gefäß zu bleiben, muss sie von der informellen (Ritterlichkeit) ausgefüllt sein … . Über das Gesetz hinaus bleibt dem Sportler tatsächlich viel Raum, sich **informell fair** zu verhalten.

  Beispiele:

  1928 im Florettfinale standen drei Gegner gleich: Jeder Punkt musste entscheiden. Als der Kampfrichter nach einem heftigen Zusammenprall urteilte: ‚Kein Treffer' sprang doch der getroffene Gaudin vor: ‚Je suis touché'.

  1956 wurde der Olympiasieger im 3000-m-Hindernislauf, Brasher, disqualifiziert, weil der seine Gegner Roszny und Larsen mit dem Ellenbogen behindert habe. Diese erklärten, ihnen sei nichts davon aufgefallen. Sie lehnten die fälschlich höheren Medaillen ab. Die Disqualifikation wurde zurückgezogen (Lenk 1972, 94 ff.).

Aufgabe 20

Worin besteht der wesentliche Unterschied zwischen formeller und informeller Fairness? Die Beispiele zur informellen Fairness von Lenk (1972) enden in den 1950er Jahren, die aus heutiger Sicht bereits historisch sind. Kennen Sie auch Beispiele für informelle Fairness aus dem aktuellen Spitzensport?

- „Man muss es … als ein gravierendes Missverständnis ansehen, die Fairness in sich nach dem Schema ‚formell – informell' aufzuteilen. Es gibt stets nur eine Tugend der Fairness, und die ist in jedem Fall auf die Regeln des Spiels sowie auf dessen Sicherung durch das eigenständige Handeln des Individuums bezogen" (Gerhardt 1993, 24).
- „Fairness ist zu sehen auf dem Hintergrund der Unfairness. Die Definition lautet so:
  1. Fair ist alles, was nicht unfair ist.
  2. Unfair ist alles, was den Witz des Spiels zerstört.
  3. Der Witz des Spiels ist das gemeinsame Ziel der Spieler.
  4. Das gemeinsame Ziel ist: Spielen und durch Spielen gewinnen" (Heringer 1993, 58).
- „Fairness ist nicht zuerst ein Verhalten gegenüber dem Gegner, sondern die Klarheit in der je eigenen sportlichen Leistung" (Stygermeer 1999, 133).
- „Da Fußballspieler – wie offensichtlich alle Leistungssportler – nach dem einfachen Kosten-Nutzen-Prinzip handeln, werden so lange unfaire Handlungen geübt und angewendet, wie der Nutzen dieser Handlungen größer ist als die Kosten" (Pilz 1993, 185).

Aufgabe 21

Vergleichen Sie diese Aussagen zur Fairness hinsichtlich ihrer Reichweite, Unterschiede und Voraussetzungen. Welche Gründe sprechen dafür, die Unterscheidung in formelle und informelle Fairness von Hans Lenk abzulehnen? Diskutieren Sie die kontroversen Positionen zur Interpretation des Fairness-Begriffs vor dem Hintergrund der konstitutiven und strategischen bzw. regulativen Regeln des Sports.

Das Spannungsverhältnis zwischen moralischem Handeln (Regeln befolgen, den Gegner achten) als Bedingung der Möglichkeit des ästhetischen Erlebens des eigenen Bewegungshandelns im Wettkampf macht **„Fairness"** zu dem originären **Wertbegriff des Sports.** In diesem Sinne erkennt der Philosoph Martin Seel (1995) den Wert sportlichen Handelns vorrangig in der **ästhetischen Inszenierung** der physischen Natur des Menschen. Die soziale Interaktion des Wettkampfs bietet hierfür nur die Rahmenbedingung und das Prinzip Fairness regelt den Verlauf des Wettkampf in ästhetischer Absicht.

Aufgabe 22

Interpretieren Sie das folgende Zitat des Philosophen Martin Seel (1995, 124) vor dem Hintergrund der anthropologischen und soziologischen Analyse des Sports als einer Institution, unter besonderer Berücksichtigung der Fairness:

„Der moderne Sport ist eine Zelebration des menschlichen Unvermögens, seiner selbst physisch (und auch psychisch) Herr zu werden. Im Sport feiert der Mensch mit seinen physischen Fähigkeiten zugleich die Grenze dieser Fähigkeiten – und damit eine Grenze seiner Macht über sich und die Welt."

Sie sollten nun in der Lage sein, in Form eines Essays darzulegen, aus welchen Gründen es für den Menschen sinnvoll sein kann, sein „Unvermögen zu zelebrieren" und sein sportliches Handeln auch im Falle einer Niederlage zu genießen. Literaturempfehlungen: Seel 1995; Prohl 2004.

In den erörterten Wertmerkmalen liegen die spezifischen **Bildungspotenziale** sportlichen Handelns. Diese beschreiben jedoch bloß eine Möglichkeit, keinesfalls eine Art „Wert-Automatismus" des Sports: Jedes dieser Wertmerkmale kann auch subjektiv schädliche und sozial verwerflichen Verhaltensweisen herausfordern. Vieles, was sich vor allem im modernen Spitzensport abspielt, entspricht eher dem Gegenteil dessen, was hier als Fairness bezeichnet worden ist.

Wertmerkmale sportlichen Handelns:

- unmittelbare leibliche Welterfahrung in materialer und sozialer Hinsicht,
- gesellschaftlich geschützter Raum für erprobendes Handeln (Normen und Regeln),
- Konkurrenz in Kooperation (Fairness).

Der Begriff **Sport** kennzeichnet eine Institution ästhetisch motivierten Bewegungshandelns in sozialen Kontexten, dem Bildungspotenziale innewohnen, die jedoch nicht „automatisch" in positiver Weise wirksam werden. Die entscheidende Frage ist, in welcher Weise Sport inszeniert und mit welcher Einstellung sportliches Handeln ausgeübt wird.

„Ich behaupte: wir müssen den Jugendlichen lehren, foul zu spielen! Das klingt jetzt vielleicht brutal, aber was hilft es, ständig um den heißen Brei herumzureden ... Denn eines ist klar, und das gilt für Schüler genauso wie für Bundesligaprofis: bevor ich dem Gegner erlaube, ein Tor zu schießen, muss ich ihn mit allen Mitteln daran hindern – und wenn ich das nicht mit fairen Mitteln tun kann, dann muss ich es eben mit einem Foul tun. Lieber einen Freistoß als ein Tor. Wer das nicht offen zugibt, der lügt sich was vor – oder er ist kein Fußballer" schreibt Paul Breitner in seinem Buch: „Ich will kein Vorbild sein" (zitiert nach www.steppich.de/sport/sportunterricht_de/fairaggzit.html, Zugriff am 15.03.2007).

Aufgabe 23

Finden Sie zu jedem der drei erörterten Wertmerkmale Beispiele aus dem aktuellen Sportgeschehen, die diese in ihr Gegenteil verkehren.

„Ich bin draufgekommen, dass es in meinem Leben Sachen gibt, die wichtiger sind, als mit dem Auto im Kreis zu fahren", erläuterte Niki Lauda, ein weltberühmter Formel-1-Fahrer, seinen Abschied vom Motorsport im Jahr 1979. Zwei Jahre später versuchte er dann ein Comeback, dem der Erfolg allerdings versagt blieb.

Gesellschaftliche Felder des modernen Sports

Gesellschaft und Sport im Wandel

Neben den faktischen Problemen der Umsetzung im konkreten sportlichen Handeln zeigt der dynamische Prozess der Ausdifferenzierung des **Sports in der modernen Gesellschaft,** dass dieses Kulturphänomens keineswegs alle Wertmerkmale aufweisen muss, um als „Sport" bezeichnet zu werden. So wird beispielsweise der professionelle Sport keinesfalls nur in einer „Eigenwelt" betrieben und der Gesundheitssport kommt ohne Wettkampf aus, so dass „Fairness" nicht erforderlich ist. Daher ist es in Ergänzung zu dieser fundamentalen Erörterung der Bedeutung und der Werte des sportlichen Handels erforderlich, eine differenzierte Betrachtung der Merkmale des Sports anzuschließen, wobei sich eine Gliederung nach gesellschaftlichen Feldern anbietet.

Wie bereits ausgeführt, kann der Sport als eine **Institution** aufgefasst werden, die durch spezifische Regeln bzw. soziale Normen gekennzeichnet ist. Aus anthropologischer Sicht kann dies als Ordnungs- und Entlastungssystem für sportliches Handeln gesehen werden (Gehlen 1991). Zum Abschluss der historischen Perspektive, die einleitend zu diesem Kapitel erläutert worden ist, hat sich gezeigt, dass für die demokratische Entwicklung des Sports nach 1945 in der Bundesrepublik Deutschland die Grundsätze der **Subsidiarität** und der **Einheit** leitend gewesen. Die einheitlichen Organisationsstrukturen des Vereinssports fördern gleichzeitig die Einigung auf ein vergleichbares Sportverständnis. Auch die schulische Leibeserziehung bzw. der **Schulsport** ist von dieser Entwicklung betroffen und orientiert sich auch am außerschulischen Sport (z. B. Einführung des Schulwettbewerbs „Jugend trainiert für Olympia" 1969).

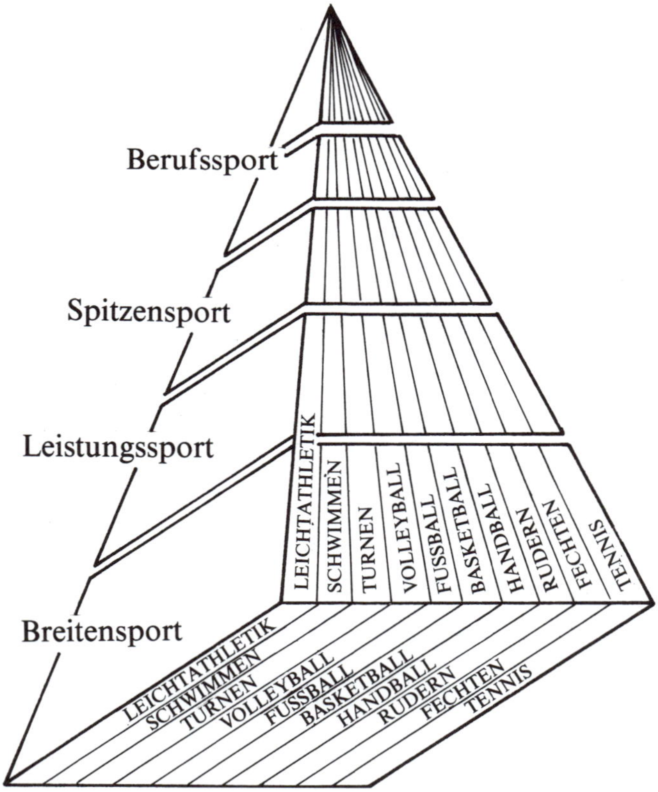

Abb. 13: Pyramidenmodell des Sports.

In dieser Zeit setzte sich ein Sportverständnis durch, dass als **Pyramidenmodell** bekannt wurde (siehe Abb. 13). Der Breitensport bildet demnach die Basis einer Pyramide, aus der sich als Spitze der Leistungssport bzw. im wörtlichen Sinne der „Spitzensport" entwickelt. Das einheitliche Sportmodell legt eine breite, sportartbezogene Förderung nahe, aus der leistungsstarke Athleten hervorgehen, die wiederum als Vor-

„Die Pyramidentheorie und die Vorbildfunktion des Spitzensports sind mehr als fragwürdig … . Sind etwa die Millionen alten Menschen jenseits des biologischen Leistungsalters als Reservoir, als breite Basis des Leistungssports anzusehen? Animieren etwa ein 8,90 m Sprung, der Fosbury-Flop, die Artistik im Kunstturnen … den normalen Bürger zum Nacheifern und damit zum Frustrationserlebnis der eigenen Stümperhaftigkeit?" (Dieckert 1974, 75).

bild wirken und somit zum Breitensport motivieren. Bereits in den 1970er Jahren stellte jedoch Jürgen Dieckert die Funktionalität des Pyramidenmodells in Frage.

Im Zuge der gesellschaftlichen Wandlungsprozesse in den 1970er und 1980er Jahren veränderte sich das Freizeitverhalten der Bevölkerung maßgeblich, was sich auch auf die Sportentwicklung auswirkte. Der gestiegene gesellschaftliche Stellenwert des Sports als Kulturphänomen führt zu einer rasanten Aufwertung und Ausdifferenzierung, die bis heute anhält und in der **bewegungskulturellen Vielfalt** ihren Ausdruck findet.

Zur Beschreibung der gegenwärtigen Situation sollten also unterschiedliche **Sportmodelle** nebeneinander gestellt werden. Sportsoziologen gehen davon aus, dass der gesellschaftliche **Wertewandel** zu Veränderungen im Freizeitverhalten geführt und zeitverzögert auch einen Wandel im Sport als gesellschaftlichem Teilsystem bewirkt hat.

Wenngleich sich Werte auf einzelne Individuen und deren Orientierungen beziehen und sich in Abhängigkeit von Geschlecht, Alter, sozialer Herkunft sowie zahlreichen Außenfaktoren verändern, sind auch allgemeine Merkmale des Wertewandels erfassbar. So haben seit den 1980er Jahren Pflicht- und Akzeptanzwerte (wie Leistung, Gehorsam und Anpassung) eher an Bedeutung verloren, während individualistische und hedonistische Werte (wie Spontaneität, Selbständigkeit, Genuss und Abwechslung) einen Bedeutungszuwachs erfahren haben. In dem Maße wie traditionelle Werte ihre Verbindlichkeit verlieren und individualistische Werte eine Aufwertung erfahren, steigt einerseits die Optionsvielfalt zur Selbstverwirklichung, andererseits kann ein zunehmender Mangel an Orientierungsmöglichkeiten auch Probleme aufwerfen.

Aufgabe 24

Welche gesellschaftlichen Ursachen und Veränderungen können Sie für die veränderten Wertzuschreibungen benennen und welche Auswirkungen auf die Lebensbereiche Familie, Arbeit und Freizeit sind auffällig?

Die Veränderungen im Freizeitbereich, die eine Karriere des Sports begünstigt haben, fasst der Sportsoziologe Helmut Digel (1986) in drei Tendenzen zusammenfassen:

- Zunahme kommunikativer Bedürfnisse und Aktivitäten
- zunehmendes Bedürfnis nach einem Ausleben von Körperlichkeit und Körpererfahrung
- zunehmende Mobilität und Reisebedürfnisse

Zahlreiche moderne Erscheinungsformen der Sport- und Bewegungskultur stehen in einem Zusammenhang mit dieser Bedürfnisstruktur. Neben den klassischen Sport, mit seiner durch Leistung und Wettkampf gekennzeichneten Wertestruktur, sind heute Sportmodelle mit eigenen Wertstrukturen und Erscheindungsformen getreten.

Heinemann (2007, 317ff) weist auf die unterschiedlichen Rekonstruktionsversuche von Soziologen zu Erscheinungsformen **moderner Gesellschaften** hin, die zugleich Besonderheiten des Sports und seiner Entwicklungstendenzen sichtbar werden lassen. Für die **spätindustrielle Gesellschaft** ist eine allmähliche Auflösung des Zusammenhangs von Arbeits- und Freizeit charakteristisch. Der beschriebene Wertewandel wird mit der **postmateriellen Gesellschaft** in Verbindung gebracht, wobei sich mit der Ausweitung persönlicher Dispositionsfreiräume eine Individualisierung und Differenzierung der Lebensstile vollzieht. Dies ist auch die Zeit, in der sich die Einheitlichkeit des Sports auflöst und die Erscheinungsbilder des Sports, ebenso wie die Motive des Sporttreibens ausdifferenzieren.

In der Folge sprechen die Soziologen von der **Wohlstands- und Erlebnisgesellschaft** (Schulz 1992), für die eine Optionsvielfalt auf dem Berufs-, Freizeit- und Konsummarkt typisch ist. Die Erlebnisorientierung ist auf die Gegenwart gerichtet. Das spaßbetonte Sporttreiben verändert den Sport zu einem „Erlebnismarkt", was sich auch in der Infrastruktur zeigt (u.a. Badelandschaften, Fitnessstudios, Sportgeräte und Sportkleidung). Die Thematisierung und Aufwertung des Körpers (Fitness, Wohlbefinden) und das damit verbundene Streben nach authentischen Erlebnissen trägt zur Ausbildung einer neuen bewegungskulturellen Vielfalt bei.

Im Bereich des Sports zeigt sich dies in der steigenden Auffächerung und Ausdifferenzierung des Sportangebotes. Bereits in den 1990er Jahren führte eine Befragung der deutschen Sportvereine zur Nennung von insgesamt 240 verschiedenen Sportarten.

Die verschiedenen Bilder von modernen Gesellschaften stehen in einem engen Zusammenhang: „Erst in einer postindustriellen Gesellschaft ist jener hohe Lebensstandard gesichert und wird jene Vielfalt der Optionen der Konsum- und Freizeitgestaltung geboten, die für eine Wohlstandsgesellschaft bestimmend sind. Auf dieser Grundlage können postmaterielle Werte ein größeres Gewicht erhalten, eben weil materielle Daseinssicherung für einen großen Teil der Bevölkerung nicht mehr das zentrale Problem darstellt. Dass diese postmaterielle Lebensorientierung in einer Erlebnisrationalität verwirklicht wird, ist eine Interpretation, die vor allem Schulz (1992) dieser Gesellschaft gegeben hat. Die Veränderungen im Sport lassen sich gut mit den Entwicklungen moderner Gesellschaften in einen Zusammenhang bringen" (Heinemann 2007, 327).

Modelle des Sports

Den Sport in der modernen Gesellschaft kennzeichnen eine Ausdifferenzierung und eine historisch beispiellose Vielfalt. Gerade diese Unübersichtlichkeit und Widersprüchlichkeit ist das Spezifische der neuen Sportkulturen, die sich nur in unterschiedlichen Sportmodellen fassen lassen. Einen grundlegenden **Ordnungsversuch** verschiedener Sportmodelle hat der Sportsoziologe Klaus Heinemann (2007) vorgelegt.

Er geht davon aus, dass „Sport" ein soziales Konstrukt ist, das sich aus **vier konstitutiven Elementen** zusammensetzt, mit denen sich je nach Gewichtung unterschiedliche Modelle des Sports typisieren lassen:

(1) Körperliche Bewegung (spezifische Umgangsform mit dem Körper auf der Grundlage von Fähigkeiten, Fertigkeiten und Kenntnisse);
(2) Wettkampf (Leistungsvergleich unter chancengleichen Ausgangsbedingungen);
(3) sportartspezifisches Regelwerk (spezifische sozial organisierte Umgangsformen);
(4) Unproduktivität (sportliche Handlungen zielen nicht auf die Erstellung von Produkten und Werken wie in der Arbeit oder der Kunst).

Tab. 1: Ausdifferenzierung verschiedener Sportmodelle (nach Heinemann 2007, 57).

Wie Tabelle 1 zeigt, können auf der Grundlage dieser Kons-

	körperliche Bewegung	Leistungsprinzip	Sportartspezifisches Regelwerk	Unproduktivität
traditioneller Wettkampfsport	gegeben	gegeben	gegeben	gegeben
professioneller Showsport	gegeben	gegeben	gegeben	nicht gegeben
expressives Sportmodell	gegeben	bedingt gegeben	nicht gegeben	gegeben
funktionalistisches Sportmodell	gegeben	bedingt gegeben	nicht gegeben	nicht gegeben

Aufgabe 25

Suchen Sie exemplarisch nach Sportarten bzw. Bewegungsformen für die einzelnen Sportmodelle und prüfen Sie jeweils die Einstufung der vier konstitutiven Elemente.

truktionselemente verschiedene Modelle als typische Ausprägungsformen des Sports unterschieden werden. So lassen sich Bewegungsangebote und sportliche Aktivitäten mit unterschiedlichen Zielsetzungen und Organisationsmustern, Funktions- und Bedeutungszuschreibungen unterscheiden.

Traditionelles Sportmodell

Das traditionelle Sportmodell repräsentiert alle vier Konstitutionsmerkmale, da auf unterschiedlichen Leistungsniveaus – **Breitensport, Leistungssport, Spitzensport** – klar bestimmte Leistungsziele in regelgebundenen Sportarten in sportlicher Konkurrenz angestrebt werden. Idealtypisch gesehen wird der Sieger im **fairen Wettstreit** ermittelt. In diesem Modell ist „Sport" unproduktiv und bleibt weitgehend ohne Konsequenzen, er steht nicht unter Nützlichkeitserwägungen und existenziellen Zwängen. Besonders der an Sportarten orientierte Vereinssport repräsentiert dieses traditionelle Sportverständnis, das in dem Kapitel „Die Organisation des Sports" in diesem Kursbuch detailliert erläutert wird.

Wie im historischen Abriss aufgezeigt, geht dieses traditionelle Konzept letztlich auf die im 18. und 19. Jahrhundert in England entwickelten Grundsätze des modernen Sports zurück. Auch die olympische Idee (citius, altius, fortius) der von Coubertin ins Leben gerufenen modernen Olympischen Spiele findet sich in diesem Sportmodell wieder.

Leistungssport und Breitensport

Typisch für den **Leistungssport** ist der Gütemaßstab, der auf dem Quantifizieren beruht. Das heißt, jede sportliche Leistung wird entweder in Punkten, Zentimetern, Kilogramm oder Sekunden gemessen. Für den Akteur, der am Leistungssport teilnimmt, bedeutet dies, dass er sein sportliches Handeln entweder am Ziel der Leistungssteigerung bis hin zum Rekord, am Sieg oder an einer Kombination beider ausrichtet. Diese Zielorientierung wird begleitet von einer Systematisierung leistungssportlichen Handelns, innerhalb derer bestimmte Handlungen im Sinne ihres Nutzenbeitrages für diese Ziele reflektiert und nachfolgend vollzogen (Training) oder unterlassen (Enthaltsamkeit von Genüssen wie Alkohol oder Drogen) werden.

Der äußere Rahmen leistungssportlicher Wettbewerbe ist geprägt durch die Geltung des Konkurrenzprinzips und des Prinzips der Chancengleichheit sowie eines nach klaren Regeln funktionierenden Zugangs- und Durchführungsprinzips des Wettkampfs bzw. Wettbewerbs. In diesem Merkmal unterscheidet sich der Leistungssport vom **Breitensport** und in noch stärkerem Maße vom **Freizeitsport** (nach EMRICH in Sportwissenschaftliches Lexikon 2003, 343).

Breitensport hat sich seit den 1970er Jahren in Deutschland zunächst zu einem Nebenbegriff, dann seit den 1980er Jahren zu einem Unterbegriff zum Freizeitsport entwickelt. Breitensport umfasst den Aufgabenbereich des DOSB sowie seiner Verbände und Vereine, der sich neben dem Leistungssport und Spitzensport der spielerisch-sportlichen Betätigung der breiten Bevölkerung widmet. Der Begriff Breitensport orientierte sich ursprünglich an dem anschaulichen (heute fragwürdigen) Bild der Pyramide mit der Basis der Breite für die Elite der Spitze (s. Abb. 13).

In Abgrenzung zu anderen Erscheinungsformen des Freizeitsports ist es angebracht, Breitensport als Bezeichnung für den traditionellen, in den Sportvereinen stattfindenden wettkampfbezogenen Betrieb von Sportarten unter vorrangigen Leistungsaspekten, aber mit Amateur-Charakter auf allen, auch unteren Ebenen, zu verwenden (nach Dieckert in Sportwissenschaftliches Lexikon 2003, 113).

Professionelles Showmodell

Beim Modell des professionellen Showsports bleiben die konstitutiven Elemente des traditionellen Modells erhalten, jedoch ist er nicht mehr zweckfrei. Vielmehr wird der Sport Teil von Unterhaltungsprogrammen und somit als **Spitzen- und Berufssport** in ein Netzwerk kommerzieller Interessen eingebunden. Die Organisationen und Funktionsträger (wie Vereine und Verbände, Spieler, Schiedsrichter, Trainer und Manager), die Unterhaltungsindustrie und damit verbundene Wirtschaftszweige sowie die Zuschauer (live in den Stadien oder als Medienrezipienten) sind in dieses Netzwerk eingebunden und tragen zu einer Kommerzialisierung des Sports bei.

Den komplexen Zusammenhängen des Sports mit ökonomischen Fragestellungen ist das Kapitel „Sport und Wirtschaft“ in diesem Kursbuch gewidmet. Die Formen, Rezeption und Wirkungen des Mediensports werden im Beitrag „Sport in den Massenmedien“ detailliert behandelt (u.a. Schierl 2007).

Verbunden mit der Entwicklung des Sports zu einem relevanten Wirtschaftsfaktor in den letzten Jahrzehnten, hat sich mit der **Sportökonomik** auch eine eigene sportwissenschaftliche Teildisziplin herausgebildet (u.a. Heinemann 1995, Trosien 2003).

Spitzensport und Berufssport

Beim **Spitzensport** oder Hochleistungssport handelt es sich um ein soziales System, in dem alle Strukturen, die den Leistungssport insgesamt prägen, im Hinblick auf ihre Funktionalität zur Leistungssteigerung und/oder Sieg in internationalen Konkurrenzen organisiert werden. Das Handeln der Sportler, die sich aus der Elite des Leistungssports (vorrangig A-, B- und C-Kaderathleten) rekrutieren, ordnet sich diesem Systemziel weitgehend unter, so dass in der individuellen Perspektive die am Weltrekord ausgerichtete Leistungssteigerung und der Sieg in internationalen Konkurrenzen zur dominanten Handlungs- und Lebensperspektive in dieser Rolle auf Zeit (Spitzensportler) wird, der sich alle anderen Lebensbereiche unterordnen (nach EMRICH in Sportwissenschaftliches Lexikon 2003, 491).

Spitzensport ist in vielen Fällen nur als **Berufssport** möglich, der mehr und mehr die Formen des Showbusiness annimmt, mit wenigen Akteuren und vielen Zuschauern, hohen Verdiensten, Starrollen, Riskanz der Karrieren, hohen gesundheitlichen Gefahren und arbeitsähnlichen Belastungen. Berufssport ist die organisierte, aktive Betätigung in einer Sportart vorwiegend zum Zwecke der Existenzsicherung. Für die dafür verwendete Zeit sowie für die erbrachten Leistungen fordert und erhält der Berufssportler relativ hohe Sach- und Geldmittel. In Deutschland sind Berufssportler heute vor allem in folgenden Sportarten anzutreffen: Automobilsport, Basketball, Boxen, Fußball, Golf, Handball, Leichtathletik, Pferdesport, Radsport, Schwimmen, Skisport, Tanzsport, Tennis, Tischtennis und Volleyball (nach HAAG in Sportwissenschaftliches Lexikon 2003, 75).

Expressives Sportmodell

Im expressiven Sportmodell wird der Sport auf einen Typus unproduktiver Bewegungsaktivitäten bezogen, in dem zwar Leistungselemente enthalten sein können, die aber weniger mit Leistungssteigerung und -vergleich verknüpft werden. Der Wert des sportlichen Handelns liegt häufig im freudvollen, gegenwartsbezogenen Erleben wie es für den **Freizeitsport** und die **Trendsportarten** kennzeichnend ist (u. a. DIECKERT/WOPP 2002, LANGE 2007).

Oft handelt es sich dabei um ursprünglich traditionelle Sportarten, die situativ und interessengeleitet als weniger regelgebundene Freizeitsportarten ausgeübt werden (wie Joggen, Schwimmen, Radfahren, Inline-Skaten, Skifahren, Kanufahren). Ebenso charakteristisch sind die zahlreichen Bewegungsmoden und Trendsportarten, die sich im Rahmen kultureller Differenzierung entwickeln und gesellschaftliche Entwicklungen widerspiegeln (z. B. Suche nach Authentizität, Konsum- und Eventorientierung).

Die Vielfalt der ungebundenen freizeitsportlichen Aktivitäten, die zahlreichen Trend-, Natur- und Outdoor-Sportarten, aber auch der organisierte Sport mit seinen zahlreichen

Aufgabe 26

SCHILDMACHER (1998) benennt fünf Entwicklungstrends im Freizeitsport:

1. Vom Indoor-Sport zur Outdoor-Variante;
2. Vom normierten zum nicht-normierten Sport;
3. Vom großen Mannschafts- zum kleinen Gruppensport;
4. Vom geschützten zum risikoreicheren Sport;
5. Vom verbindlichen zum unverbindlichen Sport.

Suchen Sie nach Beispielen für diese Trends in der Sportentwicklung in ihrem privaten Umfeld. Können Sie diese These so bestätigen oder muss sie modifiziert werden?

Großveranstaltungen führen zunehmend zu Konflikten zwischen **Sport und Umwelt.** Es gibt kaum mehr Naturräume, die nicht freizeitsportlich genutzt werden. Der Sporttourismus wirbt unter ökonomischen Gesichtspunkten mit den Natursportarten (u. a. SEEWALD u. a. 1998). Das Verhältnis von Sport und Umwelt wird in dem Kapitel „Fair geht vor – Ökologische Achtsamkeit beim Sporttreiben" in diesem Kursbuch eingehend behandelt.

Freizeitsport

In einem **weiten Verständnis** ist **Freizeitsport** ein geeigneter Sammel- und Oberbegriff für die differenzierten Erscheinungsformen des Sports jenseits des Leistungs- und Spitzensports. Er umfasst: Alltagssport, Alternativsport, Ausgleichssport, Breitensport, Erholungssport, Familiensport, Fitnessbewegung, Lifetimesport, Massensport, Rekreationssport, Sozialsport, Urlaubssport, Volkssport. Im internationalen Raum wird das Phänomen in der Regel als „Sport für alle" bezeichnet.

Freizeitsport im **engeren Sinne** steht für „Spaßsport" und „Freizeitspaß", als „expressives Sportmodell" oder „alltagskultureller Sport", auch für alters-, geschlechts- und leistungsheterogene Gruppen möglich bei regelveränderten Übungs-, Spiel- und Bewegungsformen, unter persönlichen Leistungsansprüchen, mit hohem Grad der Selbstbestimmung, bei großen Zuwachszahlen, betrieben nicht mehr nur im Verein, sondern auch angeboten von Volkshochschulen, Kirchengruppen, Vereinigungen aller Art bis hin zu kommerziellen Einrichtungen (nach DIECKERT in Sportwissenschaftliches Lexikon 2003, 205).

Funktionalistisches Sportmodell

Im **funktionalistischen Sportmodell** wird der Sport instrumentell verstanden. Der Sinn des Sporttreibens und die Angebotsformen werden aus verschiedenen, besonders auf den **Körper** bezogenen Funktionen abgeleitet. Der Sport wird unter spezifischen Zielsetzungen und erwünschten Effekten inszeniert. Die Körperformung im Fitness-Studio, die Entspannung beim Yoga, das Wohlbefinden im Walking-Kurs.

Eine besonders erfolgreiche Variante des funktionalistischen Sportmodells stellt der **Gesundheitssport** dar (u. a. BÖS / BREHM 2006). Sport wird hierbei gesundheitsfördernd in **Prävention** und **Rehabilitation** einbezogen. Über die gesundheitsfördernde Wirkung sportlicher Aktivitäten hinaus richtet sich der Gesundheitssport im engeren Sinne auf spezifisch strukturierte Aktivitäten, die Effekte bei Zielgruppen mit speziellen Risiken, gesundheitlichen Problemen und

Erkrankungen hervorrufen sollen. Der Gesundheitssport zielt auf eine Stärkung der physischen wie psychosozialen Ressourcen. Gut ausgebildete Gesundheitsressourcen versetzen Menschen in die Lage, auf Anforderungen mit einer hohen Leistungs- und Widerstandsfähigkeit zu reagieren sowie das Befinden und die soziale Einbindung selbst positiv zu regulieren. Als zentral gelten dabei einerseits gesunde Verhältnisse (z. B. ein intaktes soziales Umfeld), andererseits Verhaltensweisen, mit denen die Gesundheit beeinflusst werden kann (insbesondere Bewegung, Ernährung und Hygiene).

Eine ausführliche Darstellung der gesundheitlichen Bedeutung des Sports bietet das Kapitel „Wie gesund ist Sport?“ im Kursbuch Sport 1: Sportbiologie.

Es bleibt festzuhalten, dass sich verschiedene Sportmodelle mit unterschiedlichen Konstruktionsmustern unterscheiden lassen, die eine **Orientierungshilfe** gegenüber der differenzierten Sport- und Bewegungskultur anbieten. Diese **bewegungskulturelle Vielfalt** ist Ausdruck der Individualisierungs- und Differenzierungsprozesse **moderner Gesellschaften.** Die analytische Unterscheidung der Modelle kann letztlich nicht alle Sportarten und Bewegungstrends oder auch Übergänge und Veränderungen erfassen. Zum Beispiel sind die ehemaligen Outdoor-Varianten Beach-Volleyball und Snowboard heute olympische Sportarten, Skateboard war in Peking 2008 Demonstrationssportart. Die Modelle müssen der zukünftigen Entwicklung des modernen Sports angepasst werden.

Gliederung des Kursbuches

Die hier einführend angesprochenen Aspekte der **historischen, anthropologischen und gesellschaftlichen Bedeutung des Sports** werden in den weiteren Kapiteln dieses Buches unter folgenden Themenstellungen aufgegriffen und vertieft:

- Kapitel 2: Spielen und Leisten, Konkurrieren und Kooperieren im Sport
- Kapitel 3: Die Organisation des Sports
- Kapitel 4: Sport und Wirtschaft
- Kapitel 5: Sport in den Massenmedien
- Kapitel 6: Olympische Spiele der Neuzeit
- Kapitel 7: Fair geht vor – Ökologische Achtsamkeit beim Sporttreiben

Zur vertiefenden Weiterarbeit empfohlen:

Heinemann, K.: Einführung in die Soziologie des Sports. Schorndorf 2007[5].

Krüger , M.: Einführung in die Geschichte der Leibeserziehung und des Sports. Schorndorf.
- Teil 1: Von den Anfängen bis ins 18. Jahrhundert (2004).
- Teil 2: Leibeserziehung im 19. Jahrhundert. Turnen fürs Vaterland (2005[2]).
- Teil 3: Leibesübungen im 20. Jahrhundert. Sport für alle (2005[2]).

Prohl, R.: Grundriss der Sportpädagogik. Wiebelsheim 2006[2].

Literaturverzeichnis:

Alkemeyer, T.: Formungen und Umformungen. In: E. Franke / E. Bannmüller (Hrsg.), Ästhetische Bildung. Butzbach / Griedel 2003, 38–64.

Alkemeyer, T.: Körper, Kult und Politik. Von der „Muskelreligion“ Pierre de Coubertins zur Inszenierung der Macht in den Olympischen Spielen von 1936. Frankfurt/Main, New York 1996.

Bernett, H.: Nationalsozialistische Leibeserziehung. Eine Dokumentation ihrer Theorie und Organisation. Schorndorf 1966.

Bernett, H.: Symbolik und Zeremoniell der XI. Olympischen Spiele in Berlin 1936. In: Sportwissenschaft 16 (1986), 357–397.

Bernett, H.: Prolegomena zur historischen Aufarbeitung des Systems von Sport und Körperkultur in der DDR. In: Stadion – Internationale Zeitschrift für Geschichte des Sports (1990), 1–36.

Bernett, H.: Körperkultur und Sport in der DDR. Dokumentation eines geschlossenen Systems. Schorndorf 1994.

Bös, K. / Brehm, W. (Hrsg): Handbuch Gesundheitssport. Schorndorf 2006[2].

Bourdieu, P.: Sozialer Sinn. Kritik der theoretischen Vernunft. Frankfurt/Main 1987.

Bourdieu, P. / Wacquant, L.: Reflexive Anthropologie. Frankfurt/ Main 1996.

BRAUN, H.: Die „ungeschichtlichen Jahre" Friedrich Ludwig Jahns. In: SPITZER, G. (Hrsg.): Die Entwicklung der Leibesübungen in Deutschland. Von den Philanthropisten zu den Burschenschaftsturnern. St. Augustin 1993, 106–118.

CACHAY, K.: Sport und Gesellschaft. Zur Ausdifferenzierung einer Funktion und ihrer Folgen. Schorndorf 1988.

CHRISTIAN, P.: Vom Wertbewußtsein im Tun. In: BUYTENDIJK, F.J.J./CHRISTIAN, P./PLÜGGE, H.: Über die menschliche Bewegung als Einheit von Natur und Geist. Schorndorf 1963, 19–44.

DENK, H./HECKER, G. (Hrsg.): Texte zur Sportpädagogik, Teil 1. Schorndorf 1981.

DENK, H./HECKER, G. (Hrsg.): Texte zur Sportpädagogik, Teil III: Reformpädagogische Ideen, Ansätze und Konzepte. Schorndorf 1996.

DIECKERT, J./WOPP, C. (Hrsg.): Handbuch Freizeitsport. Schorndorf 2002.

DIETRICH, K./LANDAU, G.: Sportpädagogik. Reinbek bei Hamburg 1999^2.

DIGEL, H.: Über den Wandel der Werte in Gesellschaft, Freizeit und Sport. In: DEUTSCHER SPORTBUND (Hrsg.): Die Zukunft des Sports. Schorndorf 1986, 14–43.

DÜDING, D.: Organisierter gesellschaftlicher Nationalismus in Deutschland (1808–1847). München 1984.

EISENBERG, C.: English Sports und Deutsche Bürger. Paderborn 1999.

FIETZE, K.: Definition von Sport und Bewegungskultur. In: dies.: Im Gefolge Dianas. Frauen und höfische Jagd im Mittelalter. Köln 2005.

FUNKE-WIENECKE, J.: Soziales Lernen. In: sportpädagogik 23 (1997) 2, 28–39.

GEHLEN, A.: Mensch und Institution. In: GEHLEN, A./GRASSI, E. (Hrsg.): Anthropologische Forschung. Zur Selbstbegegnung und Selbstentdeckung des Menschen. Reinbek 1961, 69–78.

GERHARDT, V.: Fairness – die Tugend des Sports. In: GERHARDT, V./LÄMMER, M. (Hrsg.): Fairness und Fairplay. St. Augustin 1993, 5–24.

GRÖSSING, S.: Bewegungskultur und Bewegungserziehung. Schorndorf 1993.

GRUPE, O.: Bewegung, Spiel, Leistung. Schorndorf 1982.

GRUPE, O.: „Der neue Weg im deutschen Sport". Über Sinn und Organisation des Sports. In: DEUTSCHER SPORTBUND (Hrsg.):

Die Gründerjahre des Deutschen Sportbundes – Wege aus der Not zur Einheit. Schorndorf 1990, 16–26.

GRUPE, O./KRÜGER, M.: Einführung in die Sportpädagogik. Schorndorf 2007[3].

GUGUTZER, R.: Leib, Körper, Identität. Wiesbaden 2002.

GÜLDENPFENNIG, S.: Sport: Kritik und Eigensinn. Der Sport der Gesellschaft. St. Augustin 2000.

HEINEMANN, K.: Einführung in die Ökonomie des Sports. Ein Handbuch. Schorndorf 1995.

HERINGER, H.: Fairness und Moral. In: GERHARDT, V./LÄMMER, M. (Hrsg.): Fairness und Fairplay. St. Augustin 1993, 55–67.

HOFMANN, A.: Aufstieg und Niedergang des deutschen Turnens in den USA. Schorndorf 2001.

HOFMANN, A./KRÜGER, M.: Südwestdeutsche Turner in der Emigration. Schorndorf 2004.

HUIZINGA, J.: Homo ludens. Vom Ursprung der Kultur im Spiel. Hamburg 1956 (Original Amsterdam 1938).

KLEINDIENST-CACHAY, C.: Die Verschulung des Turnens. Schorndorf 1980.

KUCHLER, W.: Sportethos – Eine moraltheologische Untersuchung des im Lebensbereich Sport lebendigen Ethos als Beitrag zu einer Phänomenologie der Ethosformen. München 1969.

LANGE, H. (Hrsg.). Trendsport für die Schule. Wiebelsheim 2007.

LENK, H.: Werte, Ziele, Wirklichkeit der modernen Olympischen Spiele. Schorndorf 1972.

PIEPER, A.: Einführung in die Ethik. Tübingen 2000.

PILZ, G.: Zum Problem struktureller Bedingungen für Unfairneß – einen empirische Analyse. In: GERHARDT, V./LÄMMER, M. (Hrsg.): Fairneß und Fairplay. St. Augustin 1993, 173–201.

PLESSNER, H.: Die Stufen des Organischen und der Mensch. Berlin, New York 1975[3].

PROHL, R.: Bildungsaspekte des Trainings und Wettkampfs im Sport. In PROHL, R./LANGE, H. (Hrsg.): Pädagogik des Leistungssports. Schorndorf 2004, 11–39.

SCHIERL, T.: Handbuch Medien, Kommunikation und Sport. Schorndorf 2007.

SCHILDMACHER, A.: Trends und Moden im Jugendsport. In: SCHWIER, J. (Hrsg.): Jugend – Sport – Kultur. Zeichen und Codes jugendlicher Sportszenen. Hamburg 1998, 63–76.

SCHILLER, F.: Über die ästhetische Erziehung des Menschen in einer Reihe von Briefen (1795). In: Schillers Werke in drei Bänden (Bd. 2). München 1966, 445–520.

SCHULZ, G.: Erlebnisgesellschaft – Kultursoziologie der Gegenwart. Frankfurt/Main 1992.

SEEL, M.: Die Zelebration des Unvermögens – Zur Ästhetik des Sports. In: GERHARDT, V./WIRKUS, B. (Hrsg): Sport und Ästhetik. St. Augustin 1995, 113–125.

SEEWALD, F./KRONBICHLER, E./GRÖSSING, S.: Sportökologie. Eine Einführung in die Sport-Natur-Beziehung. Wiesbaden 1998.

SPORTWISSENSCHAFTLICHES LEXIKON, hrsg. von P. RÖTHIG/R. PROHL/K. CARL/D. KAYSER/M. KRÜGER/V. SCHEID. Schorndorf 2003[7].

STICHWEH, R.: Sport – Ausdifferenzierung, Funktion, Code. In Sportwissenschaft 20, 4, 373–389.

STYGERMEER, M.: Der Sport und seine Ethik. Berlin 1999.

TEICHLER, H. J. (Hrsg.): Sport in der DDR. Eigensinn, Konflikte, Trends. Köln 2003.

TENBRUCK, F.: Zur Anthropologie des Handelns. In: LENK, H. (Hrsg.): Handlungstheorien interdisziplinär (Bd. 2.1). München 1978, 81–138.

TIEDEMANN, C.: Internet-Ressource:
http:// www.sportwissenschaft.uni-hamburg.de/tiedemann/documents/sportdefinition.html
(Zugriff am 15.04.2007).

VOLKAMER, M.: Von der Last mit der Lust im Schulsport. Schorndorf 1987.

WIESER, L.: „Für die Freiheit Deutschlands ist jedes Mittel recht" – Turner im Vormärz und in der Revolution 1848/49. In: Sportwissenschaft 30 (2000) 2, 141–155.

WOLF, N.: Dokumente zum Schulsport. Bemühungen des Deutschen Sportbundes 1950–1974. Schorndorf 1974.

Spielen und Leisten, Konkurrieren und Kooperieren im Sport

In diesem Kapitel geht es vor allem um die Frage, was Menschen dazu veranlasst, Sport zu treiben und welchen persönlichen bzw. sozialen Ertrag sie daraus gewinnen. Dabei können zwei auf den ersten Blick geradezu gegensätzliche Beweggründe unterschieden werden:

- Das sportliche Engagement folgt zum einen dem Bedürfnis nach freudvollem Spiel und Entspannung, z.B. im Rahmen geselliger Situationen und
- zum anderen dem Bedürfnis nach Leistung sowie der Lust an der Präsentation eines besonderen körperlichen Könnens, z.B. im Wettkampf.

Aus diesem Grund werden hier zunächst die Begriffe **Spielen und Leisten** analysiert. Gleichsam quer zu diesen idealtypischen Polen liegt ein weiteres Begriffspaar, welches die besondere Struktur sozialen Handelns im Sport beschreibt, in der sowohl Spielen als auch Leisten im Sport sich ereignet: **Konkurrieren und Kooperieren.** Beide Begriffspaare werden mit dem Ziel analysiert, zu einem besseren Verständnis des Sports beizutragen.

Spielen und Leisten sowie Konkurrieren und Kooperieren sind zentrale Beweggründe sportlichen Handelns.

Spielen

Spiele sind im Handlungsfeld des Sports häufig zu finden. Dies gilt in erster Linie für die bekannten und weit verbreiteten Ballspiele wie Fußball, Handball, Basketball usw. Diese werden in Mannschaften mit dem Ziel gespielt, das eigene Team durch Tore zum Sieg zu führen. Auch die paarweise gegeneinander ausgeübten Spielformen Tennis, Tischtennis und Badminton sind sehr beliebt. Darüber hinaus gibt es eine Vielzahl an Spielen, in denen körperliche Fitness, Gewandtheit und taktisches Geschick notwendig sind, um das Spiel für sich selbst oder für die eigene Mannschaft positiv zu gestalten. Hierzu zählen die Lauf-, Such- und Fangspiele, die in Sporthallen, auf Schulhöfen oder im offenen Gelände stattfinden, die Rauf- und Kampfspiele sowie solche Spielformen, die ein besonderes turnerisches Geschick erfordern oder szenische Elemente aufgreifen.

Zielschussspiele
- **Fußball**
- **Handball**
- **Basketball**

Rückschlagspiele
- **Volleyball**
- **Tennis**

Endzonenspiele
- **Football**
- **Ultimate-Frisbee**

Lauf- und Fangspiele
- **Baseball**
- **Brennball**
- **Nachlauf**

Geschicklichkeitsspiele
- **Seilspringen**
- **Balancieren**
- **Diablo**

Kampfspiele
- **Reiterkampf**
- **Raufen**

Abb. 14: Übersicht verschiedener Spielformen.

„Spiel“, „Spiele“ und „Sportspiel“ sind daher wichtige Begriffe in der Theorie des Sports. Sie werden benötigt, um die verschiedenen Erscheinungsformen sportlicher Spiele zu verstehen, mögliche Erziehungsfelder zu begründen und ihre praktischen Erscheinungsformen zu analysieren. Hierbei können folgende thematische Schwerpunkte unterschieden werden (vgl. Grupe 1998, 466): Der Begriff „Spiel“

- wird zur historischen Herleitung der Entstehung und Entwicklung des modernen Sports herangezogen. Hier kann gezeigt werden, dass Menschen aller Epochen bewegungskulturelle Praxen spielerisch gestaltet haben;
- wird zur Deutung des Sports genutzt. Hier wird Sport als eine spezifische Erscheinungsform des Spiels aufgefasst und – als zweckfreies Tun, das primär um seiner selbst willen geschieht – dem Begriff „Arbeit“ gegenübergestellt. Das spieltypische Moment der Spannung und Aktivierung ermöglicht es außerdem, den Reiz des Sports zu erklären;
- wird zur Begründung der pädagogischen Bedeutung des Sports angeführt. Hier wird das Spiel als wesentliches Moment der Entwicklung im Kindes- und Jugendalter verstanden und Sport als eine Möglichkeit der Entwicklungsförderung ausgelegt.

Allen genannten Schwerpunkten ist gemeinsam, dass eine enge Verbindung zwischen Spiel und Sport angenommen wird. Aus diesem Grund werden im Folgenden die Begriffe „Spiel" und „Spiele" und „Sportspiel" näher betrachtet.

Aufgabe 27

Untersuchen Sie das mittelalterliche Gemälde auf Spielformen von Kindern und Erwachsenen. Welche der Spielformen sind auch heute noch gebräuchlich, welche werden (so gut wie) nicht mehr ausgeübt?

Abb. 15: Beispiele spätmittelalterlicher Kinderspiele in einer um 1560 entstandenen Darstellung des niederländischen Renaissancemalers Pieter Brueghel der Ältere (1525 bis 1569). Er ist bekannt für seine authentischen Darstellungen des bäuerlichen Lebens im Flandern des 16. Jahrhunderts.

„Spiel ist eine freiwillige Handlung oder Beschäftigung, die innerhalb gewisser festgesetzter Grenzen von Zeit und Raum nach freiwillig angenommenen, aber unbedingt bindenden Regeln verrichtet wird, ihr Ziel in sich selber hat und begleitet wird von einem Gefühl der Spannung und Freude und einem Bewusstsein des ‚Andersseins' als das ‚gewöhnliche Leben'" (Huizinga 1997, 148).

Spiel

Ebenso wie der Begriff des Sports verweist auch der Spielbegriff auf ein sehr heterogenes Feld ganz unterschiedlicher Erscheinungsformen, weshalb in diesem Fall eine enge Definition ebenfalls nicht sinnvoll ist. Allerdings besteht weitgehende Einigkeit über verschiedene Merkmale, die für das menschliche **Spiel** charakteristisch sind:

- Das Spiel ist eine Tätigkeit, die ohne äußeren Zweck, rein zum Vergnügen bzw. allein aus Freude an ihrer Ausübung ausgeführt wird. Mithin trägt das Spiel seinen Sinn in sich selbst.
- Das Spiel findet in einer ihm eigenen Sphäre bzw. Spielwelt statt, die anders als das alltägliche Leben ist.
- Innerhalb dieser eigenen Sphäre bzw. Spielwelt folgt das Spiel eigenen Regeln, deren Verbindlichkeit aber auf das Spiel selbst begrenzt ist. Im Vergleich zum alltäglichen Leben ist das Spiel immer „nicht-ernst".
- Das Spiel ist fast immer auf Gegenstände wie Spielsachen, Sportgeräte oder Körperteile bezogen. Im Gegensatz zu Arbeitshandlungen allerdings, die auf Gegenstände mit festen Bedeutungen und Funktionen gerichtet sind, ist im Spiel eine nahezu beliebige Umdeutung und Funktionstransformation möglich.
- Das Spiel ist von lustvoller Spannung und Aufregung geprägt, die es am Laufen halten und die spieltypische Eigenwelt letztlich kreieren. Wenn diese spezifische Spannung endet, kommt auch die Spieltätigkeit zum Erliegen.

Abb. 16: Kinder auf dem „Bolzplatz".

Abb. 17: Kinder beim Spiel mit einem Gameboy.

Der Begriff „Spiel" steht demnach für solche Handlungen, die um der ihnen innewohnenden Zerstreuung, Erheiterung oder Anregung willen und oft in Gemeinschaft mit anderen vorgenommen werden. Im Umkehrschluss sind erzwungene oder zweckgebundene Handlungen, die unmittelbar der Existenzsicherung, Pflichterfüllung, Notdurft, Suchtbefriedigung, Schadensabwendung oder Schmerzvermeidung dienen, nicht als Spiel zu bezeichnen. Dies bedeutet jedoch keineswegs, dass Spielen ohne Folgen für das Lernen und für die Entwicklung junger Menschen wäre. Im Gegenteil: Ein Großteil der kognitiven Entwicklung und der Entwicklung von motorischen Kompetenzen findet durch Spielen statt, beim Menschen ebenso wie bei zahlreichen Tierarten:

- Ein Spiel hat aktivierende und mobilisierende Wirkungen, was ein hohes Maß an Einfallsreichtum und an Engagement im jeweils gegebenen Handlungszusammenhang bewirkt.
- Ein Spiel kreiert eigene Welten, Regeln und Funktionen. In diesen können sich die Spielenden freier entwerfen und erproben, als dies in ernsten Handlungszusammenhängen möglich wäre.
- Spielen ermöglicht eine schrittweise Bewältigung von Traumata, Konflikten und Ängsten, die in alltäglichen Situationen auftreten und als bedrohlich empfunden werden.
- Einem Spiel liegen ganz bestimmte Handlungsabläufe zugrunde, aus denen – besonders in der Gemeinschaft mit weiteren Spielpartnern – soziale und motorische Kompetenzen hervorgehen, die auch außerhalb des Spiels von Nutzen sein können.

In diesem Sinne thematisiert das Spiel typische Polaritäten und Probleme des alltäglichen Lebens wie z. B. Siegen und Verlieren, Angreifen und Verteidigen, Gegeneinander und Miteinander (vgl. Grupe 1998, 468). Hierbei werden nicht nur die harmonischen Seiten unseres Daseins, sondern gerade auch die Spannungen zwischen Gegensätzlichem, zwischen Gelingen und Misslingen, Glück und Schmerz, Macht und Ohnmacht, Ordnung und Unordnung, Alltäglichkeit und Besonderheit, Nutzen und Zwecklosigkeit ausgelebt. Bei all dem schafft das Spiel günstige psychischen Bedingungen für deren schrittweise Bewältigung.

Aufgabe 28

Erläutern Sie die fünf Merkmale des Spiels (S. 74) an einem Beispiel. Gelten alle diese Merkmale auch für Computerspiele?

Abb. 18: Kinder beim spielerischen Klettern.

Aufgabe 29

Wann haben Sie in der hier dargestellten Weise zum letzten Mal gespielt? Analysieren Sie diese Situation anhand der in diesem Abschnitt entwickelten Merkmale.

Spiele – Sportspiele

Spiele, die allein oder gemeinsam mit anderen gespielt werden können, sind soziale Gebilde, die – einer Spielidee folgend – mehr oder weniger überdauernd Handlungsmöglichkeiten und Interaktionen der Akteure regeln. Solche Regeln müssen nicht unbedingt schriftlich fixiert werden, oftmals existieren sie nur in den Köpfen der Spielpartner. Dies gilt für viele Kinderspiele, deren Inhalte und Regeln je nach Situation und Spielpartner stark variieren können.

Abb. 19: Nachlaufspiel.

Abb. 20: Geregeltes Sportspiel: American Football.

Diese Offenheit für situative und individuelle Auslegungen stellt sich für die Sportspiele völlig anders dar. In diesen finden wir einen festen und verbindlichen Regelkanon mit weltweiter Gültigkeit vor, die eine orts- und zeitunabhängige Übertragbarkeit des jeweiligen Sportspiel ermöglichen.

Der französische Philosoph ROGER CAILLOIS hat die Gemeinsamkeiten und Unterschiede von Spielen untersucht und ein Kontinuum vier verschiedener Inhaltsbereiche vorgeschlagen, die zwischen zwei Grunddimensionen angesiedelt sind: Einer eher wilden, freien und improvisierten Form (= Paidea) und einer eher geordneten bzw. regelgebundenen Form (= Ludus). Mittels dieses Kontinuums ist es möglich, Spiele nach ihren jeweiligen Ausprägungen zu klassifizieren (siehe Tab. 2).

Tab. 2: Ordnung verschiedener Spiele nach Inhalt und Form (nach CAILLOIS 1961).

	Agon (Wettkampf)	Alea (Chance)	Mimicry (Verkleidung)	Illinx (Rausch)
Paidea ↕	Raufspiele	Geschicklichkeitsspiele	Rollenspiele	Schaukel- u. Drehspiele
Ludus	Sportspiele	Schießsport	Theater	Turnen; Rennsport

An dieser Übersicht wird deutlich, dass nicht nur die bekannten Spielformen wie z. B. Fußball oder Basketball zu den Spielen zählen. Auch andere bewegungskulturelle Bereiche und Sportarten wie z. B. das alpine Bergsteigen, das Turnen, das Ringen bzw. Raufen und die Leichtathletik „spielen" in geregelter Weise mit den eigenen körperlichen Möglichkeiten und werden freiwillig in Wettkämpfen gegen sich selbst oder gegen andere ausgetragen. Demnach hat der Sport als Ganzes viele Gemeinsamkeiten mit dem Phänomenbereich des menschlichen Spiels, wobei die **Sportspiele** eine eigene „Familie" im Kanon der Sportarten darstellen (vgl. SCHMIDT 2003):

- Sportspiele sind geregelte Bewegungsspiele, die als Wettkampf zwischen einzelnen Spielern oder Mannschaften nach international festgelegten Spielregeln ausgetragen werden.

- Die Spielidee bezeichnet die einfachste Grundform eines Sportspiels. So lässt sich z.B. die Spielidee des Fußballspiels wie folgt formulieren: Es gibt ein Spielgerät (den Ball), das mit dem Fuß in ein Ziel (das Tor) geschossen werden muss, und es gibt jemanden (den Gegner), der das zu verhindern sucht und bestrebt ist, seinerseits ein Tor zu erzielen.
- Die Spielregeln der Sportspiele legen die nicht veränderbaren Merkmale eines Spiels fest, die Angaben über die Spielerzahl, Zeit- und Raumregeln, Handlungsregeln (Art des Ballkontaktes, Regeln zum Körperkontakt und zum Erzielen von Punkten/Toren/Körben) und die Regelüberwachung enthalten.
- Die Taktik der Sportspiele ergibt sich aus dem Zusammenhang von Spielidee, Spielregel und individuellem Können. So zielt die Taktik im Fußball auf die Beherrschung der Räume auf dem Spielfeld, um die eigenen Spieler in eine gute Abschlussposition zu bringen. Da der Gegner hierbei die angreifenden Spieler direkt attackieren darf, muss ein klug vorgetragener Angriff dies durch schnelle Antritte, effektive Dribblings und geschicktes Zuspiel durchsetzen.

Aufgabe 30

Vergleichen Sie die Spielideen des Fußballspiels und des Volleyballspiels. Worin bestehen Gemeinsamkeiten und Unterschiede?

Die Kombination von festen Regeln (sog. Konstitutivregeln), taktischen Möglichkeiten und individuellem Geschick ermöglicht eine Vielzahl nicht vorhersehbarer Spielhandlungen und Spielkombinationen, deren Verlauf zwischen gleichstarken Spielern bzw. Mannschaften eine Spannungsbalance verursacht, die sowohl von den Spielteilnehmern als auch den Zuschauern als anregend bzw. positiv wertbesetzt erlebt wird.

Leisten

Was sportliche Leistung im Allgemeinen und was Leisten für den einzelnen Menschen im Speziellen bedeutet, ist von historischen, kulturellen und individuellen Bezugsnormen abhängig.

Bereits in der Einleitung dieses Kapitels wurde festgestellt, dass die Leistung zu den zentralen Merkmalen des Sports zählt. Hierbei ist der menschliche Körper Mittel und Voraussetzung, die Bewegung ist Träger des Leistens: Als größere Leistungen gelten z.B. höhere Geschwindigkeiten in den Lauf-, größere Höhen und Weiten in den Sprung- und Wurfdisziplinen, aber auch höhere Punktzahlen in technischen

Sportarten, bei denen nicht nur die Schwierigkeitsgrade sondern auch der „künstlerische Ausdruck" bewertet werden. Darüber hinaus kann auch eine vergleichsweise nicht so hohe Leistung, z. B. nach einer Verletzung, für jemanden einen großen Wert haben. Außerdem kann eine Leistung „nur für sich" zählen, z. B. wenn beim Turnen, Skifahren oder Klettern etwas erstmals klappt bzw. etwas für mich Schwieriges oder gar Einmaliges gelingt.

Im Folgenden wird aufgezeigt, was Leisten im Handlungsfeld des Sports bedeutet und welchen Einfluss psychologische Aspekte haben.

Sportliche Leistungen

Auf Grund der besonderen Bedeutung des Leistungsbegriffs für das Grundverständnis des Sports sowie der Komplexität des Sachverhalts wird das Problem des Leistens in den Sportwissenschaften aus ganz unterschiedlichen Perspektiven analysiert.

- In der Biomechanik wird Leistung als physikalische Größe aufgefasst. Ihr Formelzeichen ist „P", ableitet von dem englischen Begriff Power. „P" bezeichnet das Maß für die Geschwindigkeit, mit der mechanische Arbeit verrichtet wird („Arbeit durch Zeit").
- In Sportbiologie und Sportmedizin wird Leistung ebenfalls in der physikalischen Einheit Watt gemessen und in Relation zu physiologischen Kriterien der organischen Leistungsfähigkeit des Herzkreislaufsystem (z. B. die maximale Sauerstoffaufnahme pro Minute) bzw. des Stoffwechsels (z. B. Laktatwert im Blut) interpretiert.
- Die Trainingswissenschaft befasst sich vorrangig mit der systematischen Ansteuerung sportlicher Leistungen. Da es im Trainingsprozess um die Ausbildung einer optimalen Leistung für ganz spezifische Wettkampfsituationen geht, ist deren inhaltliche Bestimmung am Sprachgebrauch des Wettkampfsports ausgerichtet. Beispiele hierfür sind dann die Laufzeit über eine bestimmte Strecke, die Punktbewertung für eine Turnübung, die erzielten Tore in einem Fußballspiel oder die Trefferanzahl in einem Kampfsportwettkampf.

Eine ausführliche Darstellung des physikalischen Leistungsbegriffs bietet das Kursbuch Sport 3: Bewegungslehre (Kapitel „Was ist eine sportliche Bewegung?").

Eine ausführliche Darstellung des biologischen Leistungsbegriffs bietet das Kursbuch Sport 1: Sportbiologie (Kapitel „Was ist Sportbiologie?").

Eine ausführliche Darstellung der physiologischen Grundlagen sportbezogenen Leistens bietet das Kursbuch Sport 2: Trainingslehre (Kapitel „Was ist Training – wie wird Training gestaltet?").

Diese sportwissenschaftlichen Definitionsansätze betrachten und interpretieren sportliche **Leistungen als Produkte** in einer spezifischen Anforderungssituation. Wird jedoch das aktuelle Handeln einer Person mit den ihr gegebenen Leistungsmöglichkeiten bzw. in Relation zu möglichen Leistungsfortschritten über einen längeren Zeitraum betrachtet, dann geht es um das **Leisten als Prozess.**

Der Sportpädagoge Ommo Grupe betrachtet aus anthropologischer Perspektive das Streben nach Leistung und die Orientierung auf Konkurrenz als ein menschliches Grundmotiv. Demnach ist das Zusammenleben der Menschen nicht nur von dem Bedürfnis nach Harmonie und dem Streben nach Gemeinsamkeiten, sondern ebenso von Konkurrenz und Auseinandersetzung geprägt. Darüber hinaus wird dieses als „Agonalität" bezeichnete Merkmal mit Bezug auf die griechische Antike als wesentlich für unsere abendländische Kultur angesehen.

> „Aus anthropologischer und ethischer Sicht gehört es zu den unveräußerlichen Merkmalen des Menschen, etwas leisten zu können, dabei Inhalt, Maß und Ziel seiner Leistungen selbst festzulegen. Das Leistungsprinzip im Sport ist ein Prinzip unter anderen. Es konkurriert mit diesen anderen, gelegentlich ist es dominant. Dabei wirkt es als mehr oder weniger nachdrückliches System von Normen und Wertvorstellungen orientierend auf das Handeln des einzelnen Menschen, liefert ihm relativ klare Sinnmuster und ein überindividuelles Bezugssystem, an dem er seine Handlungen ausrichtet, das zwar reglementierend sein kann, das aber auch Selbstbestimmungsmöglichkeiten bietet. Zugleich erschließt es Erlebnis- und Erfahrungsbereiche, die Selbstdarstellung und die Entwicklung individueller und sozialer Identität ermöglichen" (Grupe 1998, 336).

Als spezifisches bewegungskulturelles Segment bietet der Sport besondere Möglichkeiten, diese Lust am Leistungsvergleich auszuleben und zu gestalten.

- Sportliche Handlungen sind darauf ausgerichtet, das individuelle Können zum Ausdruck zu bringen.
- Das Ergebnis einer sportlichen Handlung ist durch eigene Leistung verursacht.
- Die Bewertung einer sportlichen Leistung basiert auf einem allgemein gültigen Gütemaßstab.

Aufgabe 31

Vergleichen Sie die verschiedenen Leistungsbegriffe und arbeiten Sie Gemeinsamkeiten bzw. Unterschiede heraus.

Literaturempfehlung: Röthig, P. / Prohl, R. u. a. (Hrsg.): Sportwissenschaftliches Lexikon (Schlagwort „Leistung"). Schorndorf 2003[7].

Aufgabe 32

Es existieren auch andere bewegungskulturelle Orientierungen, die nicht auf Überbietung bzw. „Agonalität" angelegt sind. Finden Sie dafür Beispiele und diskutieren Sie die wesentlichen Unterschiede.

Literaturempfehlung zum Einstieg: Herrigel 1993.

Aufgabe 33

Beziehen Sie die Merkmale des Leistens auf verschiedene Sportarten bzw. bewegungskulturelle Aktivitäten (z. B. Leichtathletik, Basketball, Turnen, Klettern, Akrobatik, Inline-Skaten …). Auf welche Bewegungsfelder treffen diese Merkmale hauptsächlich zu, auf welche weniger?

Der Sport ist als ein System anzusehen, in dem einerseits Leistungen erbracht werden können, Bewegungskönnen somit als Leistung erlebt, empfunden und bewertet werden kann, und in dem andererseits insgesamt recht verständliche Gütemaßstäbe und einsichtige Bewertungskriterien vorhanden sind, die es erlauben, ein bestimmtes Können als relativ eindeutige Leistung zu bestimmen (nach GRUPE 1982).

Leistungen werden aber immer von einzelnen Menschen erbracht, die den gemessenen Werten – je nach Könnensniveau, Aufgabenschwierigkeit, Tagesform, Anspruchsniveau und äußeren Bedingungen – eine ganz individuelle Bedeutung zuschreiben. Hierbei können verschiedene **Bezugsnormen** zum Tragen kommen:

- **Die individuelle Bezugsnorm:** Unter dieser Norm wird eine Leistung im Vergleich zu früheren eigenen Leistungen bzw. zu einem angenommenen eigenen Könnensniveau bestimmt.
- **Die sachbezogene Bezugsnorm:** Unter dieser Norm wird eine Leistung an den objektiv gegebenen Bewältigungsmöglichkeiten einer spezifischen sportlichen Anforderungssituation bewertet.
- **Die soziale Bezugsnorm:** Unter dieser Norm wird eine eigene Leistung im Vergleich mit anderen Personen bewertet.

In jeder Gesellschaft und in jeder historischen Epoche besteht aufgrund von Glaubens- und Moralvorstellungen eine bestimmte Werthierarchie, die darüber mitbestimmt, welche Leistung und Leistungsvollzüge einen hohen, kulturellen Wert besitzen und damit Richtfunktionen haben.

Aufgabe 34

Welche Bezugsnormen sind für verschiedene Felder des Sports sinnstiftend (z. B. Sportunterricht, Bundesjugendspiele, Kinderturnen, Volleyballturnier, Freizeitfußball, Fitnessstudio, Olympische Spiele …)? Welche Bezugsnormen sind für Ihr eigenes Sportreiben leitend? In welcher Beziehung steht Ihre sportliche Leistungsorientierung mit anderen Lebensbereichen (z. B. Schule)?

Psychologische Grundlagen des Leistens

Die Psychologie befasst sich vor allem mit den motivationstheoretischen Grundlagen sportlicher Leistungen. Dabei geht es im Kern um die individuell unterschiedlichen Leistungsansprüche, die der Einzelne als subjektiv verbindlich ansieht und einlösen möchte, in Relation zu tatsächlich gezeigten Leistungen.

Im alltäglichen Sprachgebrauch wird zwischen Bedürfnissen, Vorlieben und situativen Anreizen, die einem bestimmten Verhalten unterliegen, und dem Begriff Motiv kaum unterschieden. In der Psychologie hingegen wird von einem Motiv nur dann gesprochen, wenn es sich um relativ überdauernde Wertungsdispositionen handelt. Motive äußern sich als Präferenz einer bestimmten Klasse von Handlungszielen. Motive haben in der

Regel eine emotionale, antreibende und häufig unbewusste sowie eine kognitive, durch das Bewusstsein gesteuerte Komponente.

Das **Leistungsmotiv,** also das „Motiv zu Handlungszielen, in denen vornehmlich eine Auseinandersetzung mit Maßstäben der Tüchtigkeit angestrebt wird" (McClelland 1953), spielt im Sport – vor allem im geregelten Wettkampfsport – eine herausragende Rolle. Dabei geht es im Kern um die unterschiedlichen Leistungsansprüche, die der Einzelne als subjektiv verbindlich ansieht und einlösen möchte. Der amerikanische Psychologe John Atkinson (1957) entwickelte ein sog. „Risikowahlmodell", mit dem die Tendenz zu leistungsthematischem Handeln aus der subjektiven Erfolgswahrscheinlichkeit als „Hoffnung auf Erfolg" einerseits und Meidungstendenzen aus „Furcht vor Misserfolg" andererseits erklärt wird. Interessant ist, dass hierbei sowohl aufsuchende als auch meidende Verhaltenstendenzen angesichts einer leistungsthematischen Situation berücksichtigt werden. Dadurch ist es möglich, individuelle Unterschiede im Verhalten angesichts einer Leistungsherausforderung zu erklären.

In dem Modell von Atkinson wird das beobachtbare Verhalten eines Menschen als Funktion jeweils zu Grunde liegender Motive (M), situativer Anreize (A) sowie Erfolgserwartungen (W) beschrieben und in einer Formel zusammengefasst. Motive stehen hierbei für die überdauernde Neigung einer Person einer Herausforderung mit einer Erfolgs- oder Misserfolgserwartung (Me vs. Mm) zu begegnen. Die jeweilige Handlungssituation wird in der Valenz von Erfolgsanreizen und möglichen Misserfolgen (Ae vs. Am) abgebildet. Die subjektiv wahrgenommene Erfolgswahrscheinlichkeit geht als die Erwartung von Erfolg oder Misserfolg in die Formel ein (We vs. Wm). Die resultierende Verhaltenstendenz einer Person (RT) ergibt sich demnach aus dem Zusammenspiel von Motivdispositionen, situativen Variablen und der wahrgenommen Erfolgswahrscheinlichkeit, wobei die Erfolgswahrscheinlichkeit und der situative Anreiz in einem negativen Verhältnis stehen (Ae = 1 – We; Am = 1 – We).

$$\mathbf{RT = (Me \times Ae \times We) - (Mm \times Am \times Wm)}$$

Ein Erfolg ist demnach umso attraktiver, je schwieriger die Aufgabe ist, und ein Misserfolg ist umso bedrohlicher, je leichter die Aufgabe ist.

Mit einer solchen Motivationstheorie kann darüber hinaus eine für den Sport wesentliche Tatsache erklärt werden: Die Freude über den Erfolg einer eigenen Leistung ist desto grö-

Vergleiche dazu auch das paradoxe Verhältnis von abnehmendem subjektiven Ertrag bei zunehmender Erfolgssicherheit einer Handlung, das im Kapitel „Die gesellschaftliche Bedeutung des Sports in Vergangenheit und Gegenwart" (Anthropologische Grundlagen sportlichen Handelns) thematisiert wird.

ßer, je schwieriger die Aufgabe ist. Ohne diese einfache Beziehung zwischen Erfolgserwartung und Wert der Leistung wäre nicht zu verstehen, worin der Reiz des Überbietungsprinzips im Sport liegen könnte

Tatsächlich werden heute individuelle Unterschiede in der Leistungsmotivation u.a. auf unterschiedliche Motivtendenzen zurückgeführt: Die Art und Weise, wie Menschen einer Herausforderung begegnen, scheint durch eine dauerhafte Persönlichkeitseigenschaft mitbestimmt zu sein. Einige Menschen neigen dazu, leistungsthematischen Situationen mit Hoffnung auf Erfolg zu begegnen, andere werden eher durch den Wunsch angetrieben, Misserfolge zu vermeiden. „Hoffnung auf Erfolg" bzw. „Furcht vor Misserfolg" sind relativ stabile persönlichkeitsspezifische Dispositionen, wobei die Stärke beider Erwartungsrichtungen über das Maß der Leistungsmotivation mitbestimmt.

HECKHAUSEN (1963) definiert Leistungsmotivation als „das Bestreben, die eigene Tüchtigkeit in all jenen Tätigkeiten zu steigern oder möglichst hochzuhalten, in denen man einen Gütemaßstab für verbindlich hält und deren Ausführung deshalb gelingen oder misslingen kann".

Der Psychologe HEINZ HECKHAUSEN (1989) konnte nachweisen, dass bereits Kinder im Alter zwischen 30 und 36 Monaten bei ihren Spielen wetteifern und Erfolg oder Misserfolg erleben und zum Ausdruck bringen können. Er nimmt an, dass in der Entwicklung des Leistungsmotivs die frühe Kindheit eine prägende Wirkung hat. Im Alter von 5 Jahren konnten bereits unterschiedliche Wahl- und Konfliktstrategien bei Leistungsanforderungen nachgewiesen werden. Bei 10-Jährigen hat sich das Leistungsmotiv bereits so stark stabilisiert, dass Vorhersagen des Leistungsverhaltens im Erwachsenenalter möglich sind.

Der Leistungsmotivation unterliegt ein relativ stabiles individuelles Leistungsmotiv, das im Zusammenwirken mit situativen Faktoren und dem jeweiligen **Anspruchsniveau** die konkrete Antriebsstärke zu einer Leistung herstellt. Von besonderer Bedeutung ist neben dem Motiv und der Situation auch der subjektiv verbindliche „Gütemaßstab". Die Einschätzung von Erfolg oder Misserfolg hängt demnach nicht allein von objektiven Schwierigkeiten ab. Vor allem innerhalb eines mittleren Schwierigkeitsbereiches entscheidet das persönliche Anspruchsniveau darüber, wie das eigene Leistungshandeln bewertet wird. Das Anspruchsniveau ist im Gegensatz zum relativ stabilen Leistungsmotiv variabel und erlaubt eine situative Anpassung des Leistungshandelns.

Im Handlungsfeld des Sports hat sich gezeigt, dass „misserfolgsängstliche“ Sportler zwar genauso leistungsfähig sind wie „erfolgsorientierte“ Sportler, ihre Leistungen aber grundsätzlich anders bewerten. „Misserfolgsängstliche“ neigen dazu solche Ziele anzusteuern, die entweder sehr niedrige Leistungsanforderungen stellen oder aber kaum realisierbar erscheinen. Die Folge: Bei niedrigen Leistungsanforderungen ist die Motivationsstärke relativ gering. Bei unrealistischen, kaum zu realisierenden Zielsetzungen ist zwar die Motivation sehr hoch, jedoch sind die Erfolgsaussichten sehr gering.

Auch in der Bewertung der Ursachen für Erfolg oder Misserfolg unterschieden sich die Motivtypen: Während „misserfolgsängstliche“ Motivtypen Misserfolge eher auf ungünstige Umstände bzw. auf „Pech“ zurückführen, neigen „Erfolgsorientierte“ dazu, die Ursachen für ihr Scheitern oder Gelingen den eigenen Handlungen zuzuschreiben. „Misserfolgsängstliche“ Sportler neigen demnach dazu, schlechte Ergebnisse weniger fähigkeits- und mehr zufallsabhängig zu sehen. Die Folge: Eine schlechte Leistung wird nicht etwa auf fehlende Anstrengung oder Fähigkeiten zurückgeführt, sondern durch äußere, nicht direkt beeinflussbare Bedingungen erklärt. „Misserfolgsängstliche“ fühlen sich daher vom Pech verfolgt, was Pessimismus und Selbstunsicherheit eher verstärkt.

Der Sportpsychologe Hartmut Gabler stellt aufgrund einer Untersuchung aus 1981 fest, dass „größere Erfolgszuversichtlichkeit und geringere Misserfolgsängstlichkeit bedeutsame Voraussetzungen dafür sind, dass die Leistungsbereitschaft für ein Training über eine längere Zeit hinweg aufrecht erhalten wird“ (Gabler 2004, 90). Je geringer die Erfolgszuversichtlichkeit ausgeprägt ist, bzw. je höher die Misserfolgsängstlichkeit, desto wahrscheinlicher ist nach Gabler eine Reduzierung oder ein Abbruch des sportlichen Trainings.

Obwohl beide Motivationstypen Erfolg anstreben, neigen doch die Erfolgszuversichtlichen eher zu Optimismus, Misserfolgsängstliche hingegen eher zu Angst und Pessimismus. Vor allem misserfolgsängstliche Motiv-Typen benötigen daher die Unterstützung von Trainern und Lehrern, um sportlichen Anforderungen erfolgreich begegnen und als persönlichen Gewinn erleben zu können.

Aufgabe 35

Erheben Sie in Form einer Projektarbeit die sportspezifische Leistungsmotivation von ausgewählten Mitgliedern Ihrer Schule (Ihres Vereins) mit dem „Allgemeinen Fragebogen zum Leistungsmotiv im Sport“ (AMS). Vergleichen Sie die Ergebnisse verschiedener Gruppierungen (z. B. Frauen – Männer; Leistungssportler – Freizeitsportler). Der AMS ist als Download über das Internetportal Sportpsychologie des Bundesinstituts für Sportwissenschaft (BISp) verfügbar (www.bisp.de).

Literaturempfehlung:
Elbe u. a. 2005

Bei der Definition sportbezogener Leistung wurde hervorgehoben, dass im Sport das Produkt einer Leistung und der Prozess des Leistens gleichermaßen von Bedeutung sind. Die Ausführungen zu psychologischen Grundlagen zeigen diesbezüglich, dass die Art und Weise der Leistungserbringung von unterschiedlichen Menschen auch unterschiedlich angegangen und erlebt wird. Schließlich verweisen die Ausführungen zum Spiel darauf, dass sportliche Leistung letztlich ihren Sinn in der Prozessorientierung findet: Sie ist im ökonomischen Sinne unproduktiv (Ausnahme: Profisport), nicht-ernst und wird um ihrer selbst Willen ausgeführt, aus Freude an der Spannung einer Bewegung oder eines (Wett-)Spiels. Um den Prozess dieser „spielerischen Leistungserbringung" im Sport genauer zu analysieren sind die Begriffe des Kooperierens und Konkurrierens von zentraler Bedeutung.

Kooperieren und Konkurrieren sind die zentralen Basisdimensionen, die Sport als soziales Handeln bestimmen (vgl. Kleindienst-Cachay 2000).

Kooperieren und Konkurrieren

Kooperieren und Konkurrieren stellen die zentralen Formen der Leistungserbringung im Sport dar. Ihnen ist gemeinsam, dass sie Formen sozialen Handelns repräsentieren. Alle Mannschaftssportarten, aber auch Trainingsgruppen in Individualsportarten oder informelle Sportgruppen, verlangen von den Beteiligten ein Mindestmaß an Kooperation, meist im Sinne einer direkten Interaktion mit andere(n) Menschen. Auf der anderen Seite gilt Konkurrenz im Sinne von Wettkampf als das zentrales Prinzip des Sports und bedeutet in aller Regel die Auseinandersetzung mit einem Gegner und damit ebenfalls die Begegnung mit Anderen – sei es als persönliche Begegnung bei einem Wettkampf oder virtuell als Vergleich der eigenen Leistung mit der eines Anderen bspw. auf einer Wertetabelle.

Handeln im Sport ist in der Mehrzahl der Fälle soziales Handeln, d.h. im Sinne von Kooperation oder Konkurrenz auf Andere bezogen. Es im Sport jedoch auch möglich, ohne soziale Bezüge auszukommen: Man konkurriert mit sich selbst, indem man bspw. sein individuelles Leistungsniveau immer wieder erreichen oder überbieten möchte. Möglich ist es i.d.S. auch, „einen Wettkampf mit der Natur durch(zuführen), z.B. im Skilauf, beim Surfen und Bergsteigen, in Sprung- und Wurfdisziplinen der Leichtathletik. Leistungskriterium ist dabei u.a. die Fähigkeit, unter hoher (extremer) Belastung ein stabiles Gleichgewicht zu halten oder Naturkräfte (Erdanziehung, Luftwiderstand) optimal zu nutzen" (STARISCHKA 2003, 652).

Abb. 21: Gemeinsam gelingen auch schwierige Kunststücke.

Abb. 22: Zweikampf im Fußball als Form der Konkurrenz.

Kooperieren im Sport

Kooperation kann im Sport auf unterschiedlichen Ebenen stattfinden:

- Zum Einen auf einer **verbalen Ebene,** bspw. wenn in einer Mannschaft taktische Absprachen getroffen werden oder wenn beim Lernen, Üben oder Trainieren beraten wird; aber auch in Situationen, die das eigentliche sportliche Agieren erst ermöglichen oder modifizieren, bspw. wenn Spielregeln diskutiert oder verändert werden, wenn Geräte aufgebaut, Sicherheitsvorkehrungen getroffen, Gruppen gebildet oder Rollen innerhalb einer Mannschaft verteilt werden. Verbale Kommunikationsbereitschaft und -fähigkeit sind soziale Kompetenzen, die in solchen Situationen gefordert werden.
- Über die kognitive Ebene der Kooperation hinaus zeichnet sich die Mehrzahl der Spielarten des Sports aber auch durch eine Kooperation auf **„leiblicher"** Ebene aus, im Sinne unmittelbarer sozialer **„Bewegungsbeziehungen"** (vgl. FUNKE-WIENECKE 1997). Diese Unmittelbarkeit wird – für Akteure wie Zuschauer – spürbar, wenn bspw. zwei Sportspieler „aufeinander eingespielt" sind und sich „blind verstehen" oder wenn zwei Staffelläufer bei der Übergabe des Stabes zu einer Einheit „verschmelzen".

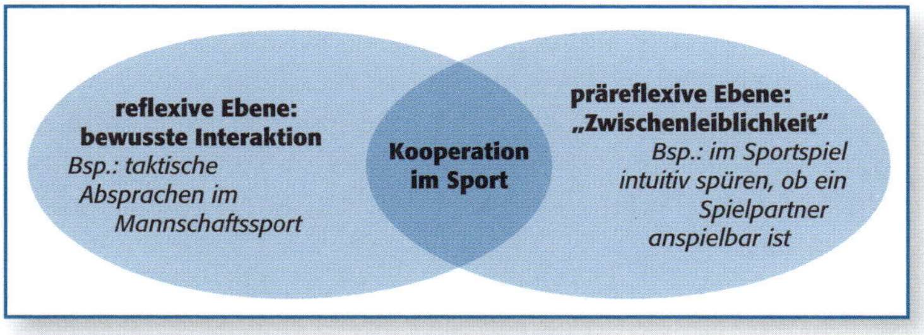

Abb. 23: Ebenen der Kooperation im Sport.

Aufgabe 36

Sammeln Sie Beispiele für reflexive und präreflexive Kooperation im Sport aus Ihrer eigenen Erfahrung in verschiedenen Situationen des Sports. Welche Form der Kooperation ist für soziale Interaktionen im sportlichen Handeln wichtiger?

Unmittelbare Bewegungsbeziehungen sind auch ein wesentliches Moment kompositorischer Sportarten, wenn diese von zwei oder mehr Aktiven gemeinsam ausgeführt werden, bspw. bei der Gymnastik, beim Tanzen, Turnen, der Akrobatik, dem Synchronschwimmen, Voltigieren oder Eiskunstlauf. Aber auch in vielen Formen des Alpinismus, bei allen Rennsportarten in größeren Gefährten (Rudern, Segeln, Bobfahren, Autorennen, usw.) sowie beim Radrennen gehen die Aktiven in idealtypischer Weise Bewegungsbeziehungen ein, die auf ein konstruktives Miteinander, ein Sich-Einfühlen-in und Reagieren-auf-den-Anderen essentiell angewiesen sind.

„Sehr häufig bewegen sich Menschen im Sport (…) gemeinsam, indem sie sich z. B. jagen und fangen, spiegelbildlich Gymnastik betreiben, alternierend wippen, paarweise kämpfen oder mannschaftsweise Ball spielen. Indem sie das tun, gehen sie eine – von Fall zu Fall und Aufgabe zu Aufgabe verschiedene – Bewegungsbeziehung ein. Sie stiften einen je spezifischen, für das Thema charakteristischen Zusammenhang koordinierter Bewegungen. Diesen erzeugen sie, indem sie sich je individuell wirkend mit ihrem Bewegungsbeitrag in die gemeinsame Aufgabe einbringen. Aber das, was sie damit bewirken, übersteigt diesen je individuellen Beitrag hin zu einer überindividuellen Gemeinsamkeit“ (Funke-Wieneke 1997, 34).

„Inhaltliche und soziale Momente sind in vielen Sportarten eng miteinander verknüpft: Sport stellt „mit seinen Formen des Mit-, Gegen-, Für- und Nebeneinanders (…) einen Raum aktiver sozialer und körperbezogener Auseinandersetzungen dar, in dem soziale Prozesse handelnd erfahren und nicht nur theoretisch vermittelt werden“ (Pühse 2001, 340).

Es wird deutlich, dass inhaltliche und soziale Momente im Sinne von Kooperation in vielen Sportarten eng miteinander verknüpft sind. Um Bewegungsbeziehungen gelingend eingehen zu können, bedarf es damit der Kooperationsbereitschaft und -fähigkeit der Beteiligten. Darüber hinaus ist als Ermöglichungsbedingung von Kooperation, insbesondere in leistungsheterogenen Sportgruppen, auch ein hohes Maß an Empathiefähigkeit, Rücksichtnahme und Hilfsbereitschaft erforderlich, um sich gegenseitig dabei zu unterstützen (bzw. sich unterstützen zu lassen) seinen jeweiligen Anteil an der sportlichen Leistung zu erbringen. Gelingt die Interaktion der Sporttreibenden im Sinne zwischenleiblicher Kooperation, wird dies von den Beteiligten meist als überaus (be-)lohnend empfunden.

„Die Gruppe und das dazugehörige Gruppengefühl verleiht dem Üben, Trainieren und Lernen der leichtathletischen Grundtätigkeiten eine besondere Qualität“ (Lange 2005, 34).

Die Attraktivität der Kooperation in sozialen Bewegungsbeziehungen strahlt über die Sportarten mit mehr oder minder direktem Kontakt zum Anderen bis in das Feld der sog.

Individualsportarten aus. So werden z. B. in der Leichtathletik mit Trainingsgruppen und Lauftreffs gezielt Organisationsformen inszeniert, die explizit auf soziales Miteinander angelegt sind.

Aber auch die Tatsache, dass viele Trendsportarten wie Inlineskaten, Skate- oder Snowboardfahren, Surfen, Nordic Walking usw. vornehmlich in Gruppen ausgeführt werden, lässt vermuten, dass – neben der direkt auf den Sport bezogenen Verständigung auf kognitiver und leiblicher Ebene – soziale Bezüge auch im Hinblick auf eine nicht im engeren Sinne sportbezogenen Ebene aktiv gesucht, hergestellt und gepflegt werden. Beispiele hierfür sind das Sich-Präsentieren vor Anderen oder die Suche nach gemeinsamen Erlebnissen. Indem derartige Strukturen des Sports dazu geeignet sind, das Anschlussmotiv anzuregen (Gabler 2000, 377), bietet er einen Spielraum zur Erfahrung gelingender Kooperation.

Aufgabe 37

Sammeln Sie Beispiele für gelungene zwischenleibliche Kooperationen im Sport aus Ihrer eigenen Erfahrung und versuchen Sie diese in Form eines Essays aufzuarbeiten. Vergleichen Sie Ihren Erfahrungsbericht mit denen Ihrer Mitschülerinnen und Mitschüler.

Konkurrieren im Sport

Das Prinzip der **Konkurrenz** scheint auf den ersten Blick den bisher genannten pro-sozialen Handlungsmustern der Kooperation im Sport zuwider zu laufen. Denn Konkurrenz bedeutet einen Leistungsvergleich, der das Gegeneinander betont, die Beteiligten in Sieger und Verlierer spaltet und damit langfristig vor allem Leistungsstarke fördert. Befürworter konkurrenzorientierter Situationen im Sport sehen darin eine gute Möglichkeit, vor allem Kinder und Jugendliche auf das Leben in einer wettbewerbsorientierten Gesellschaft vorzubereiten.

Kritiker hingegen verweisen darauf, dass die klare Ausrichtung sportbezogener Handlungssituationen auf Sieg und Niederlage für Leistungsschwächere zu Frustration und Stigmatisierung oder sogar Ausgeschlossen-Werden durch Leistungsstärkere führen kann. Sie erachten die in sportbezogenen Konkurrenzsituationen enthaltene Widerspiegelung der Struktur der Leistungsgesellschaft als problematisch, da der durch Konkurrenz erzeugte Leistungsdruck auf den Einzelnen solidarisches Handeln verhindere und individualistisches Verhalten begünstige.

Aufgabe 38

Welche Ausrichtung des Sports als soziales Phänomen erscheint Ihnen für Kinder und Jugendliche angemessener: Die Betonung des Konkurrenzprinzips als Vorbereitung auf die Anforderungen der „Leistungsgesellschaft“ oder die Betonung von Kooperation als „Gegenwelt“ zu dieser? Begründen Sie Ihren Standpunkt mit Beispielen aus Ihrer Sportbiografie.

Ein Blick auf zwei geschichtliche Epochen verdeutlicht die Polarität des Denkens hinsichtlich der pädagogischen Wertschätzung von Konkurrenzsituationen im Sport: Während Konkurrenz im Sport bspw. im nationalsozialistischen Regime als probates Mittel zur Unterstützung der Wehrtüchtigkeit galt, wurden Konkurrenzsituationen in den 1970er Jahren im Sportunterricht der Schule geradezu tabuisiert und durch alternative Bewegungsformen und „Spiele ohne Sieger" (z. B. New Games) zu ersetzen versucht.

Letztlich stellt sich in diesen unterschiedlichen Positionen die Frage, ob Sport im Sinne eines Abbildes oder aber einer Gegenwelt gesellschaftlicher Strukturen verstanden werden soll.

Aus heutiger Sicht wird diese Polarisierung zu überwinden versucht, indem Konkurrenzsituationen im Sport explizit als Wettkämpfe verstanden werden. **Wettkämpfen** meint im Gegensatz zum **Konkurrieren,** dass das Antreten gegen einen wie auch immer gearteten Gegner immer auch die Auseinandersetzung **mit** dem Gegner bedeutet. Konkurrieren im Sinne von Wettkämpfen beinhaltet als grundlegende Elemente Kampf **und** Spiel (vgl. Binhack 1998):

- **Kampf** insofern, als es darum geht, zu gewinnen, sich **gegen** Andere durchzusetzen – was im Sport bedeutet, bessere Leistungen zu erbringen als der Gegner.
- **Spiel** insofern, als dieser Kampf unter der Bedingung der Chancengleichheit **mit** dem Gegner geregelt wird, d. h. die Wettkampfregeln sollen dazu dienen, die Offenheit des Ausganges des Kampfes und damit seine Spannung für alle Beteiligten herzustellen bzw. möglichst lange aufrecht zu erhalten.

„Der grundlegende Kampfgedanke ist [im Sport] von unerwünschten ‚Nebenwirkungen' befreit, gesäubert und quasi als ‚reines Destillat' ins Medium Spiel überführt worden. Indem er solchermaßen im Bereich des Sports regelorientiert zum Tragen kommt, ergibt sich ein Feld, in welchem man höchst konzentriert, zielorientiert, konkurrenzbestimmt und dennoch hochemotional, erlebnisbetont und ‚spielerisch' interagieren kann. Es werden Erfahrungen ermöglicht, die potentiell den ganzen Menschen ergreifen, ohne – zumindest intentional – nichttriviale negative Folgen zu zeitigen" (Binhack 1998, 109).

„Wettkampf stellt nicht nur ein zentrales Element, sondern ein Prinzip, das agonale Prinzip, des Sports dar. (...) ‚Sport ist Kampf' hatte auch Diem (1923) behauptet. (...) In der Theorie der Leibeserziehung wurde von ‚Wetteifer' und ‚Wettspiel' gesprochen, um weniger den Kampf und mehr den Charakter des anspornenden Spiels und das Bemühen zu betonen, seine eigene Leistung im ‚Kampf' gegen sich selbst zu verbessern, als einen äußeren Gegner zu besiegen" (Krüger 1998, 616 f).

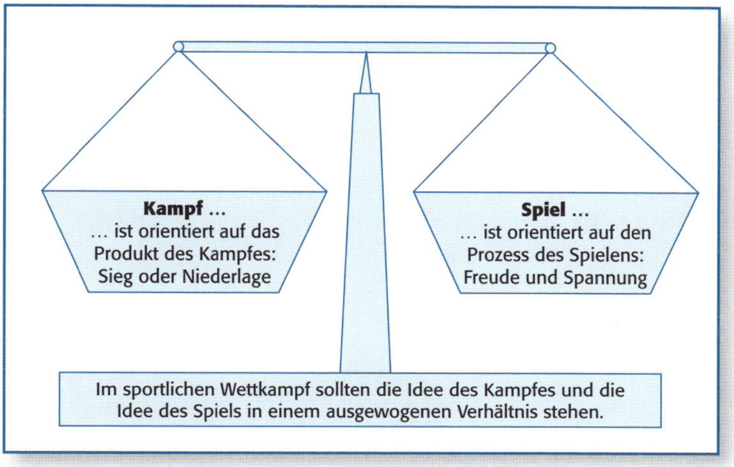

Abb. 24: Schematische Darstellung der Ausgewogenheit von Kampf und Spiel im Wettkampf.

Abb. 25: Capoeira – Kampf und Spiel gehen hier eine idealtypische Verbindung ein.

Das so verstandene Konkurrieren in einem Wettkampf ist dabei „wie kaum ein anderer Handlungsbereich (des Sports) geeignet, emotionale Beteiligung und Spannung hervorzurufen" (Wolters 2000, 6) bzw. den Einzelnen zu immer besseren Leistungen anzuspornen (Krüger 1998, 619). Wettkämpfen fasziniert und motiviert dabei vor allem junge Menschen und tritt als gleichsam natürliches und in allen Kulturen gegenwärtiges Phänomen auf: Kinder laufen um die Wette, lange bevor sie über Wettläufe sprechen können, und das Erwachsenwerden ist bei den meisten Jugendlichen davon gekennzeichnet, dass bewegungs- und körperbezogene Konkurrenzsituationen aufgesucht werden.

Aufgabe 39

Analysieren Sie Ihre bevorzugte Sportart im Hinblick auf Aspekte des „Kampfes" und des „Spiels". Welche Aspekte sind für Ihre persönliche Auslegung der Sportart bedeutsamer?

Dieser hohe Aufforderungscharakter von Wettkämpfen beruht auf unterschiedlichen **Werten,** die mit dem Wettkampf verbunden sind:

- Der **ideelle Wert** des Konkurrierens im sportlichen Wettkampf ergibt sich aus den unmittelbaren Erlebnismöglichkeiten im Prozess des Wettkämpfens, die durch den offenen Ausgang des Wettkampfes erzeugte Spannung und das Aufgehen im Tun. Aus dieser Perspektive wird der Wettkampf einerseits um des Sieges Willen, aber andererseits auch um der als positiv erlebten Spannung während des Wettkampfes willen angetreten.

„Wettkampf" bezeichnet im Sport eine unter der Maxime der Chancengleichheit vorab geregelte Auseinandersetzung zwischen Individuen, Gruppen (Mannschaften) oder Nationen um einen ideellen, symbolischen oder materiellen Wert, den in der Regel nur eine der wettkämpfenden Parteien gewinnen kann" (STARISCHKA 2003, 651).

- **Symbolischen Wert** haben Wettkämpfe bzw. ihr Ergebnis dann, wenn ihnen eine besondere über sie selbst hinausweisende Bedeutung zukommt, bspw. seinen Status in einer Gruppe zu behaupten oder eine Nation im Wettkampf zu vertreten. Die aus dieser Perspektive resultierende Bedeutungssteigerung kann sich wiederum sowohl darauf beziehen, zu siegen als auch dabei eine „sportliche" Haltung (im Sinne des Fair Play) zu zeigen.
- **Materiellen Wert** haben die Ergebnisse von Wettkämpfen vor allem im professionellen Sport (etwa in Form von Gratifikationen, Publicity, Vertragsabschlüssen). Jedoch wird dies aus einer wertethischen Sicht höchst kritisch betrachtet, da materielle Werte dazu verleiten, den spielerischen Charakter sportlichen Konkurrierens gegenüber einer berechnenden Kosten-Nutzen-Abwägung zu vernachlässigen.

Aufgabe 40

Analysieren Sie Ihre eigene Sportbiografie in Bezug auf Werte, die Ihnen im Zusammenhang mit Wettkämpfen bedeutsam waren. Differenzieren Sie dabei nach ideellen, symbolischen und ggf. materiellen Werten.

Für den Sportpädagogen MICHAEL KRÜGER (1998, 622) repräsentiert sportliches Konkurrieren als Wettkämpfen im Sinne ideeller und/oder symbolischer Werte „ein Modell für Demokratie, für kultivierten Streit, ein Training für den geregelten und fairen Umgang mit Konflikten". Möglich wird dies jedoch nur dann, wenn Gewinnen und Verlieren in ihrer Bedeutsamkeit nicht schwerer wiegen als das Erlebnis der Spannung im Prozess des Wettkämpfens, wenn also die Elemente Kampf und Spiel im Wettkampf in einem ausgewogenen Verhältnis zueinander stehen.

Aufgabe 41

Diskutieren Sie, inwieweit der Sport ein Modell für eine Gesellschaftsform darstellen kann bzw. Gesellschaftsformen abbildet. Beziehen Sie die Informationen aus dem Kapitel „Die gesellschaftliche Bedeutung des Sports" in Ihre Überlegungen ein.

Dass dies auch im Sport keineswegs selbstverständlich ist, zeigen zahlreiche „Wettkämpfe" auf Bolzplätzen, im Sportunterricht, auf Vereinsturnieren und im Profisport, die enttäuschte oder verbissene Verlierer und/oder verblendete Sieger zurücklassen. Denn das bloß vordergründige Einhalten vorgegebener Wettkampfregeln führt noch nicht automatisch zu einem befriedigenden Sporterlebnis für alle Beteiligten. So sind als Folgen einer zu hohen Bedeutung von Sieg und Niederlage im wettkampforientierten Sport häufig Handlungsweisen wie das versteckte Übertreten von Regeln oder das Akzeptieren bzw. absichtliche Herstellen von Chancenungleichheit zu beobachten.

Derartige Verhaltensweisen werden vom „großen Sport“ vorgelebt und in den Medien entsprechend präsentiert. So ist es bspw. im Fußball „normal“, mit einer „Notbremse“ Spielregeln in einer Art und Weise vorsätzlich zu überschreiten, die eine Gefährdung der Mitspieler/innen billigend in Kauf nimmt. Auch das aus vielen Sportarten schon gar nicht mehr wegzudenkende Doping-Problem zeigt an, dass zumindest in den Strukturen des Profisports Werte wie Fairness durch unerlaubte Vorteilnahme systematisch unterlaufen werden. Diese Fehlentwicklungen des Profisports wiegen umso schwerer, als sie Vorbildfunktion für den Breitensport haben, zumindest wenn dieser im wettkampforientierten Sinne betrieben wird.

„Mit wachsender Bedeutung von Wettbewerb und Erfolg sinkt der Stellenwert pro-sozialen Verhaltens im Sport“ (Pühse 2001, 341).

Unter welchen Bedingungen können Konkurrenz und Kooperation in einem sportlichen Wettkampf aber so zusammenwirken, dass sich Konkurrenz im Sport als Kooperation gestaltet?

Konkurrenz im Sport als Kooperation

Siehe dazu die Ausführungen zum Begriff der Fairness im einleitenden Kapitel „Die gesellschaftliche Bedeutung des Sports in Vergangenheit und Gegenwart“ (Das Spielerische und die Eigenwelt des Sports: Das faire Gegeneinander).

Die Idee der Konkurrenz als eine spezielle und besonders anspruchsvolle Form der Kooperation lässt sich gut unter Bezugnahme auf die sportimmanente „Tugend“ der **Fairness** verdeutlichen.

Der Sportpädagoge Meinhart Volkamer (1994) weist darauf hin, dass das bloße Einhalten von Regeln im Sport durchaus bereits als pro-soziales Verhalten gedeutet werden könne. Die darüber hinausgehende Chance jedoch, faires Verhalten zu entwickeln und zu zeigen, sei daran geknüpft, den Sinn des Sports als ein Spiel, als eine „künstliche Herstellung von Spannung und Dynamik“ zu verstehen und zu erfüllen.

Faires Handeln im Sport bedeutet dann, den Gegner als Partner sehen, ohne den es keine Spannung gibt, die Regeln einhalten, weil sie erst Spannung ermöglichen, dem Partner das größtmögliche Maß an Chancengleichheit verschaffen, weil das erst Spannung produziert (nach Volkamer 1994, 188).

Das Prinzip des abnehmenden subjektiven Wertes bei zunehmender Erfolgssicherheit des Handelns, eine wesentliche anthropologische Grundlagen sportlichen Handelns, wird geradezu unterlaufen, wenn ungleich starke Gegner gegeneinander antreten oder Regeln zum eigenen Vorteil überschritten werden: Die Erfolgssicherheit ist für den bevorteilten Gegner höher als für den Benachteiligten, der Wettkampf verliert für beide Gegner an Spannung, er wird langweilig und/oder peinlich.

Aufgabe 42

Sammeln Sie Ereignisse aus Ihrer Sportbiografie, in denen Ihnen Situationen ungleicher Leistungsvoraussetzungen im Sport begegnet sind. Welche Empfindungen verbanden Sie mit diesen Erlebnissen aus der Perspektive des/der Überlegenen bzw. Unterlegenen? Wie haben Sie diese Situationen bewältigt? Diskutieren und analysieren Sie diese persönlichen Erfahrungen vor dem Hintergrund der interaktionistischen Rollentheorie.

Literaturempfehlung: Ungerer-Röhrich u. a. 1990.

Aufgabe 43

Stellen Sie eine Liste von Merkmalen fairen Verhaltens im Sport zusammen. Gehen Sie dabei von den Begriffen „Kooperieren" und „Konkurrieren" aus. Diskutieren Sie auf dieser Grundlage eigene Erfahrungen aus Ihrem Sportunterricht oder dem außerschulischem Sport im Hinblick auf den Fairnessgedanken.

Faires Handeln im Sport verlangt damit ein Abstandnehmen von egoistischen Bedürfnissen wie Gewinnen-Wollen um jeden Preis oder dem ungebrochenen Ausspielen eigener Stärken. Stattdessen ist ein Verhalten gefordert, das allen Beteiligten ein spannendes Spiel bzw. einen spannenden Wettkampf ermöglicht – was von den Beteiligten Einfühlungsvermögen, Solidarität und Kompromissbereitschaft verlangt. Unter dem Gebot der Fairness bietet die Dimension der Konkurrenz im Sport damit höchst anspruchsvolle – im Falle des Gelingens jedoch auch höchst wertvolle – Situationen kooperativen Handelns.

„Handgreiflich" manifestiert sich dieses Prinzip in besonderer Weise im Ringen, Raufen und Kämpfen sowie in den geregelten Kampfsportarten, in denen direkte körperliche Auseinandersetzungen unter dem Gebot der Achtung des Gegners inszeniert und ritualisiert werden.

Ein weiteres häufig zitiertes Beispiel zur Thematisierung von Fairness im Sport ist der Umgang mit Spielregeln bei den Sportspielen oder anderen bewegungsbezogenen Regelspielen. Im Sinne der Herstellung von Chancengleichheit und der Ermöglichung eines spannenden Spiels ist es vor allem bei leistungsheterogenen Gruppen häufig sinnvoll, die Spielregeln an die Bedürfnisse und Voraussetzungen der Spielenden anzupassen. Letztlich geht es darum, die Regeln so herzurichten, dass auch Schwächere eine Chance auf Erfolg haben, das Spiel im Fluss bleibt und Spannung und Dynamik des Spiels möglichst lange erhalten bleiben.

Gelingt ein Aushandeln von Regeln in diesem Sinne und identifizieren sich alle Beteiligten mit deren Notwendigkeit, dann werden diese nicht mehr als von außen vorgegebener Rahmen erlebt, sondern als lebendiger Bestandteil des gemeinsamen Spiels. Regeltreue erfolgt dann nicht in einer „Gehorsamshaltung", sondern aus eigener Überzeugung und mündet damit in ein gelebtes „Fair Play".

Kooperieren und Konkurrieren (im Sinne von Wettkämpfen) müssen sich im Sport also nicht widersprechen, sondern können konstruktiv ineinander verwoben sein. Der Sportpädagoge Uwe Pühse (2004, 45f) gibt einen schematischen Überblick über verschiedene Formen der Sozialität im Sport, der das Kooperieren durch das „Miteinander" und „Füreinander" repräsentiert und das Konkurrieren als „Gegeneinander" im fairen Wettkampf verortet. Ergänzt werden diese beiden Pole schließlich durch das „Nebeneinander", bei dem soziale Kontakte sich auf die gemeinsame Nutzung sportbezogener organisatorischer Strukturen beschränken.

Tab. 3: Die 4-„Einander" im Sport (nach Pühse 2004, 46).

Miteinander	Beispiel: Im Zusammenspiel mit den Mitspielern versuchen wir, ein Tor zu erzielen.
Füreinander	Beispiel: Im Gerätturnen helfen und sichern wir den Partner.
Gegeneinander	Beispiel: Im Wettkampf versuchen wir, den Gegner mit fairen Mitteln zu besiegen.
Nebeneinander	Beispiel: Im Circuittraining überprüft jeder für sich seinen aktuellen konditionellen Leistungsstand.

Zusammenfassend kann man festhalten, dass Sport – auch in den konkurrenzorientierten Situationen des Wettkämpfens – zu kooperativem Verhalten beitragen kann, wenn er im spielerischen Sinne verstanden und betrieben wird. An diesem Punkt setzen viele gesellschaftliche Erwartungen an, die derzeit an den Sport herangetragen werden.

Sport als Feld der Förderung sozialen Verhaltens und der Persönlichkeitsentwicklung

Derzeit wird dem Sport vor allem in den Medien, aber auch in der Politik, im organisierten Sport und nicht zuletzt von Sportlehrkräften das Potential zugesprochen, als spezifisches Feld sozialen Handelns zur Vermittlung gesellschaftlicher Normen und Werte sowie sozialer Kompetenzen beitragen zu können. So wird in den neueren Lehrplandokumenten des Schulsportunterrichts mehrheitlich der Anspruch erhoben, dass durch den Sport über den Sport hinaus reichende, für andere Lebensbereiche relevante Kompetenzen vermittelt werden sollen.

In der sportpädagogischen Fachliteratur findet sich die Formel der „Erziehung zum und durch den Sport". Zum Sport erziehen bedeutet, Handlungsfähigkeit im Rahmen der Sport- und Bewegungskultur zu vermitteln, wozu neben bewegungsbezogenen Kompetenzen und sportspezifischem Wissen auch soziale Handlungsfähigkeit wie bspw. kooperatives Verhalten gezählt wird. Durch Sport erziehen meint einen Transfer der im Sportunterricht angeeigneten sozialen Kompetenzen auf andere Lebensbereiche. Auch vom Deutschen Olympischen Sportbund (DOSB) als der Dachorganisation des außerschulischen Sports wird dieser Anspruch formuliert.

Aufgabe 44

Welche positiven gesellschaftlichen Auswirkungen werden mit dem Sporttreiben z. B. von Seiten der Politik verbunden? Führen Sie eine Recherche hinsichtlich aktueller politischer Verlautbarungen durch und sammeln Sie die entsprechenden gesellschaftlichen Felder. Für wie realistisch halten Sie diese Erwartungen?
Empfohlene Recherchemedien: Pressemitteilungen und Internetpräsenzen der Bundesregierung und der politischen Parteien sowie des Deutschen Olympischen Sportbundes und der Deutschen Sportjugend.

„Der Schulsport soll bei allen Kindern und Jugendlichen die Freude an der Bewegung und am gemeinschaftlichen Sporttreiben wecken und die Einsicht vermitteln, dass kontinuierliches Sporttreiben verbunden mit einer gesunden Lebensführung sich positiv auf ihre körperliche, soziale und geistige Entwicklung auswirkt. Gleichzeitig soll Sport in der Schule Fähigkeiten, wie Fairness, Toleranz, Teamgeist, Einschätzen der eigenen Leistung und Leistungsbereitschaft, fördern und festigen" (aus: Hessisches Kultusministerium: Lehrplan Sport für den gymnasialen Bildungsgang, Jahrgangsstufen 5G bis 12G; 2006).

„Der organisierte Kinder- und Jugendsport leistet durch seine vielfältigen und differenzierten, an den Bedürfnissen von Kindern und Jugendlichen orientierten Spiel-, Sport- und Bewegungsangeboten einen zentralen Beitrag zur Förderung der Lebens- und Sozialkompetenz und zur Bildung im und durch Sport" (DOSB 2007).

Dabei wird argumentiert, dass in der Natur des Sports die Möglichkeit für (pro-)soziales Handeln im Sinne von Kooperation und konstruktivem Umgang mit Konkurrenz bereits immanent angelegt sei. Cachay und Kleindienst-Cachay sprechen diesbezüglich sogar von einer „sachbezogenen Notwendigkeit" (1994, 106). Die daraus abgeleitete sog. Sozialisationshypothese besagt, dass nachhaltiges Sporttreiben „automatisch" früher oder später positive Haltungen und Einstellungen (wie Hilfsbereitschaft, prosoziales Verhalten, Fairness) bewirken müsse. Dies konnte allerdings in der sportpsychologischen Forschung nicht bestätigt werden: Sportler/innen sind nicht per se „bessere" oder sozial kompetentere Menschen.

„Bislang ist eine empirische Bestätigung, dass Sport im positiven Sinne zur Persönlichkeits- bzw. Charakterbildung beiträgt, nicht befriedigend gelungen" (Conzelmann / Müller 2005, 109).

Aufgabe 45

Analysieren Sie Ihre persönlichen Erfahrungen im Sport in Bezug auf die „Sozialisationshypothese": Führte Ihr bisheriges Sporttreiben (in Kontexten, die nicht sozialerzieherisch ausgerichtet waren) zum Erwerb sozialer Kompetenzen? Wie könnte sich dies bemerkbar machen?

Aufgabe 46

Führen Sie in Ihrem persönlichen Umfeld eine empirische Studie durch, mit der Sie den Zusammenhang von Persönlichkeitsentwicklung und Sportengagement prüfen können. Verwenden Sie dazu die Skalen zum „Sozialen Selbstkonzept" von Deusinger (1986). Befragen Sie Personen mit hohem und niedrigem Sportengagement und vergleichen Sie die Werte des Fragebogens für diese beiden Gruppen.

Literaturhinweis: Deusinger 1986.

Die Förderung sozialer Kompetenzen im bzw. durch Sport scheint also kein Automatismus zu sein, sondern bedarf offensichtlich der systematischen Einflussnahme auf die Art und Weise des Sporttreibens. Solche Möglichkeiten bestehen in erster Linie dort, wo Sport unter institutioneller Aufsicht organisiert und/oder vermittelt wird, also ganz wesentlich im Sportunterricht der Schule, aber auch im Training in Vereinen und bei anderen öffentlichen Trägern.

Um dies praktisch umzusetzen ist eine methodisch-didaktische Aufbereitung des Sports notwendig, indem Situationen entsprechend arrangiert und gezielt **Impulse für soziales Handeln** gesetzt werden. Sport in Schule und Verein benötigt also bestimmte Bedingungen, um den Sporttreibenden kooperatives Verhalten nahe zu legen bzw. zu vermitteln (ausführlich in Bähr 2008a, 183ff.):

- Einstellungen, Überzeugungen und Verhalten der Lehrkraft bzw. des Trainers sollten Kooperation als zentrales Element des Sports widerspiegeln.
- Das Sporttreiben sollte durch eine Atmosphäre des sozialen Wohlbefindens gekennzeichnet sein, in der sich insbesondere sportschwache Schüler/innen nicht als Außenseiter/innen fühlen.
- Die Auswahl bzw. Aufbereitung der Inhalte des Sportunterrichts / Vereinstrainings sollte unter Berücksichtigung ihrer Lernchancen bezüglich Kooperation und konstruktiven Umgangs mit Konkurrenz erfolgen.
- Mit Leistungs- und Konkurrenzsituationen sollte behutsam und reflektiert umgegangen werden, die Bedeutung von Sieg und Niederlage sollte immer wieder von der Lehrkraft/dem Trainer gegenüber der Freude an der Spannung eines Spiels oder Wettkampfes relativiert werden.
- Selbst- und Mitbestimmung der Schüler/innen bzw. Sportler/innen sollten gezielt initiiert werden, um Verantwortung und Initiative für einen konstruktiven sozialen Umgang den Lernenden zu übertragen.
- Gespräche und Reflexionen sollten gezielt eingesetzt werden, um Konflikte und Emotionen aus Kooperations- oder Konkurrenzsituationen konstruktiv zum Thema zu machen.
- Partner- und Gruppenarbeit sollte als Sozialformen des Unterrichts/Trainings möglichst häufig eingesetzt werden.

> „Ein Konzept zur Förderung psychosozialer Ressourcen ist deshalb notwendig, weil psychosoziale Erfahrungen im Sport nicht automatisch zur Stärkung psychosozialer Ressourcen führen, sondern einer systematischen Vermittlung bedürfen" (Sygusch 2007, 12).

Aufgabe 47

Analysieren Sie Ihre Erfahrungen im Sportunterricht der Schule sowie im Vereinstraining daraufhin, ob die genannten Bedingungen zur gezielten Förderung von Kooperation und konstruktivem Umgang mit Konkurrenz gegeben waren. Welche Möglichkeiten und Methoden sind für eine solche Förderung geeignet?

Literaturempfehlung: Sygusch 2007.

In der sportwissenschaftlichen Forschung liegen seit jüngerer Zeit empirische Befunde dafür vor, dass durch Sportunterricht in der Schule bzw. Sporttreiben im Verein in der Tat sozialerzieherische Ziele erreicht werden können, wenn der Unterricht bzw. das Training im Sinne der genannten Bedingungen gestaltet wird.

Empirische Befunde zu sozialerzieherischen Maßnahmen im Sportunterricht und Vereinstraining (nach Bähr 2008b):

Polvi / Telema (2000) führten eine experimentelle Studie im Sportunterricht an finnischen Schulen durch, bei der elfjährige Mädchen neun Monate lang (2 Stunden in der Woche) entweder im Gruppenunterricht nach der Methode Kooperativen Lernens, individualisiert oder lehrergeleitet unterrichtet wurden. Der kooperative Unterricht führte signifikant häufiger zu wechselseitiger Hilfe und Sorge unter den Schülerinnen als individualistischer oder lehrergeleiteter Unterricht.

Heim / Battenberg / Frick (2003) führten eine Studie zur Fairnesserziehung am Beispiel des Handballs durch, bei der eine Versuchsklasse gezielt immer wieder mit Situationen konfrontiert wurde, in denen faires Verhalten reflektiert werden musste. Eine Kontrollklasse erhielt Unterricht ohne diese sozialerzieherische Maßnahme. Die Studie führte zu dem Ergebnis, dass nach einer sechswöchigen Intervention die Schüler/innen der Versuchsklasse sowohl häufiger faire Verhaltensweisen als auch eine positivere Einstellung zu fairem Verhalten zeigten.

Bähr / Koch / Gröben (2007) konnten eine Verbesserung der Selbsteinschätzung der Teamkompetenz im Sportunterricht nach einem fünfwöchigen Einsatz der Methode des Kooperativen Lernens nachweisen.

Sygusch (2008) konnte mit einer Interventionsstudie zur Selbstkonzeptförderung im Jugendsport im Rahmen eines fünftätigen Fußball-Trainingscamps zeigen, dass der gezielte Einsatz von Aktionsformen zum Gruppenzusammenhalt und zu sozialen Kompetenzen im Rahmen des Fußballtrainings zu einer Verbesserung des sozialen Selbstkonzeptes der Jugendlichen führt. Bei einer Kontrollgruppe ohne „psychosoziale Interventionen" stellten sich derartige Verbesserungen nicht ein.

Einschlägige Studien, die Transfereffekte der im Sportunterricht oder Training erzielten kooperativen Verhaltensweisen auf außersportliche Kontexte belegen, liegen jedoch bislang nicht vor. In der sportwissenschaftlichen Diskussion wird diese Transferannahme deshalb eher kritisch betrachtet.

„Über den Zusammenhang zwischen sportlicher Aktivität und kindlicher Gesundheits- und Persönlichkeitsentwicklung weiß man mit Ausnahme von Einzelbefunden sehr wenig. Sportliche Aktivität geht teilweise mit bestimmten Facetten der kognitiven, sozialen sowie der Persönlichkeitsentwicklung einher, wobei die Mechanismen weitestgehend ungeklärt sind. Um fundierte Analysen über Ursache-Wirkungs-Zusammenhänge sowie über Moderator- und Mediatorvariablen treffen zu können, müssen empirische Untersuchungen neben einer tragfähigen theoretischen Rahmenkonzeption ein längsschnittliches Untersuchungsdesign aufweisen, das die Entwicklung von Kindern mit validierten Instrumenten in mehreren Dimensionen ihrer Entwicklung untersucht" (Gerlach / Brettschneider 2004).

Zur vertiefenden Weiterarbeit empfohlen:

Bähr, I.: Soziales Handeln und soziales Lernen im Sportunterricht. In: Lange, H. / Sinning, S. (Hrsg.): Handbuch Sportdidaktik. Balingen 2008a, 172–193.

Ehni, H.: Trainieren und Wettkämpfen. In: Wolters, P. (Hrsg.): Didaktik des Schulsports. Schorndorf, 2000, 259–294.

Gabler, H. / Nitsch, J. R. / Singer, R. (Hrsg.): Einführung in die Sportpsychologie. Teil 1 Grundthemen. Schorndorf 2004[4].

Grupe, O.: Bewegung, Spiel und Leistung im Sport. Grundthemen der Sportanthropologie. Schorndorf 1982.

Prohl, R. / Lange, H. (Hrsg.): Pädagogik des Leistungssports – Grundlagen und Facetten. Schorndorf 2004.

Scheuerl, H.: Das Spiel. Band 2: Theorien des Spiels. Weinheim, Basel 1997[12].

Literaturverzeichnis:

Atkinson, J. W.: Motivational determinants of risk-taking behavior. In: Psychological Review 64 (1957), 359–372.

Balz, E. / Kuhlmann, D.: Sportpädagogik. Ein Lehrbuch in 14 Lektionen. Aachen 2003.

Bähr, I.: Sport und Sozialerziehung. Themenheft der Zeitschrift Sportunterricht 2008b.

Bähr, I. / Koch, F. / Gröben, B.: Kooperatives Lernen im Sportunterricht – empirische Befunde. In: Scheid, V. (Hrsg.): Sport und Bewegung vermitteln. Hamburg 2007, 69–75.

BINHACK, A.: Über das Kämpfen: zum Phänomen des Kampfes in Sport und Gesellschaft. Frankfurt/Main 1998.

CACHAY, K. / KLEINDIENST-CACHAY, C.: Soziales Lernen und Lernen im Sportunterricht. Theoretische Überlegungen und unterrichtspraktisches Beispiel. In: PÜHSE, U. (Hrsg.): Soziales Handeln in Sport und Sportunterricht. Schorndorf 1994, 101–124.

CALLOIS, R.: Die Spiele und die Menschen. Maske und Rausch. München u.a. 1961.

CARL, K.: Leistung. In: RÖTHIG, P. / PROHL, R. u.a. (Hrsg.): Sportwissenschaftliches Lexikon. Schorndorf 2003[7], 334.

CONZELMANN, A. / MÜLLER, A.: Sport und Selbstkonzeptentwicklung – ein Situationsbericht aus entwicklungstheoretischer Perspektive. In: Zeitschrift für Sportpsychologie 12 (2005), 108–118.

DEUSINGER, I.: Die Frankfurter Selbstkonzept-Skalen (FSKN) – Handanweisung. Göttingen 1986.

DEUTSCHER OLYMPISCHER SPORTBUND (DOSB): Agenda des Deutschen Sportbundes zu gesellschaftlichen Herausforderungen des Sports. Frankfurt/Main 2007.
Internet: http://www.ehrenamt-im-sport.de/fileadmin/fmehrenamtimsport/pdf/agenda_sport_ tut_deutschland_gut_4680cdc8. pdf.

ELBE, A.-M. / WENHOLD, F. / MÜLLER, D.: Zur Reliabilität und Validität des AMS-Sport – ein Instrument zur Bestimmung der sportspezifischen Leistungsmotivs. In: Zeitschrift für Sportpsychologie 12 (2005) 2, 57–68.

FUNKE-WIENEKE, J.: Soziales Lernen. In: Sportpädagogik 21 (1997), 28–39.

GABLER, H.: Motivationale Aspekte sportlicher Handlungen. In: GABLER, H. / NITSCH, J. R. / SINGER, R.: Einführung in die Sportpsychologie. Schorndorf 2004[4], 64–102.

GERLACH, E. / BRETTSCHNEIDER, W.-D.: Sportliches Engagement und Entwicklung im Kindesalter. Eine Längsschnittstudie. In: Spectrum der Sportwissenschaften 16 (2004), 108–126.

GRUPE, O.: Grundlagen der Sportpädagogik. Schorndorf 1984.

GRUPE, O.: Spiel / Spiele / Spielen. In: GRUPE, O. / MIETH, D. (Hrsg.): Lexikon der Ethik im Sport. Schorndorf 1998, 466–469.

HALVARI, H. / THOMASSEN, T. O.: Achievement motivation and involvement in sport competitions. In: Perceptual and Motor Skills 83 (1996), 1363–1374.

HECKHAUSEN, H.: Hoffnung und Furcht in der Leistungsmotivation. Meisenheim/Glan 1963.
HECKHAUSEN, H.: Motivation und Handeln. Heidelberg 1989.
HEIM, C./BATTENBERG, S./FRICK, U.: Fairness education in physical education. In: MÜLLER, E./SCHWAMEDER, H./ZALLINGER, G./FASTENBAUER, V. (Hrsg.): Book of abstracts for the ECSS Congress. Salzburg 2003, 163–164.
HEINEMANN, K.: Einführung in die Soziologie des Sports. Schorndorf 2007[5].
HERRIGEL, E.: Zen in der Kunst des Bogenschießens. Bern u.a. 1993[34].
HUIZINGA, J.: Das Spielelement der Kultur (1938). In: SCHEUERL, H. (Hrsg.): Das Spiel. Band 2: Theorien des Spiels. Weinheim, Basel 1997[12], 142–149.
KLEINDIENST-CACHAY, C.: Kooperieren, Wettkämpfen und sich verständigen. In: BECKERS, E./HERCHER, J./NEUBER, N. (Hrsg.): Schulsport auf neuen Wegen. Herausforderungen für die Sportlehrerausbildung. Butzbach-Griedel 2000, 200–211.
KRÜGER, M.: Wettkampf. In: GRUPE, O./MIETH, D. (Hrsg.): Lexikon der Ethik im Sport. Schorndorf 1998, 616–622.
LANGE, H.: Mit Erfolg in der Gruppe lernen. In: Leichtathletiktraining (2005), 34–39.
LENK, H.: Die achte Kunst. Osnabrück 1985.
MCCLELLAND, D.: The achievement motive. New York 1953.
POLVI, S./TELAMA, R.: The use of cooperative learning as a social enhancer in physical education. In: Scandinavian Journal of Educational Research 44 (2000), 105–115.
PÜHSE, U.: Sozialerziehung. In: HAAG, H./HUMMEL, A. (Hrsg.): Handbuch Sportpädagogik. Schorndorf 2001, 335–343.
PÜHSE, U.: Kindliche Entwicklung und soziales Handeln im Sport. Schorndorf 2004.
SCHMIDT, W.: Sportspiele. In: RÖTHIG, P./PROHL, R. u.a. (Hrsg.): Sportwissenschaftliches Lexikon. Schorndorf 2003[7], 538–539.
STARISCHKA, S.: Wettkampf. In: RÖTHIG, P./PROHL, R. u.a. (Hrsg.): Sportwissenschaftliches Lexikon. Schorndorf 2003[7], 651–653.
SYGUSCH, R.: Psychsoziale Ressourcen im Sport. Ein sportartenorientiertes Förderkonzept für Schule und Verein. Schorndorf 2007.
SYGUSCH, R.: Selbstkonzeptförderung im Jugendsport – Zufall oder zielgerichtet? In: CONZELMANN, A./HÄNSEL, F. (Hrsg.):

Sport und Selbstkonzept – Struktur, Dynamik und Entwicklung. Schorndorf 2008, 140–156.

UNGERER-RÖHRICH, U. u.a.: Praxis sozialen Lernens im Sportunterricht. Dortmund 1990.

VOLKAMER, M.: Schulsport und Erziehung zur Fairness. In: PÜHSE, U. (Hrsg.): Soziales Handeln im Sport und Sportunterricht. Schorndorf 1994, 181–189.

WOLTERS, P.: Wettkämpfen. In: Sportpädagogik 24 (2000), 2–10.

Die Organisation des Sports

So wie die moderne Gesellschaft eine Organisationsgesellschaft ist, so ist auch der moderne Sport im Wesentlichen ein organisierter Sport. In der Bundesrepublik Deutschland ist insbesondere der Sportverein ein prägendes Element der Sportkultur. Wie der Sport in der Bundesrepublik organisiert ist, wie sich der Einzelne an der Gestaltung des Sports beteiligen kann, welche Strukturmerkmale die Sportvereine kennzeichnen und welche Aufgaben die übergeordneten Sportverbände erfüllen, soll in diesem Kapitel thematisiert werden.

Siehe auch das erste Kapitel „Die gesellschaftliche Bedeutung des Sports in Vergangenheit und Gegenwart" (Kapitel: Was bedeutet Sport heute?).

Vielfalt der organisierten Sportmöglichkeiten

Wo kann man überall Sport treiben? Zunächst einmal gibt es die Möglichkeit, unorganisiert Sport zu treiben. Hierzu zählen Bewegung, Spiel, Sport und Turnen in der Familie, in Freundesgruppen oder auch alleine. Die meisten Menschen treiben nicht organisiert bzw. informell Sport. Sportarten, die vor allem informell ausgeübt werden, sind Walking, Joggen, Inline-Skaten, Skateboardfahren, Schwimmen sowie zahlreiche Natursportarten wie Kanufahren, Wandern und Radfahren.

Abb. 26: Familiensport.

Da in der Bundesrepublik Deutschland eine prinzipielle Schulpflicht besteht, die sich auch auf den **Schulsport** bezieht, ist die Schule hinsichtlich des Anteils der erreichten Kinder und Jugendlichen der bedeutendste organisierte Anbieter von Sportmöglichkeiten. Allerdings ist die Besonderheit des Schulsports im Vergleich zu den übrigen Sportmöglichkeiten, dass nur ein Teil der Angebote wirklich freiwillig ist. Hierzu zählen insbesondere die Schulsportgemeinschaften, der Pausensport, Schulsportfeste, Schulsportwettkämpfe und die Teilnahme an Wettbewerben wie „Jugend trainiert für Olympia" als Bestandteile des außerunterrichtlichen Schulsports. Die Schüler entscheiden, je nach angebotener Sportart, ob sie diese Angebote wahrnehmen wollen oder nicht.

Abb. 27: Fitnessstudio.

Zu den Pflichtbestandteilen der Schule zählen vor allem der Sportunterricht und gegebenenfalls Schulfahrten mit sportlichem Schwerpunkt. Während Schulfahrten sich nach den jeweiligen Möglichkeiten der Schule richten, sind die Inhalte des Sportunterrichts in hohem Maße durch die Lehrpläne vorgegeben. Im Gegensatz zu früheren Lehrplänen sind derzeit kaum noch konkrete Sportarten verbindlich vorgeschrieben. Charakteristisches Merkmal des Sportunterrichts ist, dass die Inhalte nach pädagogischen Gesichtspunkten ausgesucht werden und nicht in erster Linie nach den Bewegungsinteressen der Schüler. Die Sportlehrkräfte absolvieren ein Hochschulstudium, das neben der Sportpraxis in verschiedenen Bewegungsbereichen Theorieveranstaltungen in den Wissenschaftsdisziplinen Sportpädagogik, Sportdidaktik, Sportmedizin, Trainingslehre, Bewegungslehre, Sportpsychologie und Sportsoziologie beinhaltet.

Freiwillig ist die Mitgliedschaft in **Sportvereinen**. Sie organisieren den größten Teil des außerschulischen Kinder- und Jugendsports in Deutschland. Hier wird man Mitglied, um eine oder mehrere ausgewählte Sportarten zu betreiben. Insbesondere Mannschaftssportarten erfordern oft aufwändige Sportanlagen und die Anwesenheit mehrerer Personen als Athleten, Schiedsrichter und Trainer. Um solche Organisationsleistungen kostengünstig für die Mitglieder zu erbringen, werden Sportvereine gegründet. Sehr oft stimmen dabei die Sportarten, die die Eltern betreiben, mit denen überein, die von ihren Kindern ausgeübt werden. Die Betreuer, Trainer und Übungsleiter, die den Übungsbetrieb in den Vereinen leiten, müssen nicht über eine besondere Ausbildung verfügen, können aber bei den Fachverbänden durch die Teilnahme an Lehrgängen Übungsleiter- oder Trainerlizenzen erwerben.

Insbesondere für Erwachsene hat sich seit den 1990er Jahren neben den Sportvereinen ein Bereich entwickelt, in dem Bewegungsmöglichkeiten von **kommerziellen Unternehmen** angeboten werden. Am Anfang dieser Entwicklung standen Sportarten wie Aerobic und Body Building. Heute existiert ein großer Bereich von gesundheitsorientierten Angeboten wie Rückenschule und herz-kreislauforientiertes Ausdauertraining, körperformende Bewegungspraxen (Step Aerobic, BOP, Pilates usw.) oder auch Entspannungskurse. Neben diesen Sportangeboten verfügen die Anbieter oft über weitere Einrichtungen wie Saunen oder Cafés. Bei solchen

Siehe auch das Kapitel „Sport und Wirtschaft" (Sporteinrichtungen mit wirtschaftlichen Zielen).

Aufgabe 48

Welche Unterschiede bestehen zwischen dem Sporttreiben im schulischen Sportunterricht, im Sportverein bzw. bei kommerziellen Sportanbietern. Diskutieren Sie die Gründe und wägen Sie die Vor- und Nachteile der jeweiligen Organisationsform ab.

Literaturempfehlung:
Volkamer 1987.
Dietrich / Heinemann / Schubert 1990.

kommerziellen Unternehmen ist man nicht Mitglied, sondern Kunde, der für eine angebotene Dienstleistung bezahlt und dafür bestimmte Nutzungsrechte erhält. Da in diesen Wirtschaftsunternehmen die Mitarbeiter bezahlt werden müssen, entstehen höhere Kosten als im Sportverein, wo die Mitarbeiter meist unbezahlt tätig sind. Hieraus resultieren höhere monatliche Beiträge als bei den Vereinen, weswegen eher Erwachsene und Personen aus der Mittel- und Oberschicht zu den Kunden zählen. Kinder und Jugendliche hingegen besuchen vielfach Reit-, Tanz- und Ballettschulen.

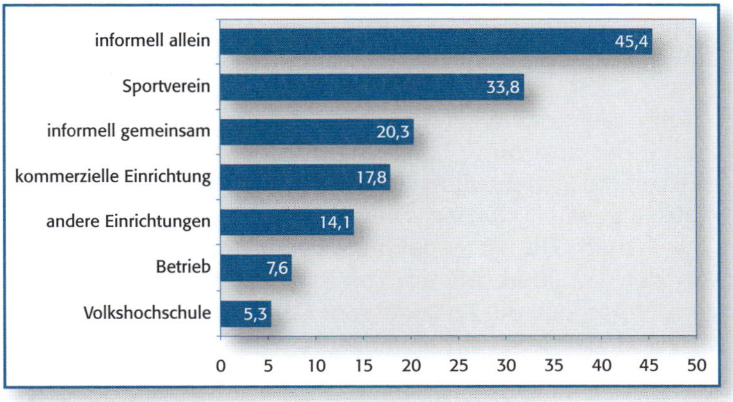

Abb. 28: Sportaktivität (in Prozent aller Sportaktiven) nach Organisationsform (nach Nagel 2003, 155).

Aufgabe 49

In welcher Organisationsform üben Sie Ihren Sport außerhalb der Schule aus? Selbstorganisiert, im Sportverein oder bei einem kommerziellen Anbieter? Sammeln Sie die Ergebnisse und erzeugen Sie ein Balkendiagramm! Wer mehrere Organisationsformen nutzt, sollte alle angeben (Mehrfachnennungen).

Unterscheidet man nach verschiedenen außerschulischen Organisationsformen des Sporttreibens, so ergibt sich das Bild, dass der Sportverein von etwa einem Drittel der Sportaktiven genutzt wird und damit der bedeutendste organisierte Anbieter von Sportmöglichkeiten ist. Kommerzielle Anbieter werden von 17,8 % genutzt und sonstige Einrichtungen von 14,1 %. Betriebe (7,6 %) und die Volkshochschulen (5,3 %) spielen eine untergeordnete Rolle. Die rein quantitativ meistgenutzte Organisationsform ist allerdings das informelle Sporttreiben alleine (45,4 %) bzw. mit anderen gemeinsam (20,3 %).

Aufgabe 50

Wie häufig haben die Eltern der Mitglieder Ihres Kurses dieselbe Sportart betrieben wie ihre Kinder? Wie häufig üben die Eltern ihren Sport in der gleichen Organisationsform aus? Diskutieren Sie die Rolle der Eltern in Ihrem sportlichen Werdegang!

Die organisierte Sportbewegung in Deutschland

Sportvereine

Training und Entscheidung

Die Basis der vereins- und verbandsorganisierten Sportbewegung in Deutschland ist der Übungs- und Trainingsbetrieb im Verein, der in Trainingsgruppen stattfindet. Der Verein legt die Sportplatz- bzw. Hallenzeiten fest, die von der Trainingsgruppe genutzt werden dürfen. Die Abteilung verteilt die Kinder (Athleten) auf die Gruppen und sucht Trainer bzw. Übungsleiter, die die Sportler betreuen.

Aber wer trifft eigentlich die Entscheidungen im Verein und in der Abteilung? Laut Bürgerlichem Gesetzbuch (BGB) müssen die Entscheidungsträger der Vereine genauso demokratisch gewählt werden, wie die Entscheidungsträger in der Gesellschaft. Die so genannten Vereinsfunktionäre werden von den wahlberechtigten (meist volljährigen) Mitgliedern gewählt, so wie die Politiker vom Volk gewählt werden. Der Vorstand, den jeder Verein in Deutschland haben muss, wird von der Mitgliederversammlung gewählt und ist immer nur eine begrenzte Zeit bis zu den nächsten Wahlen im Amt. Da die meisten Vereine ihre Funktionäre nicht bezahlen, werden sie auch **Ehrenamtliche** genannt. Die Übungsleiter und Trainer, die auch zum Großteil unbezahlt oder nur geringfügig entschädigt arbeiten, werden als **Freiwillige** bezeichnet, da sie im Gegensatz zu den Ehrenamtlichen nicht gewählt, sondern von den Vereins- oder Abteilungsvorständen eingesetzt werden, nachdem sie sich freiwillig bereit erklärt haben.

Die Vereinsfunktionäre sind für den gesamten Verein zuständig und kümmern sich in erster Linie darum, dass die Mitglieder zufrieden sind und den Verein nicht verlassen. Sie sind für die Finanzen des Vereins zuständig, vertreten den Verein nach außen, z.B. im Gespräch mit der lokalen Sportpolitik und kümmern sich um die Sportstätten, die meistens durch die Kommunen bereitgestellt und nur in Ausnahmefällen von den Vereinen selbst errichtet werden.

Die Übungsleiter und Trainer sind für den Übungsbetrieb in ihrer jeweiligen Gruppe zuständig und kümmern sich ebenfalls um die Teilnahme an den Wettkämpfen. Das Training bereitet auf die Wettkampfteilnahme vor, so wie der Schulunterricht auf das spätere Leben vorbereiten soll. Hier geht es darum, von den Anforderungen des Wettkampfs ausgehend, die Sportler durch das Training so zu verändern, dass sie in der Wettkampfsituation möglichst erfolgreich sein können.

Jedes Mitglied muss dazu beitragen, dass der Verein seine Kosten tragen kann und ist verpflichtet, einen Mitgliedsbeitrag zu entrichten. Darüber hinaus legen einige Vereine fest, dass bestimmte Arbeitsleistungen von den Mitgliedern erbracht werden müssen. Neben der Sportaktivität als Recht aller Mitglieder und den Mitgliedspflichten ist die Geselligkeit ein dritter wichtiger Aspekt des Sportvereinslebens. Nicht nur das reine Sporttreiben, sondern das Gespräch und das Zusammensein mit möglichst sympathischen und gleich gesinnten Personen ist ein wichtiger Grund für die Mitgliedschaft im Sportverein.

Aufgabe 51

Welche Motive sind für Sie oder die Mitglieder Ihres Kurses Ausschlag gebend, um einem Sportverein anzugehören? Führen Sie als Projekt eine Befragung der Mitglieder Ihres Sportvereins durch, um die Motive für deren Vereinszugehörigkeit zu eruieren. Analysieren Sie die Ergebnisse nach Alter, Geschlecht und gegebenenfalls nach sozialer Schicht.

Literaturempfehlung: Burrmann 2005.

Beteiligungsmöglichkeiten in Sportvereinen

Sporttreiben im Verein

Als Erstes denkt man bei den Beteiligungsmöglichkeiten an das aktive Sporttreiben, das ja der Hauptzweck von Sportvereinen ist. Hier steht ein vielfältiges Angebot zur Auswahl, an dem man sich als Übungsgruppenteilnehmer oder auch als Gruppenleiter beteiligen kann. Es ist allerdings zu bedenken, dass die unterschiedlichen Bevölkerungsgruppen einen unterschiedlichen Zugang zur Sportaktivität haben.

Unterscheidet man nach den erworbenen Schulabschlüssen, so zeigt sich, dass Inhaber niedriger Schulabschlüsse mit 51,4 % nur geringfügig weniger sportaktiv sind als Inhaber mittlerer Schulabschlüsse (56,1 %) bzw. hoher Schulabschlüsse (56,9 %). Der gesellschaftliche Status (gemessen an der beruflichen Stellung) wirkt sich deutlicher auf die Beteiligung am Sport aus. So sind Personen mit einem niedrigen Status zu 54,6 % sportaktiv, Personen mit einem mittleren Status nur zu 46,8 %. Demgegenüber liegt die Sportbeteiligung von Menschen mit einem hohen gesellschaftlichen Status wieder bei 57,4 %. Personen mit einem sehr hohen Status sind zu 67,8 % sportaktiv (Nagel 2003, 139 ff.).

Die Sportbeteiligung von Männern und Frauen ist gleich hoch und liegt jeweils bei 55,0 %. Regelmäßig Sport treiben 64,6 % der 18- bis 29-Jährigen, 54,2 % der 30- bis 39-Jährigen, 51,9 % der 40- bis 49-Jährigen, 55,5 % der 50- bis 59-Jährigen, 54,7 % der 60- bis 69-Jährigen, 51,0 % der 70- bis 79-Jährigen und 34,4 % der 80- bis 87 %-Jährigen (nach Nagel 2003, 124 ff.).

Ein ähnlicher Zusammenhang zeigt sich auch hinsichtlich des Einkommens. So steigt die Sportbeteiligung stetig mit der Höhe des Einkommens (weniger als 800 Euro: 48,6 %, 800–1530 Euro: 53,9 %, 1530–1400 Euro: 56,8 %, mehr als 1400 Euro: 59,0 %). Der Zusammenhang zwischen den hier aufgeführten Merkmalen und der Sportaktivität darf allerdings nicht isoliert verstanden werden. Es finden sich vielfältige Wechselwirkungen der Variablen Geschlecht, Alter, Status und Einkommen (Nagel 2003, 149 ff.).

Außersportliche Aktivitäten im Sportverein

Aber der Sportverein bietet mehr als nur das reine Sporttreiben: Da sind z. B. der politische Entscheidungsprozess, die Tätigkeit als Schiedsrichter, als Gruppenhelfer, Übungsleiter und Trainer, die Mitarbeit an der Vereinszeitung, die Mithilfe beim Bau von Sportanlagen, Vereinsheimen und die Unterstützung bei der Instandhaltung, Wartung und Reinigung der Anlagen sowie schließlich die Mithilfe bei Projekten, die der Finanzierung des Vereins oder der Abteilung dienen wie Würstchen-, Kuchen- und Getränkeverkauf, Sponsorenläufe, Tombola usw.

Für Kinder und Jugendliche ist aus Altersgründen die Beteiligung an diesen Tätigkeitsfeldern oft nur eingeschränkt möglich. Die Teilnahme am Entscheidungsprozess des Gesamtvereins, die Gruppenleitung und die Schiedsrichtertätigkeit sind zumeist an Altersgrenzen gebunden. Auch die Mithilfe bei Bau und Instandhaltung der Sportanlagen ist nicht für alle Altersgruppen geeignet. Es bleiben die Mitarbeit an der Vereinszeitung und an Finanzierungsprojekten (Sponsorenlauf, Kuchentheke, Getränkeverkauf usw.). Insgesamt ist jedoch wie in der Gesellschaft eine Teilnahmemöglichkeit der Kinder und Jugendlichen von derjenigen der Erwachsenen deutlich zu unterscheiden.

In vielen Vereinen gibt es deshalb auch Jugendabteilungen, die ihren Jugendvorstand wählen, eine eigene Kasse führen und über die Geldverwendung selbstständig entscheiden. Diese Jugendabteilungen planen außersportliche Aktivitäten wie Ausflüge, Zeltlager, Reisen, Feste und allgemeine Sportaktivitäten. Hier können die Jugendlichen eigenständig und autonom ihre Interessen verfolgen.

Aufgabe 52

Sicherlich sind einige Teilnehmer/innen Ihres Kurses als Gruppenhelfer, Übungsleiter, Schiedsrichter oder in sonstigen Funktionen in einem Sportverein aktiv? Wie sind Sie in diese Funktion gekommen? Welche Erfahrungen machen Ihnen Freude und welche Probleme tauchen auf? Diskutieren Sie Gemeinsamkeiten und Unterschiede!

Charakteristika von Sportvereinen

Im Unterschied zu Unternehmen und staatlichen Behörden sind Sportvereine meist eingetragene Vereine. Damit gehören sie zu den Freiwilligen Vereinigungen, die durch bestimmte **Merkmale** gekennzeichnet sind:

- Die **Mitgliedschaft ist freiwillig**. Eintritt oder Austritt können unabhängig von äußeren Zwängen geschehen. Die Mitgliedschaftsentscheidung kann somit für oder gegen die Leistungen des Vereins erfolgen. Dient der Verein nicht mehr den Interessen der Mitglieder, drohen Austritte. Wenn das Angebot attraktiv ist, dann gelingt es, neue Mitglieder zu gewinnen.
- Der Verein ist **unabhängig von Dritten**, da er seine Leistungen im Wesentlichen durch die finanziellen Beiträge und die ehrenamtliche Mitarbeit seiner Mitglieder erzeugt. Die Abhängigkeit von den Mitgliedern sichert dem Verein die Unabhängigkeit von Dritten. Auch dieser Aspekt hängt mit der Verfolgung der Interessen der Mitglieder zusammen, die nur dann Beiträge (Geld, ehrenamtliches Engagement) leisten, wenn damit Aktivitäten ermöglicht werden, die in ihrem Sinne sind.
- Die **Entscheidungsstruktur ist demokratisch**. Die Ziele und Leistungen des Vereins werden gemeinsam bestimmt. Damit ist gewährleistet, dass die Verwendung der vereinseigenen Mittel im Interesse der Mitglieder erfolgt. Die Mitglieder üben ihren Einfluss über ihr Stimmrecht aus und nicht über Privateigentum.
- Die wichtigste Ressource ist die **ehrenamtliche Mitarbeit**, d.h. die freiwillige, unentgeltliche und ohne direkte Gegenleistung erbrachte Mitarbeit der Mitglieder. Das Engagement der Mitglieder ermöglicht auf diese Weise die solidarische Zusammenarbeit bei der Verwirklichung ihrer Interessen. Die ehrenamtliche Mitarbeit hat also den Doppelcharakter, dem Verein abstrakt als Ressource zu dienen und in ihrer konkreten Erscheinungsform den Verein nach den Vorstellungen der Mitglieder zu gestalten.

Aufgabe 53

Sammeln Sie Argumente, die für oder gegen ein freiwilliges, ehrenamtliches Engagement in einem (Sport)Verein sprechen!

Aufgabe 54

Entwickeln Sie einen Slogan und eine dazu gehörende Kampagne, um das ehrenamtliche Engagement in den Sportvereinen Ihrer Stadt bzw. Gemeinde zu fördern!

Zur Entstehung des organisierten Sports in Deutschland nach dem Zweiten Weltkrieg siehe auch das einleitende Kapitel „Die gesellschaftliche Bedeutung des Sports in Vergangenheit und Gegenwart".

Aufgabe 55

Laden Sie Vereinsvertreter in die Schule ein oder besuchen Sie sie im Verein und befragen Sie sie nach ihren Tätigkeiten und Werdegängen!

Aufgabe 56

Passen die Merkmale von Sportvereinen als Freiwillige Vereinigungen auch auf die Vereine der 1. Fußball-Bundesliga der Männer? Worin bestehen die Gemeinsamkeiten und Unterschiede?

Aufgabe 57

Notieren Sie, welche Sportarten Sie schon einmal organisiert betrieben haben! Erzeugen Sie ein Balkendiagramm, das alle Sportarten und die Häufigkeit der Nennungen enthält!

Aufgabe 58

Sammeln Sie jeweils den wichtigsten Grund für Ihr Sporttreiben und vergleichen Sie, welche Gründe besonders oft vorkommen! Gibt es Unterschiede zwischen Jungen und Mädchen? Gibt es typische Gründe für Mannschafts- bzw. Individualsportarten und Indoor- bzw. Outdoor-Sportarten?

Sportvereine in Deutschland

Durch repräsentative Befragungen von Sportvereinen, deren Ergebnisse auf die Gesamtheit der Sportvereine in Deutschland übertragen werden können, weiß man in etwa, wie die Sportvereine in der Bundesrepublik hinsichtlich ihrer Sportangebote, Finanzen, Mitarbeiter, Mitglieder, Organisationsstrukturen, Sportanlagen, sportbezogenen Überzeugungen und ihrer Außenbeziehungen beschaffen sind. An dieser Stelle werden einige Aspekte zum Sportangebot und zur Mitgliederstruktur skizziert.

Sportangebot

Das Sportangebot der Vereine hat sich seit den 1960er Jahren ausdifferenziert und zum traditionell angebotenen wettkampforientierten Sport kamen Bewegungsformen und -angebote, die nicht in erster Linie auf den leistungsorientierten Wettkampf gerichtet sind. Noch 1970 wurden nur etwa 30 Sportarten von den Vereinen angeboten. Im Jahr 1996 dagegen konnten schon 605 verschiedene Angebotsformen in Sportvereinen gefunden werden. Hierzu zählen breitensportliche Fitness- und Gesundheitsangebote (Step-Aerobic, Wirbelsäulen-Gymnastik), Beach-Sportarten (Volleyball, Fußball), ostasiatische Sportarten (Jiu-Jitsu, Qigong) und Trendsportarten (Inline-Skating, Snowboarding).

Im Gegensatz zur klassischen Mitgliedschaft, für die ein Mitgliedsbeitrag bezahlt wird, bieten Sportvereine Nichtmitgliedern solche neuen Bewegungsmöglichkeiten oft in Kursform gegen eine Gebühr an, ohne dass eine Mitgliedschaft und damit eine langfristige Bindung notwendig sind. Damit wollen die Sportvereine neuen, bzw. veränderten Sportbedürfnissen Rechnung tragen, die weniger leistungsorientiert sind, sondern eher Aspekte wie Körperformung, Spaß und Freude an der Bewegung Fitness, Gesundheit, Entspannung, Erholung, Erlebnis, Abenteuer, Geselligkeit, Gemeinschaft und Naturerlebnis in den Vordergrund rücken. Darüber hinaus bieten 87 % der Sportvereine außersportliche Angebote wie Reisen, Ausflüge, Feiern und sonstige Aktivitäten an (Nagel 2006, 47 f.).

Mitglieder

Die über 90000 Vereine, die beim Deutschen Olympischen Sportbund im Jahr 2006 gemeldet waren, verzeichneten 27 Mio. Mitgliedschaften, wobei sich viele Menschen mehr als einem Sportverein angeschlossen haben. Im Jahr 1994 (nur Westdeutschland) hatten 35,2% der Vereine nicht mehr als 100 Mitglieder, 34,9% vereinten zwischen 101 bis 300 Mitglieder, 25,3% zählten zwischen 301 bis 1000 Mitglieder und nur 5,5% aller Sportvereine hatten über 1000 Mitglieder. Die Vereine bis 100 Mitglieder werden von 5,9% der Sportvereinsmitglieder genutzt. Etwa ein Fünftel (20,5%) haben sich einem Verein mit 101 bis 300 Mitgliedern angeschlossen. Die größte Gruppe verzeichnen mit 44,0% die Vereine mit 301 bis 1000 Mitgliedern. In den Großvereinen mit bis zu 1000 Mitgliedern sind 29,6% aller Sportvereinsmitglieder organisiert (Heinemann / Schubert 2004, 45 ff.).

26% aller Frauen und 34% aller Männer sind Mitglied in einem Sportverein. Die Unterschiede hinsichtlich Alter, Geschlecht, Schulabschluss und sozioökonomischem Status haben sich insgesamt abgeschwächt. Dennoch sind Frauen, ältere Menschen und die unteren sozialen Schichten unterrepräsentiert (Nagel 2003, 165 ff.).

Zur Ausdifferenzierung des Sports in der modernen Gesellschaft siehe auch das einleitende Kapitel „Die gesellschaftliche Bedeutung des Sports in Vergangenheit und Gegenwart" (Gesellschaft und Sport im Wandel).

Aufgabe 59

Wie viele Mitglieder hat Ihr Sportverein und wie verteilen sich diese auf die verschiedenen Sportartenabteilungen? Treiben alle Mitglieder Sport oder gibt es auch passive Mitgliedschaften? Recherchieren Sie, wessen Eigentum die Sportanlagen sind, auf denen Sie Ihren Sport ausüben!

Aufgabe 60

Recherchieren Sie bei der Stadtverwaltung (Sportamt) oder beim Zusammenschluss aller Sportverbände (Stadtsportbund/-verband bzw. Kreissportbund/verband) die Zahl der Vereine in Ihrer Stadt/in Ihrem Kreis und die angebotenen Sportarten!

Aufgabe 61

Analysieren Sie den Sportteil Ihrer lokalen Tageszeitung daraufhin, über welche Aspekte des lokalen Vereinssports dort berichtet wird und welchen Raum der nationale und internationale Spitzensport einnimmt!

Aufgabe 62

Konstruieren Sie einen Sportverein, der Ihren Wünschen entspricht! Welche Angebote sollte er machen, wie sollten die Sportanlagen aussehen und in welcher Weise würden Sie sich beteiligen wollen?

Aufgabe 63

Untersuchen Sie die unterschiedliche Beteiligung der Geschlechter sowie Alters- und Statusgruppen am Sport anhand der Daten in Tabelle 4 differenziert nach den verschiedenen Anbietern und suchen Sie nach Erklärungen! Beziehen Sie die Kosten, die entstehen, sowie die Werte und Normen, die in den jeweiligen Organisationen gelten, mit ein!

Tab. 4: Zusammensetzung der Sportaktiven nach Organisationsformen in Prozent (Mehrfachnennungen möglich) (aus NAGEL 2003, 157).

	informell allein	informell gemeinsam	Sportverein	kommerz. Einrichtung	andere Einrichtung	Betrieb	VHS
Gesamt	45,4	20,3	33,8	17,8	14,1	7,6	5,3
Geschlecht							
Männlich	47,4	24,7	35,6	16,6	12,3	10,0	3,3
Weiblich	43,8	16,6	32,2	18,8	15,6	5,5	7,0
Alter							
18-29	44,1	19,9	38,3	23,0	18,4	10,7	7,3
30-39	42,6	24,9	31,6	29,2	8,5	9,3	4,3
40-49	44,7	19,5	36,6	19,5	8,9	7,2	6,0
50-59	39,0	18,5	35,5	15,6	13,7	8,5	7,1
60-69	51,5	18,0	33,5	7,8	20,4	6,8	2,9
über 70	51,9	19,9	26,1	5,6	18,3	1,7	3,9
Status							
Niedrig	48,7	19,3	30,3	23,5	7,6	10,9	4,2
Mittel	48,8	19,5	41,5	26,8	8,1	12,2	7,3
Hoch	41,8	23,9	36,9	24,3	13,4	7,5	4,6

Sportverbände

So wie Menschen, die ein gemeinsames Ziel haben, Vereine gründen können, um dieses Ziel organisiert zu verfolgen, so können Vereine der selben Sportart Verbände gründen, um bestimmte Interessen wirkungsvoller umzusetzen. Auch die Verbände sind Freiwillige Vereinigungen, was bedeutet, dass die Mitgliedschaft der Vereine in ihnen nicht erzwungen werden kann, die Entscheidungen demokratisch gefällt werden sollen, die Führung ehrenamtlich erfolgt und sie von Dritten unabhängig sind.

Heute findet sich in der Bundesrepublik eine Vielzahl von Verbänden im Sport, die jeweils unterschiedliche Aufgaben übernehmen. Dabei gelten zwei Prinzipien des Zusammenschlusses:

- Das **Fachprinzip** besagt, dass sich Vereine, die dieselbe Sportart betreiben, zu **Fachverbänden** zusammenschließen.
- Das **Territorialprinzip** beinhaltet, dass sich Vereine eines bestimmten Gebietes in **Dachverbänden** organisieren.

Fachverbände existieren in einigen Sportarten auch auf lokaler Ebene, meist finden sie sich jedoch auf der Regional- bzw. Landesebene. Bundesfachverbände (auch Spitzenverbände genannt) bilden dann über ihre Mitgliedschaft in den internationalen Verbänden die Verbindung zum internationalen Sportsystem. Ihre Hauptaufgabe ist die Regelsetzung, Regelüberwachung und Ordnung des sportartspezifischen Wettkampfsystems (Wettkampfprogrammierung).

Bei den Dachverbänden kann man ebenfalls nach lokaler, Landes- und Bundesebene unterscheiden. Stadtsportbünde/-verbände und Kreissportbünde/-verbände sind Zusammenschlüsse von Sportvereinen auf lokaler Ebene. Im Gegensatz zu den Fachverbänden fehlt den Dachverbänden die Hauptaufgabe der Wettkampfprogrammierung. Sie sind eher multifunktionale Serviceeinrichtungen und Instrumente der Mitwirkung sowie Einflussnahme am politischen Entscheidungsprozess in sportspezifischen Belangen. Sie bieten ihren Mitgliedern (Vereinen) vielfältige Dienstleistungen an und vertreten als lokale Dachverbände die Interessen der Mitgliedsorganisationen gegenüber den kommunalen und staatlichen Stellen.

Auf der Landesebene sind die Sportvereine oder die Landesfachverbände in den Landessportbünden (bzw. Landessportverbänden) zusammengeschlossen. Diese haben neben der Breitensportförderung und der übergreifenden Aus- und Fortbildung eine wichtige Rolle in der Interessenvertretung gegenüber den Bundesländern, die in erster Linie für den Sport zuständig sind, da dieser unter die Kulturhoheit der Länder fällt. Landessportbünde sind ebenfalls im Leistungssport engagiert, indem sie z.B. Leistungszentren mitfinanzieren.

Auf Bundesebene ist der Deutsche Olympische Sportbund (DOSB) der wichtigste nationale Dachverband. Er versammelt sowohl die olympischen als auch die nicht-olympischen Sportverbände der Bundesrepublik.

Sportverband und Wettkampf

Die Veranstaltung der jeweiligen Wettbewerbe der Sportart zählt zu den sichtbarsten und wichtigsten Aufgaben der Verbände. Jeder Sportwettkampf – Meisterschaft, Pokalwettbewerb oder Sportfest – wird von mindestens einer Verbandsorganisation verantwortet. Viele Wettbewerbe sind allerdings so aufwändig geworden, dass die konkrete Durchführung dann an Agenturen oder Organisationskomitees vergeben wird. Auch die weiteren Aufgaben der Sportverbände sind eng an den Wettkampf gebunden (Brandmaier / Schimany 1998, 16):

- die Regelung aller grundsätzlichen Angelegenheiten der Sportart,
- die autonome Vertretung ihrer Sportart in den internationalen Föderationen und gegenüber dem Deutschen Olympischen Sportbund (DOSB),
- die Veranstaltung deutscher Meisterschaften,
- die Wahl der Vertretung für Länderkämpfe, Welt- und Europameisterschaften,
- die Heranbildung des Spitzenkaders,
- die Vertretung der sozialen Probleme bei der Stiftung Deutsche Sporthilfe (DSH),
- die Verantwortung für die Lehrarbeit sowie die Weiterbildung des Regelwerks.

Tab. 5: Die fünfzehn mitgliederstärksten Sportartenverbände (DOSB-Mitglieder) (aus DOSB 2006a, 11).

Verband	Mitglieder
Fußball-Bund	6351078
Turner-Bund	5068417
Tennis-Bund	1658803
Schützenbund	1495676
Leichtathletik-Verband	899520
Handball-Bund	833634
Reiterliche Vereinigung	761467
Deutscher Alpenverein	733075
Deutsche Sportfischer	671008
Tischtennis-Bund	645735
Skiverband	603906
Schwimm-Verband	590187
DLRG	562425
Golfverband	506746
Volleyball-Verband	485574

Die nebenstehende Tabelle 5 führt die fünfzehn mitgliederstärksten Sportverbände innerhalb des Deutschen Olympischen Sportbundes auf. Gemessen an der Zahl der Mitglieder ist der Deutsche Fußball-Bund mit über 6 Mio. Mitgliedern der größte Sportverband. Drei weitere Verbände haben über 1 Mio. Mitglieder und die folgenden zehn Verbände immerhin mehr als 500000 Mitglieder. Lediglich der Volleyballverband überschreitet nicht diese Marke. Die vertretenen Sportarten sind einerseits gängige Mannschafts- und Individualsportarten wie Fußball, Turnen, Tennis und Leichtathletik. Andererseits finden sich Aktivitäten, die vielleicht nicht jeder als Sport bezeichnet wie die Aktivitäten der Sportschützen, des Alpenvereins oder der DLRG. Die Mitgliederzahlen verdeutlichen allerdings die Bedeutung dieser Sportarten.

Sonstige Aktivitäten von Verbänden

Neben der Organisation der Wettkämpfe werden den Verbänden weitere Aufgaben übertragen bzw. suchen sie sich weitere Betätigungsfelder. Eng mit der Wettkampforganisation hängt das interne Rechtssystem der Sportarten zusammen, das von den Verbänden verantwortet wird. Die Regeln werden durch die Verbände verbindlich festgelegt und deren Einhaltung wird durch die Schiedsrichter überwacht. Kommt es zu Verstößen gegen die Spielregeln oder die Verbandssatzung, so können diese zu Verhandlungen vor Sportgerichten führen, die von den Verbänden verwaltet werden.

Die Förderung von talentierten Nachwuchsathleten ist eine wichtige Aufgabe der Verbände, da sie eine Zusammenlegung und Zentralisierung von Ressourcen etwa zum Bau eines Leistungszentrums erfordert. Finanzielle Leistungen, Sportstätten, Trainer, Unterkunft, Transport und Möglichkeiten der Kombination mit der Schulausbildung sind Maßnahmen der verbandlichen Talentförderung, die die Möglichkeiten des Einzelvereins oft überschreiten.

Enger mit dem Training aber auch der Vereinsführung ist das System der Aus- und Fortbildung der Verbände verknüpft. Übungsleiter und Trainer können Lizenzen erwerben, die zum Teil Voraussetzung dafür sind, Mannschaften in bestimmten Leistungsklassen trainieren zu dürfen. Ausbildungen wie die zum Organisationsleiter sollen die Qualität der Vereinsführung verbessern. Auch hier werden Lizenzen vergeben.

Seit jeher steht die Interessenvertretung gegenüber der Politik und der allgemeinen Öffentlichkeit auf dem Programm der Verbände. Diese Aufgabe kann nicht von den einzelnen Vereinen auf lokaler Ebene erledigt werden, sondern verlangt nach einem Verband. Im Zusammenhang mit dieser Interessenvertretung sind Verbände auch zu Adressaten von Geldzahlungen öffentlicher Stellen geworden, wobei die Auflage der Verteilung der Fördermittel an die Mitgliedsvereine bzw. der Einsatz der Finanzen zum Wohle der Vereine Bedingung ist.

Die Förderung des Breitensports erfolgt in erster Linie durch Programme, die Ziele beschreiben und die Mitgliedsvereine auffordern, nicht nur wettkampforientierte Angebote zu machen. Einige Programme bieten auch finanzielle Anreize für die Vereine. Insgesamt sind die Verbände in der Breitensport-

Aufgabe 64

Diskutieren Sie, ob Alpinismus, Sportfischen oder Schiesssport zum Sport gehören! Welche Merkmale des Sports treffen auf diese Sportarten zu, welche nicht?
Beziehen Sie das einleitende Kapitel „Die gesellschaftliche Bedeutung des Sports in Vergangenheit und Gegenwart“ in Ihre Überlegungen ein.

förderung jedoch auf ihre Mitgliedsvereine angewiesen, weil die Verbände in der Regel keine eigenen Angebote machen.

Da die Verbände die öffentlichkeitswirksamen Wettkämpfe organisieren, kommt ihnen auch eine besondere Rolle beim Sponsoring zu. Hier geht es um Zahlungen von Wirtschaftsunternehmen an Sportorganisationen, damit die Wirtschaftsunternehmen mit der entsprechenden Werbung ihre Produkte mit dem positiven Image der Sportart in Verbindung bringen können.

Siehe auch die Kapitel „Sport in den Massenmedien" (Massenkommunikation und Mediensport) und „Sport und Wirtschaft" (Marketing, Werbung, Sponsoring und Tourismus im Sport).

Sponsoring ist nur dort möglich, wo Sport insbesondere durch Präsentation und Berichterstattung in den Medien ein gewisses Interesse erregt. Da die Verbände als Regelsetzer und Veranstalter die Wettkämpfe gleichsam erfunden haben, liegen auch die Rechte für die Verbreitung in den Massenmedien bei ihnen. Ist beispielsweise ein Fernsehsender interessiert, Bilder oder Filmausschnitte zu zeigen, so muss er hierfür die Rechte erwerben.

Neben den Aktivitäten der Verbandsleitung, Gerichtsbarkeit, Öffentlichkeitsarbeit und der Arbeit in den internationalen Verbänden findet sich eine Vielzahl weiterer Tätigkeitsfelder, die von den Verbänden ausgefüllt werden, insofern sie hierfür über Ressourcen verfügen. Ein Verband kann als organisiertes Gebilde nur tätig werden, indem Personen stellvertretend für ihn handeln, kommunizieren oder entscheiden. Hierfür müssen Anweisungen erteilt werden oder Geldzahlungen etwa für Löhne und Gehälter aufgebracht und Programme entwickelt werden.

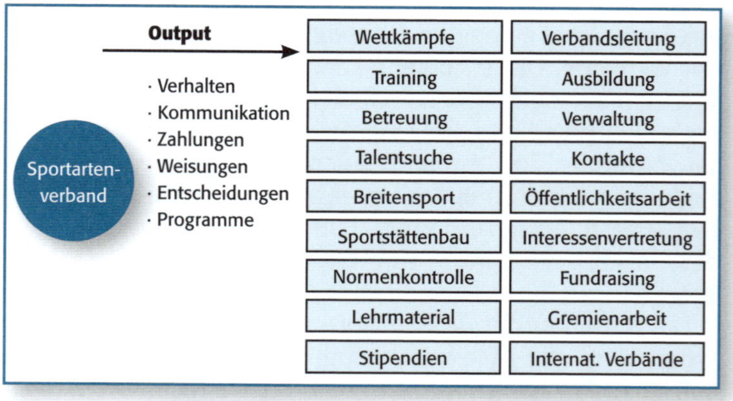

Abb. 29: Tätigkeitsfelder von Sportartenverbänden (nach Schulze 2002, 45).

Das Fundament der Tätigkeiten eines Verbands stellt immer die eigene Satzung dar. In dieser ist schriftlich festgehalten, welchem Zweck der organisierte Zusammenschluss dienen soll, welche Mittel hierfür eingesetzt werden und wie die interne Führungs- und Entscheidungsstruktur auszusehen hat. Wenngleich innerhalb von Gremien die Satzung auch weit ausgelegt werden kann, so müssen die Tätigkeiten eines Verbands immer auch satzungsgemäß sein. Daher sind die in der Satzung beschriebenen Zwecke eine gute Quelle für die angestrebten Tätigkeitsfelder.

Aufgabe 65

Recherchieren Sie auf den Internetseiten des Deutschen Fußball-Bundes (www.dfb.de) und des Deutschen Turner-Bundes (www.dtb-online.de) die Aktivitäten der beiden Verbände und vergleichen Sie diese!

Der Deutsche Olympische Sportbund als nationaler Dachverband des Sports

Nach dem 2. Weltkrieg entstanden neue Dachorganisationen des Sports in der Bundesrepublik, die die „gleichgeschaltete" Sportbewegung der Nationalsozialisten ersetzten. Im Jahr 1949 wurde das Nationale Olympische Komitee für Deutschland (NOK) gegründet und 1950 entstand der Deutsche Sportbund (DSB). Das NOK war als Vertretung der Olympischen Idee in Deutschland konzipiert und der DSB als nationaler Dachverband aller Verbände im Sport. Im Jahr 2005 wurden beide Organisationen zusammengeführt und damit besitzen die olympischen und nicht-olympischen Sportarten einen gemeinsamen Dachverband.

Aufgaben des Deutschen Olympischen Sportbundes

Der Satzungszweck des Deutschen Olympischen Sportbundes reflektiert die beiden zusammengeführten Bereiche des olympischen und des nicht-olympischen Sports (DOSB 2006b, 2):

§ 2 Zweck und Zuständigkeit

(1) Dem DOSB obliegt es, im Rahmen seiner Aufgaben, den deutschen Sport in allen seinen Erscheinungsformen zu fördern, zu koordinieren und ihn in überverbandlichen und überfachlichen Angelegenheiten gegenüber Gesellschaft, Staat sowie anderen zentralen Sport- und sonstigen Institutionen im In- und Ausland zu vertreten.

(2) Dem DOSB obliegen alle Zuständigkeiten, Rechte und Pflichten eines Nationalen Olympischen Komitees, wie sie ihm durch das IOC und Olympische Charta übertragen sind, so insbesondere die ausschließliche Zuständigkeit, die Teilnahme der Bundesrepublik Deutschland an den Olympischen Spielen sicherzustellen sowie die Städte zu bestimmen, die sich um die Ausrichtung der Olympischen Spiele bewerben dürfen.

(3) Dem DOSB obliegt die Betreuung seiner Mitglieder nach Maßgabe dieser Satzung und seiner Ordnungen.

Die in § 3 der Satzung genannten Aufgabengebiete des DOSB sind differenziert in Allgemeines, Leistungssport und Breitensport. Allgemein soll die Persönlichkeitsentwicklung durch Sport, der Kinder- und Jugendsport, die Bildung durch Sport, die gleichberechtigte Teilnahme von Männern und Frauen, der Sport von Menschen mit Behinderungen, die Sportwissenschaft und die Sportmedizin, die olympischen Grundprinzipien und die olympische Erziehung gefördert werden. Es geht um die Erhaltung der Eigenständigkeit der Mitgliedsorganisationen und die Kooperation mit staatlichen Stellen und internationalen Sportverbänden. Die für diese Tätigkeit notwendigen Sportstätten sollen entwickelt und die erforderlichen finanziellen Mittel beschafft werden. Schließlich obliegt dem DOSB die Förderung und Festigung des öffentlichen Bewusstseins für den Sport.

Im **Leistungssport** soll der DOSB Konzepte zur Förderung des Leistungssports erarbeiten, festlegen und durchführen. Er kann hierfür mit öffentlichen und privaten Institutionen Rahmenvereinbarungen abschließen und diese mit seinen Mitgliedsorganisationen umsetzen. In seiner Funktion als NOK für Deutschland bereitet er die Athleten vor und nominiert und entsendet die deutsche Mannschaft zu den Olympischen Spielen in Zusammenarbeit mit den Spitzenverbänden. Er bereitet die World Games vor und stellt eine hochwertige Traineraus- und -fortbildung sicher. Die Sicherung der effizienten Begleitung des Leistungssports durch Sportwissenschaft und Sportmedizin und die Betreuung der Athleten während und nach dem Ende ihrer Laufbahn zählen ebenfalls zu den Aufgaben des DOSB.

Im **Breitensport** setzt der DOSB Impulse für die ihm notwenig erscheinende Veränderung des Sports. Die Mitgliedsorganisationen werden im Hinblick auf die Vereinsentwicklung beraten. Internationale Kooperation und sportwissenschaftliche Forschung soll gefördert werden. Das Deutsche Sportabzeichen wird vom DOSB verliehen und weiterentwickelt. Es geht um die Stärkung und die Darstellung der Integrationsfunktion, Gesundheitswirkung und Lebensqualität steigernden Effekte des Sports. Auch sportartübergreifende Konzeptionen, Programme, Modelle und Aktivitäten wie etwa die Kampagne „Sport ist im Verein am schönsten" werden vom DOSB in Zusammenarbeit mit seinen Mitgliedsorganisationen erarbeitet.

Aufgabe 66

Welche Kampagnen zur Breitensportförderung führt der Deutsche Olympische Sportbund aktuell durch? Diskutieren Sie, ob die eingesetzten Instrumente (Radio- und Fernsehspots, Plakate und Zeitungsannoncen, Slogans und Schlagworte) Sie ansprechen und wer evtl. nicht angesprochen werden könnte! Siehe auch das Kapitel „Sport in den Massenmedien".

Mitgliederstruktur des Deutschen Olympischen Sportbundes

Der DOSB umfasste im Jahr 2007 95 Mitgliedsorganisationen, die – wenn man alle persönlichen Mitgliedschaften ihrer Unterorganisationen hinzuzählt – über insgesamt 27 Mio. Mitgliedschaften (Doppelmitgliedschaften z.B. in zwei Sportvereinen mitgezählt) und 2,7 Mio. meist ehrenamtliche Mitarbeiter verfügen. Mitgliedsorganisationen des DOSB sind 16 Landessportbünde/-verbände, 60 nationale Spitzenverbände der verschiedenen Sportarten und 19 Verbände mit besonderer Aufgabenstellung. Zur letzteren Gruppe zählen die Deutsche Olympische Gesellschaft und der Aikido-Bund und Berufsverbände wie der Deutsche Verband für das Skilehrwesen, der Deutsche Sportlehrerverband, die Gesellschaft für Sportmedizin und die Deutsche Vereinigung für Sportwissenschaft.

Aufgabe 67

Recherchieren Sie auf der Internetseite des DOSB (www.dosb.de) die aktuellen Zahlen der Bestandserhebung der Mitglieder! Welche Verbände verzeichnen den höchsten Zuwachs und welche haben eine negative Mitgliedsentwicklung?

Einige Verbände sind mit dem Sport innerhalb anderer Organisationen betraut (Verband Deutscher Sport- und Gymnastikschulen, Bund Deutscher Betriebssportverbände, Verband Deutscher Eisenbahner Sportvereine, Allgemeiner Deutscher Hochschulverband, Deutsches Polizeisportkuratorium, Gewerkschaft Erziehung und Wissenschaft – Sportkommission). Die übrigen Verbände sind Sportverbände und Organisationen mit einer bestimmten weltanschaulichen oder religiösen Orientierung (CVJM-Gesamtverband in Deutschland, Deutsche Jugendkraft, Makkabi in Deutschland, RKB „Solidarität").

Einige Verbände haben zwar einen nichtsportlichen Zweck, weisen jedoch eine gewisse Nähe zum Sport auf wie der Deutsche Verband für Freikörperkultur, Kneipp-Bund oder die Stiftung Sicherheit im Skisport. Persönlich gehören ein IOC Mitglied und 15 persönliche Mitglieder dem DOSB an. Die

Deutsche Sportjugend ist der Dachverband der Jugendorganisationen der Sportverbände und versteht insbesondere die Jugendarbeit als ihren Schwerpunkt.

Landessportbünde/-verbände

Die Landessportbünde/-verbände erfüllen ähnliche Funktionen wie der DOSB auf Bundesebene. Sie verdanken ihre Existenz im Wesentlichen dem föderalen Aufbau der Bundesrepublik, der den Bundesländern die Hauptzuständigkeit für den Sport überträgt. Ihre Finanzierung erfolgt im hauptsächlich durch direkte staatliche Zuschüsse oder staatlich erschlossene Einnahmequellen (Sportbriefmarken, Lotteriegelder). Ihre Dienstleistungen für die Vereine bestehen in Aus- und Fortbildungsangeboten, Vereinsberatung, dem Betreiben von Sportschulen und der Weiterleitung von öffentlichen Geldern wie z. B. Übungsleiterzuschüssen an die Vereine.

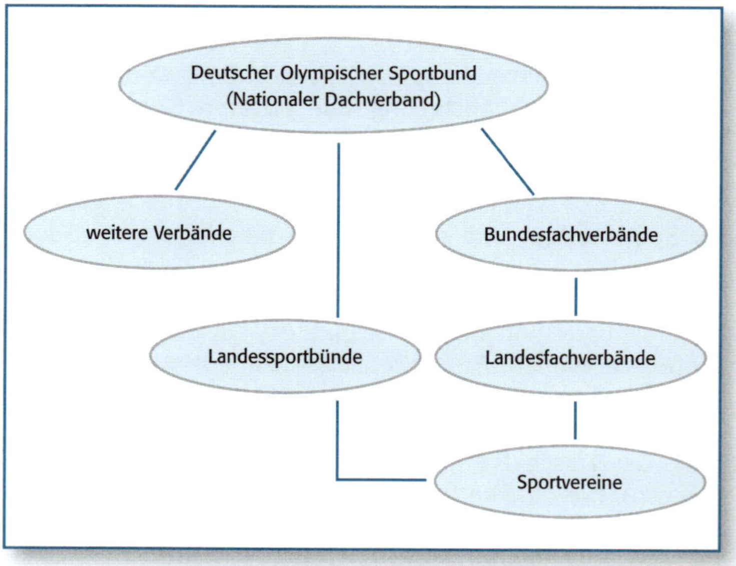

Abb. 30: Sportverbände in der Bundesrepublik Deutschland.

Sportorganisationen und Gesellschaft

In jedem Land der Welt nimmt die gesellschaftliche Entwicklung Einfluss auf die Sportentwicklung und damit auch auf die Organisationsstrukturen. Im Hinblick auf den Organisationsaufbau des Sports in der Bundesrepublik sind besonders zwei Daten zu nennen:

- Der Zusammenbruch des „Dritten Reichs" im Jahr 1945 und
- der Zusammenbruch des kommunistischen Blocks ab 1989.

Durch das Verbot aller Sportorganisationen und die beabsichtigte Neugründung von gesellschaftspolitisch neutralen Sportverbänden entstand in der Bundesrepublik Deutschland eine einheitlich organisierte Sportbewegung, die nicht mehr ideologisch und organisatorisch in die Bereiche Arbeitersport, bürgerlicher Sport und konfessionell gebundener Sport differenziert war.

Ein weiterer, zumindest vordergründig förderlicher Faktor für die Sportentwicklung war die Konfrontation der politischen Lager nach dem II. Weltkrieg. Der internationale Hochleistungssport wurde hier zur Veranschaulichung der Leistungsfähigkeit der jeweiligen Systeme instrumentalisiert und erhielt umfangreiche staatliche Unterstützungsleistungen. Diese wurden im ehemaligen Ostblock und auch im westlichen Lager nach dem Ende dieser Konfrontation stark zurückgenommen. Nach Jahrzehnten steigender Einkommensmöglichkeiten sehen sich die Sportverbände nun immer häufiger mit der Frage konfrontiert, welchen Nutzen sie der Gesellschaft bieten. Auch aus diesem Grund sind der Gesundheitsaspekt des Sports und der Aspekt des sozialen Lernens innerhalb seiner Organisationen wichtige Legitimierungsversuche des vereins- und verbandsorganisierten Sports, deren empirische Überprüfung allerdings schwierig ist.

Zur Entstehung und Entwicklung des organisierten Sports in Deutschland nach dem Zweiten Weltkrieg siehe auch das einleitende Kapitel „Die gesellschaftliche Bedeutung des Sports in Vergangenheit und Gegenwart" (Sportpolitik und Leibeserziehung in der BRD).

Jenseits dieser umfassenden historischen Umwälzungen, die sich auf den Sport wie auf alle Lebensbereiche auswirken, ist das Verhältnis von Sport und Gesellschaft einerseits durch Interdependenz – also gegenseitige Abhängigkeit – und andererseits durch Autonomie gekennzeichnet. Zum einen sind die Sportorganisationen abhängig von Leistungen aus der

Siehe auch das Kapitel „Spielen und Leisten, Konkurrieren und Kooperieren im Sport" (Sport als Feld der Förderung sozialen Verhaltens und der Persönlichkeitsentwicklung).

Aufgabe 68

Worin bestehen die Unterschiede zwischen Sport und anderen gesellschaftlichen Teilbereichen wie Familie, Schule, Berufsleben und Politik?
Beziehen Sie in Ihre Überlegungen das Kapitel „Die gesellschaftliche Bedeutung des Sports in Vergangenheit und Gegenwart" (Was bedeutet Sport heute?) ein.

Aufgabe 69

Befragen Sie Vereinsvertreter und Vertreter der kommunalen Sportpolitik/-verwaltung nach den aktuellen Herausforderungen, die sich aus den aktuellen gesellschaftlichen Entwicklungen für den Sport ergeben.

Der organisierte Sport stellt ein Teilsystem der modernen Gesellschaft dar, das durch Interdependenz und Autonomie gekennzeichnet ist.

Politik, Wirtschaft und aus dem Rechtssystem. Zum anderen müssen die Sportorganisationen für ihre Sportart und ihre Mitglieder ähnliche Aufgaben erfüllen wie die Gesellschaft für den allgemeinen sozialen Umgang miteinander. Der erste Aspekt führt zu zahlreichen Verbindungen und Austauschprozessen mit vielen gesellschaftlichen Bereichen, während der zweite Punkt eine stärkere Autonomiebestrebung und -notwendigkeit nach sich zieht. Es handelt sich also gewissermaßen um entgegen gesetzte Phänomene.

Am Beispiel der Sportvereine kann die Abhängigkeit der Sportorganisationen von gesellschaftlichen Leistungen gezeigt werden. Ohne die im Grundgesetz festgeschriebene Vereinigungsfreiheit und die im Bürgerlichen Gesetzbuch geregelte Form des Zusammenschlusses in Vereinen könnte ein Sportverein als juristische Person gar nicht existieren. Die rechtlichen Regulierungen des Staates sind also eine Grundbedingung der Existenz eines privaten vereins- und verbandsorganisierten Sports. Des Weiteren sind politische Entscheidungen von hoher Bedeutung. Insbesondere auf kommunaler Ebene sind Entscheidungen über den Bau von Sportanlagen, Verkehrswegen und Flächennutzungspläne für die Möglichkeit der Sportvereinsaktivität bedeutend. Die Wirtschaft zahlt den Vereinen nicht nur Geld über Sponsoring – für das sie eine Gegenleistung erwarten – oder zahlt uneigennützig in Form von Mäzenatentum. Die im Arbeitsleben verdienten Löhne und Gehälter der Ehrenamtlichen und Freiwilligen ermöglichen durch den damit gesicherten Lebensunterhalt erst die unbezahlte Tätigkeit innerhalb der Vereine.

Den Familien kommt eine besondere Bedeutung für die primäre Bewegungssozialisation zu, die über die weitere allgemeinmotorische und sportliche Entwicklung der Athleten in den Vereinen mitentscheidet. Die Schulen stellen einerseits mögliche Kooperationspartner dar und andererseits ist das Bildungssystem (insbesondere in Kindergarten und Vorschule) für die bewegungsbezogene Vorbildung zuständig, die die Basis für den Übungs- und Trainingsbetrieb der Vereine bildet. Aus der Wissenschaft beziehen die Vereine neues Wissen und Trainingsmethoden. Ein funktionierendes Gesundheitssystem ist eine wichtige Bedingung, um verletzungshäufige Sportarten trotz ihres Risikos auszuüben. Auf die Medien sind die Vereine angewiesen, da sie durch die Übertragung von Sportwettkämpfen die Attraktivität der jeweiligen Sportart fördern. Sie vermitteln allerdings unter Umständen ein Sportbild, das den Vereinen eher schadet, wenn Doping, Gewalt und Korruption in den Mittelpunkt der Berichterstattung gerückt werden.

Auf der anderen Seite beinhaltet die rechtlich garantierte Autonomie der Sportorganisationen, dass weder der Staat noch andere Institutionen in die inneren Angelegenheiten des Sports eingreifen. Dies ermöglicht, dass jede Sportart ihre Angelegenheiten in einem eigenen politischen System – bestehend aus Generalversammlungen, Vorständen und Ämtern – regelt. Diese Regeln werden durch ein internes Rechtssystem kontrolliert und Verstöße gegebenenfalls bestraft. Sportgerichte, Kontrollausschüsse und Schiedsrichter erfüllen diese Aufgaben.

Die Ausbildung und das Training der Athleten bereiten auf den Wettkampf vor und können daher als das Erziehungssystem des Sports bezeichnet werden. Gerät ein Athlet in Not oder braucht er besondere Förderung, so helfen die Stiftung Deutsche Sporthilfe und andere Stiftungen, wodurch sie dieselbe Funktion ausüben, wie die Soziale Hilfe in der Gesamtgesellschaft. Die sportbezogenen Neuigkeiten werden in eigenen Medien (Vereinszeitschriften, Internetauftritte) verbreitet. Diese wenigen Beispiele mögen genügen, um zu zeigen, dass innerhalb des organisierten Sports gesellschaftliche Funktionen erfüllt werden müssen und dieses durch interne Strukturen erfolgt, die große Ähnlichkeiten mit den Einrichtungen auf der Ebene der Gesamtgesellschaft haben. Auch deshalb wird der Sport als Metapher für die Gesellschaft verwendet und die Überzeugung geäußert, dass man im Sport für das Leben in der Gesellschaft lernen kann.

Aufgabe 70

Recherchieren Sie im aktuellen Sportbericht der Bundesregierung (download unter www.bmi.bund.de) die Grundsätze staatlicher Sportpolitik und die aktuellen sportbezogenen politischen Maßnahmen.

Stiftung Deutsche Sporthilfe

Die **Stiftung Deutsche Sporthilfe** dient dem Zweck, Sportlerinnen und Sportlern, die sich auf sportliche Spitzenleistungen vorbereiten, diese erbringen oder erbracht haben, einen Ausgleich zu bieten für ihre Inanspruchnahme durch die Gesellschaft bei internationalen Meisterschaften und bei der nationalen Repräsentation als Athleten. Sie fördert Athleten ideell und materiell. Die Stiftung hilft die sportliche Leistungsfähigkeit voll zu entfalten, unterstützt eine den besonderen Umständen entsprechende schulische sowie berufliche Aus- und Weiterbildung und lindert sportbedingte soziale Härten. Die Unterstützung erfolgt in verschiedenen Förderstufen und wird individuell auf den Athleten zugeschnitten. Im Jahr 2006 wurden 3800 Athleten durch die Zahlung von 12 Mio. Euro gefördert. Als Finanzierungsgrundlage erhält die Stiftung Deutsche Sporthilfe Zuschlagserlöse der Sportbriefmarken und einen Teil der staatlichen Lotterieerlöse (Glücksspirale) (GEBAUER u.a. 1999, 295 ff.).

Zur vertiefenden Weiterarbeit empfohlen:

BRETTSCHNEIDER, W.-D. / KLEINE, T.: Jugendarbeit in Sportvereinen. Anspruch und Wirklichkeit. Schorndorf 2002.

EMRICH, E. / PITSCH, W. / PAPATHANASSIOU, V.: Die Sportvereine. Ein Versuch auf empirischer Grundlage. Schorndorf 2001.

DIECKERT, J. / WOPP, C. (Hrsg.): Handbuch Freizeitsport. Schorndorf 2002.

NAGEL, S.: Sportvereine im Wandel. Akteurstheoretische Analysen zur Entwicklung von Sportvereinen. Schorndorf 2006.

Literaturverzeichnis:

BAUR, J. / BRAUN, S.: Integrationsleistungen von Sportvereinen als Freiwilligenorganisationen. Aachen 2003.

BRANDMAIER, S. / SCHIMANY, P.: Die Kommerzialisierung des Sports. Vermarktungsprozesse im Fussball-Profisport. Münster 1998.

BURRMANN, U. (Hrsg.): Sport im Kontext von Freizeitengagements Jugendlicher. Aus dem Brandenburgischen Längsschnitt 1998–2002. Köln 2005.

DEUTSCHER OLYMPISCHER SPORTBUND (DOSB): Bestandserhebung 2006. o.O. 2006a.

DEUTSCHER OLYMPISCHER SPORTBUND (DOSB): Satzung des deutschen Olympischen Sportbundes (zuletzt geändert am 9. 12. 2006). o.O. 2006b.

DIETRICH, K. / HEINEMANN, K. / SCHUBERT, M.: Kommerzielle Sportanbieter. Schorndorf 1990.

GEBAUER, G. / BRAUN, S. / SUAUD, C. / FAURE, J.-M.: Die soziale Umwelt von Spitzensportlern. Ein Vergleich des Spitzensports in Deutschland und Frankreich. Schorndorf 1999.

HEINEMANN, K. / SCHUBERT, M.: Der Sportverein. Ergebnisse einer repräsentativen Studie. Schorndorf 1994.

NAGEL, M.: Soziale Ungleichheiten im Sport. Aachen 2003.

SCHULZE, B.: Sportverbände ohne Markt und Staat. Münster 2002.

SCHULZE, B.: Sportarten als soziale Systeme. Münster 2005.

VOLKAMER, M.: Von der Last mit der Lust im Schulsport. Schorndorf 1987.

WOPP, C.: Selbstorganisiertes Sporttreiben. In: DIECKERT, J. / WOPP, C. (Hrsg.): Handbuch Freizeitsport. Schorndorf 2002, 175–184.

Sport und Wirtschaft

Zur Organisierbarkeit von Bewegungsbedürfnissen

Macht es bereits für die Organisierbarkeit des Sportangebotes erhebliche Unterschiede je nachdem, ob es sich um eine verpflichtende Teilnahme (in der Schule) oder um ein Freizeitangebot handelt, so gibt es in ähnlicher Weise Unterschiede zu berücksichtigen je nachdem, um welche Sportart es sich handelt, auf welchem Qualifikationsniveau, in welchem Alter oder mit welchen Zielen sie betrieben wird.

Eine ausführliche Auseinandersetzung mit der Organisierbarkeit des Sports bietet das Kapitel „Die Organisation des Sports".

Daraus ergeben sich wesentliche Fragen zum **Sportkonsum** der Bevölkerung in Deutschland. Will man also wissen, was an „Sport" – in einem erweiterten Verständnis – nachgefragt wird, dann kann man unterschiedliche Kategorien bilden.

Sport könnte demnach bedeuten,
- Sportarten aktiv zu betreiben,
- Sportarten als Zuschauer zu verfolgen,
- Sportartikel zu erwerben.

In Deutschland bilden die Sportvereine die traditionelle Basis für systematisches und regelgeleitetes Sporttreiben und kann als Sportselbstorganisation verstanden werden, da vom Ansatz her die Mitglieder prinzipiell selbst für die Organisation verantwortlich sind (private sector). Die staatliche Förderung ist dem Subsidiaritätsprinzip verpflichtet und unterstützt dann, wenn die Eigenleistungen der Sportbewegung für ein wünschenswertes Ziel nicht ausreichen (public sector). Die Bedürfnisse der Bevölkerung nach Sport haben zahlreiche Sportmärkte entstehen lassen (profit sector). Alle drei Sektoren bilden gemeinsam die **Sportbranche** (siehe Abb. 31), die nach einer Prognose für das Jahr 2008 einen Umsatz in Höhe von 33,65 Milliarden Euro (umgerechnet) tätigen soll (Meyer / Ahlert 2000, 175).

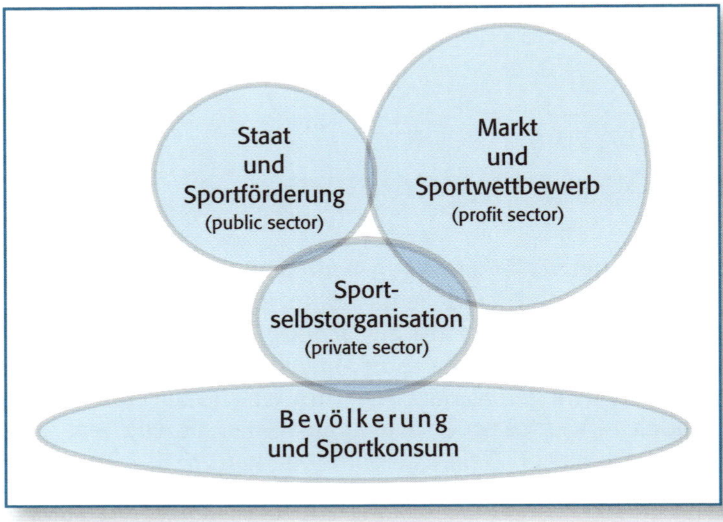

Abb. 31: Drei Sportsektoren bilden die Sportbranche.

Fasst man die jeweiligen Begriffe **„Sport" treiben, zuschauen** bzw. **erwerben** entsprechend weit, so werden in einem Haushalt unterschiedliche Entscheidungen getroffen, die Grundlage für verschiedenartige Muster des Sportkonsums sind. Zunächst ist es der Zeitfaktor, der begrenzt ist, „Sport" in den genannten Zusammenhängen im Alltag unterzubringen: Sport ist zumeist in das Freizeitbudget eines Haushalts eingebunden. Neben Zeit ist es natürlich auch das Haushaltseinkommen, das ein limitierender Faktor ist: Sport treiben, zuschauen bzw. sich mit Sportartikel auszustatten kostet Geld. Zudem hängt vieles von den Interessen der Haushaltsmitglieder ab: Ein Schulpflichtiger hat Schulsport mit allen sich daraus ergebenden Konsequenzen, was die Auseinandersetzung mit Sportarten bzw. Beschaffung von Sportbekleidung usw. anbelangt. Kurz: Es gibt somit verbindliche Prioritäten und interessengeleitete Präferenzen, ob Sportkonsum stattfindet oder etwas anderes.

Theoretisch kann es so ausgedrückt werden: „Alle Menschen stehen vor abzuwägenden Alternativen". Zugleich ist damit ein Vergleich bzw. ein Verzicht mit anderen Zielen verbunden („Opportunitätskosten"): „Die Kosten eines Gutes bestehen aus dem, was man für den Erwerb eines Gutes aufgibt" (Mankiw 1999, 4ff.). Sport wird einerseits jedoch vor allem dann diesen anderen Tätigkeiten vorgezogen, „wenn der Grenznutzen die Grenzkosten übersteigt": „Rational entscheidende Leute denken in Grenzbegriffen". Andererseits gilt aber auch: „Die Menschen reagieren auf Anreize" (Mankiw 1999, 7). Sportangebote mit einem hohen Aufforderungscharakter, sich selbst in Sportarten zu betätigen oder anderen Sportlerinnen und Sportlern zuzuschauen, kann durchaus dazu führen, tatsächlich wichtigere Angelegenheiten (z.B. für Schule oder Studium zu lernen) zurückzustellen. Das „Gesundheitsversprechen" kann ebenso ein wichtiges Motiv darstellen, wie der Spaß- und/oder Unterhaltungsfaktor.

Neben diesen Regeln individuellen Entscheidungsverhaltens diskutiert Mankiw (1999) zwei weitere Bereiche: den der Interaktionen sowie gesamtwirtschaftliche Regeln, die auch unseren Sportkonsum erklären können. Wenn „Regel Nr. 5: Durch Handel kann es jedem besser gehen" lautet, dann, weil er allen ermöglicht, „sich auf das zu spezialisieren, was sie am besten können ... (und) eine größere Vielfalt an Waren und Dienstleistungen zu niedrigeren Preisen (zu) erwerben" (Mankiw 1999, 9f). Obwohl Mankiw (1999, 10) ausführt, der „Handel ... ist nicht mit einem sportlichen Wettkampf zu vergleichen, bei dem eine Seite gewinnt und die andere verliert", beruht er doch auf Gegenseitigkeit – Kooperation und Konkurrenz – wie das Sportgeschehen auch. „Märkte sind gewöhnlich gut für die Organisation des Wirtschaftslebens" (Mankiw 1999, 10f). Diese Regel wird nämlich begründet mit der „höchst bedeutsamen Aussage: Haushalte und Unternehmungen wirken auf Märkten zusammen, als ob sie von einer ‚unsichtbaren Hand' zu guten Marktergebnissen geführt würden". Diese auf Adam Smith zurück geführte Formulierung hebt auf die Bedeutung von Preisen ab: „Die Preise spiegeln beides: den gesellschaftlichen Wert eines Gutes und die sozialen Kosten der Produktion. Weil Unternehmungen und Haushalte bei ihren Kauf- und Verkaufsentscheidungen auf die Preise sehen, berücksichtigen sie bei ihren Entscheidungen unbewusst soziale Nutzen und Kosten ihrer Aktivitäten".

Zwar bringt die „unsichtbare Hand" Märkte gewöhnlich dazu „die Ressourcen effizient zu verteilen" – doch nicht immer. Dies drückt Regel Nr. 7 aus: „Regierungen können manchmal die Marktergebnisse verbessern“ (Mankiw 1999, 11f). „Marktmacht“ (zum Beispiel in Form eines Monopols), „Marktversagen“ (zum Beispiel, wenn es dem Markt allein nicht gelingt, die Ressourcen effizient zu verteilen) und „Externalitäten“ (zum Beispiel, wenn Wirkungen [Beeinträchtigungen] Unbeteiligte behindern) sind Beispiele für politische Steuerungsmaßnahmen.

Auch an dieser Stelle hält Mankiw ein Beispiel aus dem Sport bereit: „Der weltbeste Basketballspieler verdient mehr …, weil die Menschen mehr bezahlen, um den Basketballspieler zu sehen. Die unsichtbare Hand garantiert nicht, dass jedermann genug zu essen, Kleidung und die notwendige ärztliche Betreuung hat“.

Der Sport als Markt: Produktion – Kooperation – Konsumtion

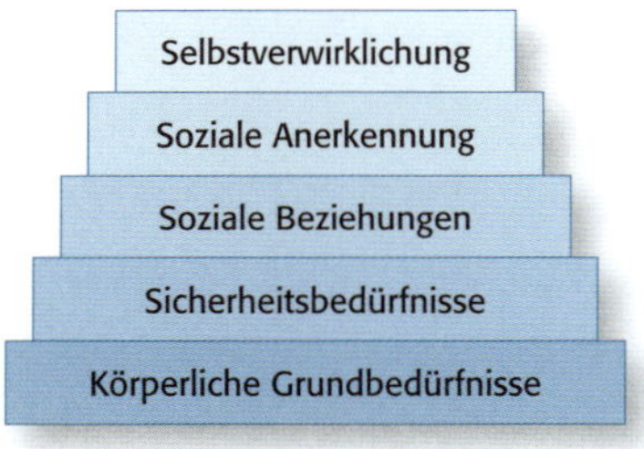

Abb. 32: Die Maslowsche Bedürfnispyramide (eigentlich: Bedürfnishierarchie) beruht auf einem vom US-amerikanischen Psychologen Abraham Maslow 1943 veröffentlichten Modell, um Motivationen von Menschen zu beschreiben. Die menschlichen Bedürfnisse bilden die „Stufen“ der Pyramide und bauen dieser eindimensionalen Theorie gemäß aufeinander auf.

Produktion

Will man aus der klassischen Ökonomie die Produktionsfaktoren für die Sportwirtschaft anwenden, dann handelt es sich um „Arbeit, Boden und Kapital“. Haushalte sind die Anbieter von Arbeit und zugleich Nachfrager der von Unternehmungen hergestellten Güter. Dass diese Beziehungen nicht vollständig auf Sportmärkte übertragbar sind, machen die Besonderheiten der Sportangebote und -nachfrage deutlich. Neben der im Zentrum stehenden Erwerbstätigkeit besteht im Erwachsenenalter die Möglichkeit, bei vorliegenden Interessen sportlichen Betätigungen in der Freizeit nachzugehen. In den allermeisten Fällen kosten sie jedoch Zeit und Geld. Deshalb sind nach der Bedürfnispyramide von Maslow die Selbstverwirklichungsprozesse erst möglich, wenn die Grundbedürfnisse befriedigt sind (siehe Abb. 32).

Sportliche Aktivitäten werden in Deutschland in großem Ausmaß in der Form der Selbstorganisation durchgeführt. Damit sind die **Selbstorganisationsformen in Sportvereinen** gemeint. Sport treiben und Sport organisieren zählen zu den wesentlichen Säulen dieser Selbstorganisation. Der Sportverein ist somit eine Freiwilligeneinrichtung, in die alle Mitglieder eines Haushalts eintreten können und die nur so vital ist, wie ihre Mitglieder aktiv sind. Zu der aktiven Form des Sporttreibens kommt die administrative Form des Sportorganisierens. Auf der Basis des freiwilligen Zusammenschlusses vollzieht sich das freiwillige Engagement der Mitglieder zum Beispiel im Ehrenamt. Hierfür sind Funktionen ausdifferenziert, die notwendig sind, den Sportverein als juristische Person zu vertreten. Um diese freiwillige Sportorganisation mit Leben zu erfüllen, sind die entscheidenden Produktionsfaktoren die Menschen als Mitglieder und Mitarbeiter. Dies verdeutlicht eine Identität, die der Begriff „prosument" vermutlich besser ausdrücken dürfte: Ein aktives Sportvereinsmitglied ist Produzent und Konsument seines Sports!

Da jedoch auch auf der Basis von Selbstorganisation für die Sportvereinsaktivitäten – intern und erst recht extern – Kosten anfallen, sind Einnahmen erforderlich. Mitgliederbeiträge bilden dafür als Selbstfinanzierung das unerlässliche Fundament. Schließlich sind für die Aktivitäten „Räume" erforderlich, die Gewähr für regelgeleitete Veranstaltungen bieten. Sportstätten in vielfältigster Form sind dafür errichtet worden – nicht selten in Eigenleistung. Da die Freiwilligenorganisation Sportverein keine Überschüsse oder Gewinne erzielen muss, sind in dieser Solidargemeinschaft auch keine individuellen Gewinnmitnahmen vorgesehen. Das führt in der generellen Betrachtung zu einer Übereinstimmung zwischen Haushalten und Unternehmungen im Sport-Non-profitsektor. „Arbeit, Boden und Kapital" werden als unentgeltliches Engagement und Ausgleich (neben bzw. von der Arbeit), als selbsterrichtete (oder zur Verfügung gestellte) Sportstätten genutzt und über Mitgliedsbeiträge selbst finanziert. Soweit eine idealisierende Grundform der Produktionsfaktoren.

Erkennbar werden im Hinblick auf die materielle Ausstattung von Sportvereinen sehr differenzierte Methoden zwischen solidarorientierter Innenfinanzierung nach Alter, Familie oder Sportart und der Außenfinanzierung, die regelmäßig ergänzt wird durch Zuschüsse von Sportverbänden bzw. öffentlichen Händen und Vermarktung der angebotenen Leistungen.

Zu Sportvereinen und -verbänden informiert der Kursbuchbeitrag „Die Organisation des Sports".

Mitgliedsbeitragsschlüssel je Monat

Grundbetrag Erwachsene: 6,00 €

Grundbeitrag Jugendliche: 3,00 €

Grundbetrag Familien: 13,00 €

Fördernde Mitglieder (passiv): 3,00 €

Abteilungsbeiträge
- Handball: 3,00 €
- Tanzen: 5,50 €
- Fitness-Studio: 20,00 €
- Fitness-Studio (Nichtmitglieder): 40,00 €

Abb. 33: TSG 1861 Oberursel als Beispiel für die Selbstfinanzierung im Sportverein (www.tsg-oberursel.de).

Aufgabe 71

Sammeln Sie vor dem Hintergrund von Abb. 33 weitere Beispiele für die Staffelung der Mitgliedsbeiträge in Sportvereinen und vergleichen Sie unter Berücksichtigung verschiedener Kriterien wie Vereinsgröße, Angebotsvielfalt, Einzugsbereich oder persönliche Situation des Mitglieds.

Kooperation

Aus dem bisherigen Sachverhalt geht zugleich hervor, dass die Sportselbstorganisation vor allem in Kooperation vorstellbar ist. Gibt es das Kriterium, dass mindestens sieben Mitglieder einen Sportverein gründen können (1. Form der Kooperation), so benötigen diese jedoch auch Gegner, wenn sie am Wettkampfgeschehen in einzelnen Sportarten und Sportveranstaltungen teilhaben wollen (2. Form der Kooperation). Nun könnten sich Gegner ja zufällig oder gezielt ausgewählt finden, was in den Gründerjahren in nahezu jeder Sportart vorherrschte, doch sind diese Wettkämpfe kaum aussagekräftig. Daher sind von den Sportvereinen Sportverbände errichtet worden, die – nach verbindlichen Regularien – die Wettkämpfe zu organisieren haben (3. Form der Kooperation). Auf dieser Basis sind in Deutschland so genannte Wettkampf-Pyramiden entstanden, die als Sport-Ligen, -Serien oder -Turniere durchgeführt werden.

I Ideeller Bereich	III Zweckbetrieb
II Vermögensverwaltung	IV Wirtschaftlicher Geschäftsbetrieb

Abb. 34: Tätigkeitsbereiche von Sportvereinen (nach SIGLOCH/KLIMMER 2003, 7).

Jeder in den Vereinsregistern der Amtsgerichte in Deutschland eingetragene Sportverein (also auch Sportverband) lässt sich in vier Tätigkeitsbereiche gliedern (siehe Abb. 34). Diese Zuordnung ist insofern bedeutsam, da mit der Anerkennung der Gemeinnützigkeit durch die Finanzämter zugleich Steuerbefreiungen bzw. Steuerreduzierungen verbunden sind.

Für die Anerkennung der **Gemeinnützigkeit** ist eine bestimmte Formulierung in den Satzungen wesentlich: Ein Sportverein „verfolgt ausschließlich und unmittelbar gemeinnützige Zwecke im Sinne der Abgabenordnung (Abschnitt ‚Steuerbegünstigte Zecke'). Er ist selbstlos tätig und verfolgt nicht in erster Linie eigenwirtschaftliche Zwecke. Die Mitglieder erhalten in dieser Eigenschaft keine Zuwendungen aus den Mitteln des Vereins. Mittel … dürfen nur für satzungsmäßige Zwecke verwendet werden" (hier nach der Satzung des DOSB).

Diese Aufschlüsselung erklärt außerdem, wie Sportvereine ihre professionellen Ziele verfolgen können – nämlich als wirtschaftliche Geschäftsbetriebe.

Konsumtion

Kommen wir zurück auf den Aspekt der Nachfrage, so sehen wir, dass Millionen von Menschen Mitglieder in Sportvereinen sind und viele unter ihnen zugleich Mitarbeiter. So sind zahlreiche Sportwettkampf-Märkte entstanden, die nach Sportart und Sportniveau unterschieden werden können. Sportkonsum wird hier keineswegs nur als passives Verhalten verstanden, sondern als Sport-Angebot und -Nachfrage auf Sport-Märkten. Viele Menschen sind Mitglieder und Mitarbeiter in Fußballvereinen und noch mehr fragen Fußball nach, wenn dieser den öffentlichen Raum erreicht hat. Das wiederum heißt hinsichtlich Fußball-Produkten, dass Fußball-Güter bis hin zu Fußballplätzen benötigt werden, mediale Fußball-Berichterstattung interessant ist und Fußball-Akteure zu öffentlichen Personen werden.

Tab. 6: Fußball-Wettkampf-Pyramide (für Männer) (Quelle: DFB-Homepage 2007). Ab der Saison 2008/2009 werden neue Ligenstrukturen unterhalb der zweiten Fußball-Bundesliga eingeführt.

Sport-verbände	Sportvereine/ Ligenbeteiligung	Fußballvereins-mitglieder/ Finanzierung
DFL	1. Fußball-Bundesliga 1 x 18	Beitrag zur Liga
DFL	2. Fußball-Bundesliga 1 x 18	
DFB	Fußball-Regional-Ligen 2 x 18	
Regional-Verbände	Fußball-Oberligen 9 x 18	Beitrag zum Verband
Landes-Verbände	Fußball-Landesligen 27 x 18	
Bezirks-Verbände	Bezirksligen 23 x 18	Beitrag zum Verband
Kreis-Verbände	Kreisligen 165 369 Mannschaften (männlich) 5 534 820 Mitgliedschaften (männlich)	Beitrag zum Verband 25 869 Vereine 175 926 Mannschaften 6 490 008 Mitgliedschaften

„Der Etat für Oberligamannschaften in Westfalen beispielsweise beträgt ... zwischen 100.000 und 400.000 Euro pro Spieljahr. ... Auch die materiellen Gratifikationen unterscheiden sich: im Durchschnitt pro Spieler in den Ober- und Verbandsligen 547 Euro, in den Kreisligen 67 Euro. ... Die Finanzierung erfolgt sehr gemischt: Sponsorenpools nur für die erste Mannschaft, Trainerverträge für Spieler der ersten (und) bei den Jugendmannschaften, Minijobs bei Sponsoren, Aufwandsentschädigungen für Autofahrten und dergleichen mehr" (JÜTTING 2007, 35).

Während von den Fußball-Bundesligen in der Saison 2006/2007 ein Umsatz von 1,52 Milliarden Euro erzielt wurde (DFL 2007, 26), sind Untersuchungen über die Fußball-Amateure, die ja die Grundlage der Fußball-Wettkampf-Pyramide sind, erstaunlich spärlich.

Die anderen Mannschaftssportarten haben es trotz ihrer sportlichen Erfolge nicht leicht im Schatten des übermächtigen Fußballs. Eine Zusammenstellung von Angebot und Nachfrage für Eishockey, Handball und Basketball macht auf interessante Unterschiede aufmerksam (siehe Tab. 7) (vgl. auch BÜCH/SCHELLHAASS 2005).

Tab. 7: Mannschafts-Sportarten nach Fußball (Männer) (Quelle: Frankfurter Rundschau 2006).

	Eishockey (DEL)	Handball (HBL)	Basketball (BBL)
Zuschauerdurchschnitt (pro Begegnung)	6100	4900	3500
Gesamt-Umsatz der Liga	75 Mio.	52 Mio.	39 Mio.
Jahresgehalt pro Spieler (Durchschnitt)	100000	120000	65000
TV-Erlös (pro Klub/Saison)	200000	50000	20000
TV-Sendezeiten (in einer Saison in Std.)	145	135	200

Marketing, Werbung, Sponsoring und Tourismus im Sport

Werbung mit Sportakteuren und Sportsymbolen ist heutzutage täglich präsent. Es gab jedoch auch eine Zeit, da wurde es „Schleichwerbung" genannt, wenn Unternehmen (insbesondere bei Fernsehübertragungen) im Rahmen von Sportveranstaltungen Werbebotschaften zeigten (vgl. LICHTENAUER 1987). Das Thema Marketing hat seit geraumer Zeit erhebliche Bedeutung für die Marktausrichtung zahlreicher Anbieter bekommen – auch im Sport! Es werden in der generellen Betrachtung dafür häufig vier klassische Merkmale herausgestellt:

- Product (Produktpolitik)
- Price (Preispolitik)
- Promotion (Kommunikationspolitik)
- Place (Distributionspolitik)

Diese Merkmale sind auch auf Sportorganisationen übertragen und weiter entwickelt worden (vgl. u. a. Dinkel 2002). Im modernen Verständnis ist der Marketingbegriff zum Oberbegriff für klassische Werbung („above the line“) und für Sponsoring („below the line“) geworden.

Sportmarketing

Das „moderne“ **Sportmarketing** hat – allen bedeutenden Vorläufern zum Trotz – als breite Entwicklung erst nach 1981 begonnen und dann einen unvergleichlichen Erfolgskurs genommen. Vorläufer waren neben Mark McCormack in den USA (IMG 1960) vor allem Bernie Ecclestone mit der Positionierung der Formel 1 und Günter Mast (mit der Jägermeister-Trikotwerbung 1973) sowie Horst Dassler von Adidas in Deutschland (ISL 1982). Natürlich haben auch in anderen Sportarten marketing-spezifische Überlegungen eingesetzt, doch insbesondere die Abschaffung des Amateurbegriffs und -prinzips in der Olympischen Charta 1981 hat in Sportarten, die in Olympischen Spielen beteiligt waren, erhebliche Veränderungen ausgelöst, die auch auf die Sportentwicklungen insgesamt ausstrahlten.

Aufgabe 72

Rekonstruieren Sie die Entwicklung des Sportmarketing in der 2. Hälfte des 20. Jahrhunderts. Literaturhinweis: Hermanns, K. / Riedmüller, F. 2001.

Hatte man sich insbesondere im zweigeteilten Deutschland (1949–1989) mit starren Prinzipien und Regelungen auseinandergesetzt und gegenseitig behindert, so ergaben sich nach 1981 und insbesondere nach dem Fall des „Eisernen Vorhangs“ (1989) neue Möglichkeiten. Zahlreiche in Deutschland gegründete Agenturen für Sportvermarktung sind folglich nach 1981 entstanden. Eine erste „Welle“ durch von Sportverbänden gegründete Sportmarketingagenturen fand statt. Die bekannteste ist vielleicht die Deutsche Sport-

Im Abschnitt „Die kopernikanische Wende des olympischen Sports“ des Kursbuchbeitrags „Olympische Spiele der Neuzeit“ wird dieser ökonomische Aspekt vertiefend behandelt.

marketing GmbH (gegründet 1986), die die Deutschlandrechte an den Olympischen Ringen vermarktet. Gegenwärtig verfügt nahezu jeder Sportverband über eigenständige Sportvermarktungsgesellschaften, die die besonderen Leistungen auf Sportmärkten anbieten, um die wirtschaftlichen Potenziale auszuschöpfen.

Sportsponsoring

Seit Jahren wird der Sponsoring-Markt regelmäßig untersucht. Die Größenordnungen sind in Abbildung 36 dargestellt. Aus den Entwicklungen des Sponsoring-Marktes ist ablesbar, dass insbesondere das Sport-Sponsoring den größten Anteil einnimmt und die Prognose für 2008 und 2009 mit etwa 2,7 Milliarden Euro positiv fortgeschrieben wird (Pilot 2007).

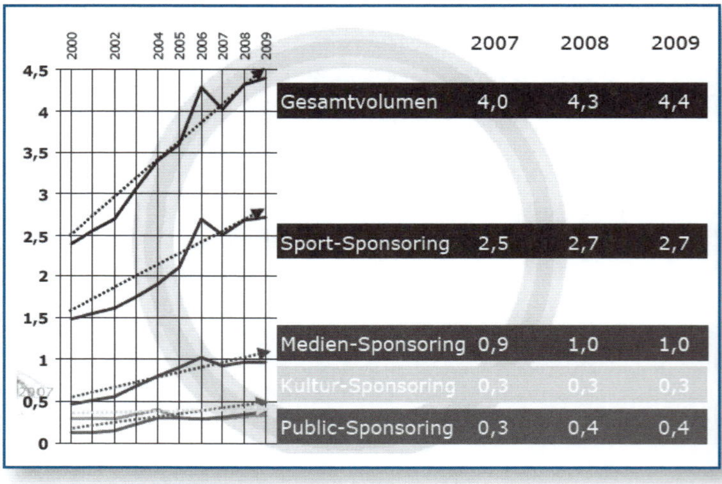

Abb. 36: Sponsoringvolumen in Deutschland seit 2002. Gerundete Durchschnittswerte in Mrd. Euro. Zielgruppe: Werbungtreibende/ Agenturen, Basis: Alle (Quelle: Pilot 2007).

Auf die Frage, was **Sportmarketingagenturen** im Einzelnen anbieten, sollen exemplarisch die Geschäftsbereiche von SPORTFIVE vorgestellt werden. „Neben den Kernkompetenzen in der Vermarktung von TV- und Marketingrechten

Beginn eines starken Stücks Fußballgeschichte: „Am 24. März 1973 laufen die Kicker von Eintracht Braunschweig erstmals mit dem Hubertushirschen auf der Brust gegen Schalke 04 auf. **Jägermeister begründete damit das Trikotsponsoring.** Trotz anfänglicher Irritationen beim DFB entwickelte sich eine der schillerndsten Episoden des Fußballs. Neben der Sicherung der sportlichen Zukunft von Eintracht Braunschweig gab es sehr viel Werbung für Jägermeister" (Quelle: Jägermeister-Homepage).

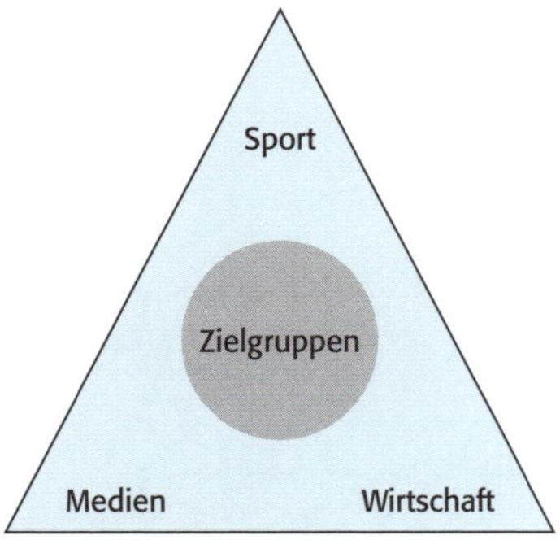

Abb. 35: „Magisches Dreieck" im Sportsponsoring (vereinfachte und auf Sport bezogene Darstellung nach Bruhn 1991, 29).

ist SPORTFIVE auch noch in weiteren Geschäftsfeldern tätig: Testimonials, Eventmanagement, Client Services, Stadion Consulting, New Media, Ticketing, Marktforschung" (vgl. MÜLLER VON VULTEJUS 2004, 92).

Die Sportvermarktung kann auch anderen Systematiken folgen. Ausgehend von Individuen bzw. Personen über Kollektive bzw. Organisationen bis hin zu immateriellen Werten kann das Sportmarketing-Management strukturiert werden:

- Sportlervermarktung (Testimonial)
- Teamvermarktung (Trikotsponsoring)
- Klubvermarktung (Logo, Ticketing)
- Liga-/Turniervermarktung (Titel-/Bandensponsoring)
- Verbandsvermarktung (Logo, Dienstleistungen)
- Nationalmannschaftsvermarktung (Ausrüstung, Trikotsponsoring, Ticketing, Dienstleistungen)
- Arena-/Stadionvermarktung (Titelsponsoring, Hospitality, Dienstleistungen)
- Fan-/Sportartikelvermarktung (Schuhe, Bekleidung, Schals, Busse ...)
- Veranstalter-/Ausrichtervermarktung (FIFA, DFB, Ticketing)
- Nationale/Internationale Vermarktung (national sponsoring, global sponsoring, Rechte, Lizenzen)
- Verhaltens-Vermarktung (FAIR GEHT VOR, karitative Partnerschaften, soziale, ethische, nachhaltige Kompetenzen)
- Gedächtnis-/Erinnerungs-Vermarktung („Devotionalien", Memorabilia, Auktionen)
- Sportrechte-Vermarktung (Übertragung, Lizenzen, Presenting).

Aufgabe 73

Recherchieren Sie im Internet zu anderen Sportmarketing-Agenturen und vergleichen Sie die verschiedenen Geschäftsbereiche.

Deutliche Hinweise auf die medialen Potenziale gibt es auch nach 1984, seit in Deutschland durch den „medialen Urknall" Fernsehanbieter als Medienunternehmen auftreten können. Zuvor waren Sportübertragungen durch das Duopol ARD und ZDF als öffentlich-rechtliche Rundfunkanstalten nicht selten in Verbindung mit „Schleichwerbung" verstanden worden. Das hing damit zusammen, dass Sportveranstaltungen mit großem Publikumsinteresse für Wirtschaftsunternehmen als Werbeplattformen immer interessanter wurden. Da die Rundfunkanstalten – zunächst – die Sportübertragungen sicherstellten, sahen sie in dem unübersehbaren Transport von Botschaften unzulässige Formen der Werbung.

Dieses Feld – und die damit verbundenen Einordnungen – hat sich ebenfalls grundsätzlich geändert. Gerade die Sportübertragungsrechte sind für Fernsehanbieter zu einem komplexen, jedoch auch kostspieligen Unterfangen geworden. Um mit dieser Materie differenziert umgehen zu können, sind auch Fernsehanbieter dazu übergegangen, mit speziellen **Sportrechte-Agenturen** zusammenzuarbeiten oder solche selbst auszugründen. Vor der Übernahme durch Lagardère 2006 gehörte SPORTFIVE zu Bertelsmann und akquirierte Sportrechte insbesondere für RTL. SPORTFIVE hatte in der UFA bzw. als UFA Sports begonnen, bevor die Agentur selbständig wurde. Das Beispiel zeigt, welche Dynamik im Sportrechtemarkt herrscht. Die insbesondere mit Preisspiralen verbundenen Risiken haben die ISL (also das von Horst Dassler gegründete Unternehmen), die 2001 infolge Konkurses vom Markt genommen wurde, die Kirch-Gruppe, ebenfalls in Konkurs gegangen, sowie die Kino- bzw. Sportwelt-Gruppe hautnah erfahren.

Von ARD und ZDF, eigentlich konkurrierende Fernsehanbieter mit dem breitesten Sportansatz, ist die Agentur SportA 1995 gegründet worden, die neben telegenen Sportarten auch den sog. „32er-TV-Vertrag" aushandelt. Darin sind Sportarten von 32 Sportverbänden zusammengefasst, die trotz hervorragender Erfolge medial nachrangig berücksichtigt werden. Der private Fernsehmarkt hat sich in die beiden Teile Free- und Pay-TV gespalten, die beide mit Sportübertragungen um ihre Kunden mit Marktanteilen und Reichweiten konkurrieren. So haben Fernsehunternehmen wie RTL, SAT1 oder TM3 immer wieder Übertragungsrechte erworben, um lukrative Re-Finanzierungen und höhere Marktanteile zu generieren. Auch PREMIERE hat von Beginn an Übertragungsrechte verschiedener massenmedialer Sportarten besessen. Durch ARENA war kurzzeitig ein zweiter Pay-TV-Kanal in Deutschland angetreten, der seinen Markteintritt ebenfalls mit Fußball-Übertragungsrechten verbessern wollte. Obwohl es in Deutschland darüber hinaus zwei Spartensender gibt, die sich auf Sportsendungen spezialisieren – das DSF und EUROSPORT –, ist es beiden (noch) nicht gelungen, den Vollsendern die wichtigsten Sportübertragungsrechte abzunehmen.

Inwieweit das **Internet** als neues Instrument der Sport-Live-Übertragungen neue Kanäle bereit stellt und eine Quelle für Einnahmen darstellt, wird von der Breitband-Entwicklung abhängen. In den USA ist dieser Anteil bereits geläufiger und demonstriert, dass auch in diesem System Sport ein wesentlicher content ist. Die revolutionäre Neuerung dieses Systems deutet zugleich darauf hin, dass jeder Sportanbieter seine eigenen Übertragungen realisieren kann und eine Verknappung (zumindest angebotsseitig) aufgehoben würde.

Auf der Basis eines einzelnen Konzeptes kann ein **Sponsoringmodell** für einen Klub zum Beispiel folgende Struktur einnehmen (MÜLLER VON VOLTEJUS 2004, 101):

1. Hauptsponsor:	Omnipräsenter Hauptsponsor
2. Ausrüster:	Ausrüster des Vereins für Kleidung und Schuhe
3. Exklusiv-Partner:	Sieben Co-Sponsoren
4. Partner:	Sieben Sponsoren
5. Supplier:	Sechs Sponsoren
6. Hospitality:	ca. 450 Unternehmen

Abb. 37: Sponsoringmodell des Hamburger Sportvereins e.V.

Aufgabe 74

Recherchieren Sie die Sponsoringmodelle anderer Großvereine. Welche Gemeinsamkeiten und Unterschiede treten hinsichtlich der Sportvermarktung auf?

Gerade auch die Möglichkeit der Vergabe von so genannten „naming rights" für Sportstadien bzw. Sportarenen (vom Volkspark-Stadion zur AOL-Arena) hat bspw. die wirtschaftliche Entwicklung des Hamburger Sport-Vereins erheblich verbessert. So kann der HSV (ohne ausgegliederte Fußball-Profigesellschaft) für das Geschäftsjahr 2006 / 2007 auf einen Umsatz von über 137 Millionen Euro mit einem Gewinn von rund sechs Millionen Euro zurückblicken. Er hatte damit hinter dem FC Bayern München den zweitgrößten Umsatz, der in seiner FC Bayern München Fußball-Aktiengesellschaft einen Umsatz von 225,8 Millionen Euro und einen Gewinn in Höhe von 18,9 Millionen Euro verzeichnete.

Auf der Basis optimierter Sportverantwortlichkeiten interessieren sich immer mehr Unternehmen, direkt Einfluss zu nehmen. Dabei geht es auch um „sponsownerships" – ein Begriff, den IMG verwendet. Die einfache Überlegung dabei ist die Abwägung der hohen Sportrechte-Kosten gegenüber der Initiierung eines eigenen Sportevents. Ein gutes Beispiel dieser Entwicklung ist die „JP Morgan Chase Corporate

Challenge", die – von einer Bank veranstaltet – sich in Deutschland zur teilnahmestärksten Sportveranstaltung entwickelt hat. Die Idee, nur Mitarbeiter von Unternehmen zuzulassen, hat nicht nur Mitarbeiter und Unternehmen überzeugt, sondern auch vielfach Nachahmer gefunden (siehe u.a. den BASF-Firmen-Cup in der Rhein-Neckar-Metropolregion).

Eine weitere Variante ist die Übernahme von Sportklubs. Insbesondere in Großbritannien kann am Beginn des 21. Jahrhunderts festgestellt werden, welche hohe Attraktivität Fußball der Premier League im In- und Ausland genießt. Haben schon früher gelegentlich Interessenten Fußballunternehmen „gekauft" (zum Beispiel Elton John, der zwischen 1977 und 2002 Eigentümer des FC Watford war), so ist neuerdings eine Lawine über den Erstliga-Fußball in Großbritannien hereingebrochen. Unternehmer aus aller Welt (von Abramowitsch aus Russland bei Chelsea in London bis Glazer aus den USA bei Manchester United) übernehmen die Mehrheit und somit Kontrolle der Fußballunternehmen. Es wird sich zeigen, welche Auswirkungen diese Entwicklung bei den Spielern, Mitgliedern/Aktionären oder Zuschauern hinterlässt. In Deutschland hat der Deutsche Fußball-Bund die so genannte 50 + 1-Regel beschlossen, wodurch die gemeinnützigen Fußballvereine ihre fußball-bezogenen Geschäftsfelder ausgliedern können, jedoch die Mehrheit behalten müssen. Allerdings befindet sich auch diese Regelung in der Diskussion.

1. Das Absatz-Marketing im Sport globalisiert.
2. Das Beschaffungs-Marketing im Sport globalisiert.
3. Das Marketing-Management globalisiert.
4. Globales Sport-Marketing nutzt Vernetzung.
5. Das globale Sport-Marketing gleicht sich immer mehr dem Business-Marketing an.
6. Das globale Sport-Marketing benötigt eine globale Sport-Moral (-Ethik).

Abb. 38: Thesen zu Perspektiven und zur Zukunft des globalen Sportmarketings (Trosien 2001, 663ff).

Während die kostenträchtigen Sportveranstaltungen kaum mehr in den Sportvereinen bzw. Sportverbänden direkt organisiert werden, allenfalls sind es Ausgliederungen von Sportvereinen/-verbänden, macht sich in einem weiteren Ausschnitt eine andere Art der Marktorientierung bzw. „Privatisierung" bemerkbar (vgl. Trosien 2003). Zahlreiche Sportveranstaltungen werden nicht vor dem Hintergrund gemeinnütziger Sportorganisationen durchgeführt, sondern als Wirtschaftsunternehmen. Diese Orientierung können wir feststellen beim Ironmen- und Ironwomen-Triathlon in Frankfurt/Main, aber auch bei dem Ligabetrieb der NFL in Form der NFLE zwischen 1991 und 2007. Beim Triathlon hat der Inhaber einer Sportmarketingagentur die entsprechende Lizenz ersteigert. Damit kann die Veranstaltung nicht nur offiziell den Titel „Ironman" tragen, sondern berechtigt sogar zu Qualifikationen für das Finale: den Ironman der World Triathlon Corporation auf Hawaii.

Die Internationalisierung („Globalisierung") macht sich auf diese Weise natürlich auch im Sport bemerkbar. Das hat zu ersten Ansätzen im globalen Sportmarketing geführt (siehe Abb. 10).

Im Anschluss an die Professionalisierung, Privatisierung und Eventisierung von Sportveranstaltungen ist es geradezu konsequent, dass zunehmend auch viele Sportstätten in Deutschland als profitable Betriebe gestaltet werden, wie beispielsweise bei Gerry Weber zu beobachten. Der Unternehmer für Textil- und Modeartikel hat ein („Gerry-Weber"-)Stadion in Halle (Westfalen) gebaut, in dem u. a. Rasen-Tennis-Turniere stattfinden.

Aufgabe 75

Diskutieren Sie die Einschätzung zur Vermarktung des Tennissports. Berücksichtigen Sie dabei auch das „Magische Dreieck" im Sportsponsoring (vgl. Abb. 35). Welche ethischen Grundsätze sollten für das „globale Sport-Marketing" gelten?

„Webers Firma profitiert von den Tennisgeschäften. Sie brachte eine sportive Kollektion namens ‚Court 1' heraus. ... Die Tennismacher wissen, dass für das Tennisgeschäft dieselben ökonomischen Gesetze gelten wie für ihr Hauptmetier: ‚Man muß ein Turnier verkaufen wie einen Markenartikel', sagt Klosterkemper, ‚wichtig sind unverwechselbare Qualität und klares Erscheinungsbild, egal, ob es um Tennis oder ein Waschmittel oder die drei Tenöre geht' " (Eichler 1998, 15).

Schaut man sich allerdings grundsätzlich die Anzahl und die Besitzverhältnisse aller **Sportstätten** in Deutschland an, so findet man noch immer die klassische Dreiteilung: In Abhängigkeit vom Typus einer Sportstätte werden große Anteile von den Kommunen bereit gehalten, große Anteile werden allerdings auch in Eigenverantwortung der Sportvereine errichtet und betrieben, während spezifische Märkte durchaus für kommerzielle Sportanlagen (Bowling- bzw. Fitness-Anlagen, aber auch Arenen sowie Sportstadien) entstanden sind (vgl. auch Zimmermann 2002, Vornholz 2005).

Da der größte Teil der staatlichen Ausgaben in den Bau und den Betrieb von Sportstätten fällt, ist an dieser Stelle zu ergänzen, dass Gemeinden, Länder und Bund 2002 insgesamt 3,9 Milliarden Euro für Sport ausgaben. Die Gemeinden werden hier zuerst genannt, da ihr Anteil daran 79,6 % einnimmt (3,1 Milliarden Euro), während auf die Länder 17,1 % (668 Millionen Euro) entfallen und der Bund mit 3,3 % (oder 127 Millionen Euro) an dieser Summe beteiligt ist.

Tab. 8: Anzahl und Verteilung der Sportstätten in Deutschland (nach Sportministerkonferenz 2003).

Sportstätten	Anzahl	Prozent
ungedeckte Sportanlagen	60 161	47,4 %
Sporthallen	35 409	27,9 %
Großsporthallen	408	0,3 %
Bäder	7 792	11,2 %
Tennisanlagen	14 192	11,2 %
Eishallen	186	0,1 %
Schießsportanlagen	8 814	6,9 %
Sportstätten gesamt	126 962	100,0 %

Sporttourismus

Damit kommen wir zu einem weiteren Aspekt des Sportbusiness. Längst nicht mehr national begrenzbar werden hier zwei global ausgerichtete Branchen zusammen geführt: die **Sportbranche mit der Tourismusbranche.** Der Wintersport hat in spezieller Weise einen Wintersport-Tourismus entwickelt; Wasser- oder Golfsport-Angebote sind ebenfalls weltweit ausgerichtet und haben zahlreiche neue Konsumenten entweder für Sportaktivitäten oder für Sportreisen gefunden. Selbst Wander-, Kletter- und Bergsteiger-Aktivitäten können in diesem Zusammenhang genannt werden. NIKE macht es mit zwei Werbeaussagen mehr als deutlich: „If you're not here to win, you're a tourist" (veröffentlicht anlässlich der Olympischen Spiele in Atlanta 1996) und „If you have a body, you're a sport man or woman" (vgl. auch Trosien / Dinkel 2001).

Das Zusammenwachsen von Sport mit anderen Lebensbereichen wird ebenfalls in neuen Wortschöpfungen deutlich: „Sportlifestyle" oder „Sportentertainment". Sie signalisieren nicht nur sprachlich eine anglophone Orientierung bzw. Herkunft, sondern geben auch zu erkennen, dass offensichtlich eine „mixture of creative industries" entsteht, die möglicherweise mit einer „Amerikanisierung" der deutschen Sportentwicklungen einhergeht.

Sporteinrichtungen mit wirtschaftlichen Zielen

Will man sich dem Thema Sportwirtschaft eingehender zuwenden, so kann nach den Akteuren gefragt werden, die Sport erwerbswirtschaftlich anbieten. Aus dem Bereich der **Produktion** kann zunächst der „Bundesverband der deutschen Sportartikelindustrie" als Prototyp genannt werden, aus dem Bereich des **Handels** der „Verband des Deutschen Sportfachhandels" und aus dem Bereich der **Dienstleistungen** der „Deutsche Sportstudio-Verband".

Der Dienstleistungsbereich in der Sportbranche ist jedoch wesentlich komplexer, sodass er ergänzt werden kann um den Aspekt Sport-Kommunikation, der hier an den Beispielen Fachverband für Sponsoring und Verband deutscher Sportjournalisten vorgestellt wird. Abschließend wird summarisch auf ein Thema eingegangen, welches zunehmend verdeutlicht, dass Arbeitnehmer-Interessen mehr und mehr gebündelt in die Sportbranchen-Diskussion eingebracht werden.

Aufgabe 76

Recherchieren Sie im Internet zu den Aufgabenstellungen und Zielsetzungen der Verbände und Gremien. Welche Unterschiede lassen sich aus ökonomischer Sicht ausmachen?

Tab. 9: Wichtige Dachorganisationen des deutschen Sportsystems (Auswahl 2008).

	Gründung	Webadresse
Dachverband der gemeinnützigen Sportbewegung		
Deutscher Olympischer Sportbund (DOSB e.V.)	2006	www.dosb.de
Dachverbände der deutschen Sportwirtschaft		
Bundesverband der Deutschen Sportartikel Industrie (BSI e.V.)	1910	www.bsi-ev.de
Beispiel für Wassersport: Bundesverband Wassersportwirtschaft (BVWW e.V.)	1961	www.bvww.org
Beispiel für Fitness: Deutscher Sportstudio Verband (DSSV e.V.)	1984	www.dssv.de
Beispiel für Sportstätten: Internationale Vereinigung Sport- und Freizeiteinrichtungen – Deutschland (IAKS e.V.)	1965	www.iaks.org
Beispiel für Sporthandel: Verband Deutscher Sportfachhandel (vds e.V.)	1910	www.vds-sportfachhandel.de
Gremien / Institutionen der staatlichen Sportförderung		
Sportministerkonferenz (SMK)	1986	www.sportministerkonferenz.de
Arbeitsgemeinschaft Deutscher Sportämter (ADS)	1949	www.ads-sportverwaltung.de

Aufgabe 77

Deutschland gilt als „Exportweltmeister"; warum jedoch ist in der Sportbranche der Sportimport höher als der Sportexport?

„Der Sortimentspolitik kommt deshalb höchste Bedeutung zu. ... Für die Festlegung des Sortiments und seines Umfanges muss der Einzelhändler erst einmal entscheiden, welchen Zielgruppen er seine Produkte verkaufen möchte. Und das bedeutet im Sportartikelhandel eine Entscheidung, welche Sportarten er mit welchen Warengruppen bedienen möchte. Da er nicht alle Sportartikel für alle Sportarten führen kann, muss er sich zwangsläufig auf bestimmte Zielgruppen (Menschen, die bestimmte Sportarten ausüben und dafür Bedarfe nach Sportartikeln und Dienstleistungen haben) konzentrieren" (Pfarr 1994, 218).

Aufgabe 78

Welche Sportvereine und Sportarten sind in Ihrer Region bekannt und populär? Ist der Sportfachhandel vor Ort auf diese Nachfrage eingestellt?

Sportproduktion und Sporthandel

Der Bundesverband der Sportartikelindustrie (BSI) wurde 1910 gegründet. Er vertritt heute rund 150 Unternehmen, die in einem weiteren Verständnis Sportartikel herstellen. Seit geraumer Zeit lässt sich ein grundlegender Wandel in der internationalen Verflechtung der Sportartikelproduktion beobachten: Deutschland ist vom Export- zu einem Importland für Sportartikel geworden! Der Außenhandel zeigt dies deutlich: Der Export soll bis vor 2000 auf 1,2 Milliarden DM gesunken, der Import auf 3,5 Milliarden DM gestiegen sein (vgl. Höhne 2000, 264).

Bei einer Betrachtung von Sporteinrichtungen, die wirtschaftliche Ziele verfolgen, sollte der Sportfachhandel nicht unberücksichtigt bleiben. Für die vielen vereinsgebundenen Sportarten, aber auch für die ungebundenen Freizeitsportler, ist der Sportfachhändler ein unentbehrlicher Partner vor Ort.

Für die Sportfachgeschäfte existieren zwei Arten von Zusammenschlüssen: Eine erste folgt den üblichen Erfordernissen der Interessenvertretung, um die sich der ebenfalls 1910 gegründete Verband Deutscher Sportfachhandel bemüht. Demgegenüber bestehen so genannte Verbundgruppen wie INTERSPORT oder Sport 2000, die die Einkäufe bei Herstellern von Sportartikeln zentral für ihre Sportfachhändler koordinieren.

Sportdienstleistungen

Sportstudios

Gilt der Sportverein traditionell als der Ort zur Ein- und Ausübung von Wettkämpfen, so versteht sich das Sportstudio dazu als eine wichtige Alternative. Auch wenn – oder gerade weil – das Sportstudio wirtschaftliche Ziele mit seinen Angeboten verfolgt, kann heute kein Zweifel mehr daran bestehen, dass derartige Einrichtungen den Bedürfnissen einer zunehmend breiteren Bevölkerungsnachfrage entgegenkommen.

Für das Jahr 2006 informierte der Deutsche Sportstudio Verband (DSSV) die Öffentlichkeit, dass 4,56 Millionen Fitness-Kunden auf 5 565 Fitness-Anlagen trainierten (die vermeintlichen Rückgänge – siehe Tab. 10 – werden damit erklärt, dass Sport- und Fitness-Studios unter 200 m² Größe nicht mehr in der Statistik auftauchen).

Tab. 10: Sportstudios in Deutschland (Quelle: Deutscher Sportstudio Verband).

Jahr	Anzahl Anlagen	Mitglieder pro Anlage	Mitglieder gesamt	Umsatz pro Anlage in €	Umsatz gesamt in €
1990	4100	415	1,70 Mio.	199526	0,82 Mrd.
1991	4500	400	1,80 Mio.	215877	0,97 Mrd.
1992	4750	421	2,00 Mio.	228194	1,08 Mrd.
1993	5000	540	2,70 Mio.	255645	1,28 Mrd.
1994	5300	604	3,20 Mio.	260467	1,38 Mrd.
1995	5400	612	3,30 Mio.	318136	1,72 Mrd.
1996	5500	620	3,41 Mio.	325365	1,79 Mrd.
1997	5700	625	3,56 Mio.	326439	1,86 Mrd.
1998	5900	659	3,89 Mio.	347504	2,05 Mrd.
1999	6100	672	4,27 Mio.	377946	2,31 Mrd.
2000	6500	706	4,59 Mio.	414376	2,69 Mrd.
2001	6550	823	5,39 Mio.	487952	3,20 Mrd.
2002	**6500**	**782**	**5,08 Mio.**	**486154**	**3,16 Mrd.**

Das Wort „Sportstudio“ ist ein Sammelbegriff für viele durchaus verschiedene Formen an Fitness-Center, Bodybuilding-Studios usw., welche auf betriebswirtschaftlicher Grundlage Sportprogramme oder Sportkurse anbieten, die sich Mitglieder (oder besser: Kunden), kaufen können. Der Leistungsvertrag sieht also im Unterschied zum Sportverein weder Mitbestimmung noch sonstiges (ehrenamtliches) Engagement der Kunden an der Programmpalette des Sportstudios vor. Geschlossen wird ein Nutzungsvertrag über eine bestimmte Zeitdauer, in der der Kunde unter fachlicher Betreuung an den Angeboten des Sportstudios partizipieren kann. Die betriebswirtschaftliche Kalkulation des Sportstudios muss auf ausreichenden Gewinn ausgerichtet werden, um dem Inhaber und seinen Angestellten den Lebensunterhalt zu sichern. Um ihre Angebote attraktiv gestalten zu können, benötigen die Sportstudios Atmosphäre und Animateure. Beides kostet Geld, wenn täglich ein umfassendes Programm bereitgestellt werden soll.

Aufgabe 79

Besorgen Sie sich Informationen zu Sportvereinen und Sportstudios aus Ihrer Region. Stellen Sie Zielsetzungen, Programme und Organisationsstrukturen der Sportanbieter gegenüber, diskutieren Sie auftretende Unterschiede und Gemeinsamkeiten.

Auch die kommerziellen Sporteinrichtungen haben sich in Interessenverbänden zusammengeschlossen. Für die Sportstudios existiert der Deutsche Sportstudio Verband. Über ihn wird in einer Art Selbstkontrolle versucht, die Qualität und Sicherheit der Sportstudios zu verbessern und ihre Vorzüge in der Öffentlichkeit herauszustellen.

Sport und Agentur-Kommunikation

Über die Vielfalt der einzelnen Sportanbieter für unterschiedliche Sportdienstleistungen hinaus hat sich 1996 der Fachverband Sponsoring (FASPO) gebildet, um gemeinsame Anliegen zu vertreten und Akzente zu setzen. Gerade für das Sportsponsoring sind zahlreiche Stellungnahmen und Studien entstanden, wobei als Besonderheit zu betrachten ist, dass sich Sportsponsoring anbietende und nachfragende Akteure in diesem Verband treffen (vgl. Reichstein 2005).

Sport und Journalismus

Von der internen Mitgliederinformation eines Sportvereins bis hin zur modernen „Homepage" im Internet – überall und zu jeder Zeit wird über Sport berichtet. Schriftwarte im Verein und – in größeren Sportorganisationen – ausgewiesene Kommunikationsabteilungen sorgen dafür, dass Informationen über Sport vorhanden sind. Die hohe Aufmerksamkeit der Bevölkerung auf der anderen Seite an sportlichen Aktivitäten wie an Wettkämpfen hat dazu geführt, dass Jahr für Jahr der Umfang der **Sportberichterstattung** in allen Medien ausgeweitet wurde. Die Auflagenhöhen von Printmedien bzw. die Einschaltquoten der AV-Medien werden von sportlichen Highlights regelmäßig positiv beeinflusst. Hatten Sportereignisse vor dem Medien-„Urknall" 1984 in Deutschland häufig Schwierigkeiten, von Journalisten und Medieninstitutionen wahrgenommen zu werden, so werden Sportveranstaltungen heute mit hohem Aufwand in Szene gesetzt und gekonnt aufbereitet, so dass nicht selten eine neue, „mediale Wirklichkeit" entsteht, die für den Zuschauer am Ort des Geschehens nicht existiert (vgl. Trosien / Dinkel 1999).

Keine Tageszeitung verzichtet heute auf Berichterstattung über Sport; insbesondere am Montag ist der Umfang überproportional hoch. Wochenzeitungen oder monatlich erscheinende Zeitschriften versuchen ebenso, mit Hintergrundinformationen über Sport und seine Akteure aufzuwarten und Leser zu binden. Ein spezifischer Markt besteht auch für Printmedien, die sich ausschließlich und kommerziell auf die vielen Erscheinungsformen von Sport konzentrieren (z.B. Sportmagazin „KICKER").

Die AV-Medien Hörfunk und Fernsehen haben ihre festen Sendezeiten, in denen Sport die Hauptrolle spielt. Über die nicht ausgewogene Berichterstattung von Spitzen- im Vergleich zu Breitensportveranstaltungen wird häufig diskutiert. Aber auch die spitzensportlichen Ereignisse der verschiedenen Sportarten sind keineswegs (wie von den betroffenen Sportvereinen gefordert) „gerecht" präsent. Volkssport Nr. 1 „Fußball" ist insbesondere von den öffentlich-rechtlichen und den kommerziellen Fernsehanstalten heftig umworben, so dass die Senderechte immer teurer werden. Langfristige Verträge zwischen den Anbietern, den Sportverbänden, die ihre Rechte zunehmend an Makler abtreten, die diese gewinnbringend auf dem Medienmarkt anbieten, und den Nachfragern, den darum konkurrierenden Fernsehanstalten, bringen für alle Beteiligten auf längere Sicht Klarheit über die jeweiligen Einnahmen oder Kosten.

Hatten die TV-Medien ARD und ZDF früher den DSB im Rahmen eines so genannten „Globalvertrages" als alleinigen Partner für eine übergroße Mehrheit von Sportverbänden, so verhandeln diese im Rahmen eines „32er-TV-Vertrages" selbstständig, jedoch weiterhin gemeinsam über den Verkauf ihrer Rechte. Nach der Sportart Fußball zahlen die TV-Anstalten vor allem für Formel 1, Boxen und Golf hohe Gebühren für die jeweiligen Rechte, in abnehmender Reihenfolge noch für Reiten, Tanzen, Tennis und Leichtathletik. Natürlich werden die Rechte der anderen Sportarten von den Medien ebenfalls abgegolten (und zwar höher als noch zu Zeiten des Globalvertrages), doch die Steigerungsraten halten mit denen der „telegenen" Sportarten nicht annähernd Schritt. Demgegenüber gab es Versuche von Sportverbänden, ihre Spitzenprodukte dadurch medial zu transportieren, dass sie für die Übertragungen selbst bezahlt haben (z.B. Tischtennis).

Aufgabe 80

Sammeln Sie die Sportberichterstattung aus Tages- und Wochenzeitungen, vergleichen Sie die Berichterstattung unter verschiedenen Gesichtspunkten wie vertretene Sportarten, Art der Berichte und Bilder.

Heute erscheinen zahlreiche Zeitschriften und Magazine zum Sport. Besorgen Sie sich verschiedene Fachmagazine und analysieren Sie die Aufmachung auch unter sportökonomischen Aspekten.

Siehe auch den Beitrag „Sport in den Massenmedien" in diesem Kursbuch.

Wer bezahlt nun für die Möglichkeit, auf allen Kanälen zu beliebiger Zeit Sportsendungen zur Verfügung zu haben? Die jüngsten Neuerungen machen auch hier ein weithin bekanntes Zauberwort aus: Das „Sponsoring". Nachdem bislang Sportveranstaltungen und Sportvereine, Sportverbände und deren Akteure direkt vom Sponsoring profitierten, dürfen dies die TV-Sender ebenfalls (auch die öffentlich-rechtlichen Fernsehanstalten). ARD und ZDF nutzen neue Formen der Präsentation durch Unternehmen für die Übertragungen der Olympischen Spiele oder vieler Weltmeisterschaften. ARD und ZDF nehmen aus Rundfunkgebühren jährlich über sieben Milliarden Euro ein und aus Werbung zusätzlich 177 Millionen Euro (ARD) und 125 Millionen Euro (ZDF). Während die kommerziellen TV-Unternehmen RTL oder SAT 1 ihre Sportübertragungen häufig unterbrechen, um in diesen sehintensiven Zeiten Werbeblöcke abzusetzen („um ein wenig Geld zu verdienen", wie Sprecher beiläufig vorausschicken), ist es nun möglich, gesamte Sportübertragungen mit Sponsoren – sprich Firmennamen zu verbinden. Die beiden Sportspartensender Eurosport und das Deutsche SportFernsehen (DSF) stellen auf diese Weise ihr Programm zusammen. Alle deutschen Privatsender erwirtschafteten 2006 Netto-Werbeeinnahmen in Höhe von 3,81 Milliarden Euro.

Aufgabe 81

> Zeichnen Sie verschiedene Sportübertragungen auf (z.B. Wintersport, Handball, Turniere) und analysieren Sie die Beiträge auf Werbebotschaften und Sponsoren (u. a. Bandenwerbung, Trikotwerbung, Sportausrüstung).

Nach den üblichen Formen, wie bspw. dem product placement, wobei Unternehmen dafür bezahlen, dass ihre Produkte in TV-Sportsendungen deutlich sichtbar werden, ist das TV-Sponsoring eine neue Möglichkeit, außerhalb der klassischen Werbespots auf sich aufmerksam zu machen. Für die TV-Anstalten bedeutet dies vor allem, von den immer teurer werdenden Sportrechten über Re-Finanzierungen durch Wirtschaftsunternehmen entlastet zu werden. Das Fernsehunternehmen versteht sich dabei nicht selten als Mittler zwischen „Presenter" und Sportereignis. Es steht bereits die Frage nach der Unabhängigkeit der TV-Anstalt von Mitsprache- oder Gestaltungswünschen des Sponsors im Raum.

Eine davon abweichende Strategie verfolgen die so genannten Pay-TV-Anbieter. Premiere, selbst ein Zusammenschluss früherer Konkurrenten, bietet Sport in seinen Übertragungen „werbefrei" an – gegenüber dem so genannten Free-TV natürlich auf der Basis einer Monatsgebühr. Die „Überlebensfähigkeit" im Pay-TV-Sektor hängt in nicht geringem Maße von dem Recht auf Fußball-Übertragungen ab – ein weiterer Indikator für die Bedeutung von Sport in den Medien! Neuerdings kommt eine weitere Mediengattung hinzu: das Internet. Das Internet-Fernsehen ist dabei, dynamische Veränderungen in der Medienbranche auszulösen – Sport spielt auch dabei eine wichtige Rolle.

Auch unter den Sportjournalisten ist eine eigenständige Personenvereinigung entstanden, der Verband Deutscher Sportjournalisten (VDS). Während der nationale Verband nicht Mitglied des Deutschen Olympischen Sportbundes ist, gehören regionale Verbände durchaus den Landessportbünden an.

Auswirkungen auf das Personal in der Sportbranche

Die verschiedenen Formen wirtschaftlichen Denkens und Handelns in der Sportbranche haben in Deutschland zwar das Potenzial für freiwilliges/ehrenamtliches Engagement nicht reduziert, doch sind gravierende Veränderungen eingetreten. Durch die Herauslösung bzw. durch Ausgliederungen gewinnorientierter Anliegen aus der gemeinnützigen Sportbewegung sowie durch das Hervortreten neuer Akteure sind vielfältige Herausforderungen aufgetreten, die ein professionelles Sportmanagement bedingen (vgl. Trosien/Dinkel 2005).

So sind Führungsstrukturen in modernen Sportvereinen und -verbänden entstanden, die ihren Dienstleistungsfunktionen durch so genannte „Gespanne" – ehrenamtliche Aufsicht und hauptamtlicher Vorstand – gerecht werden wollen und sich ihre Verantwortung zunehmend teilen.

Diese Ansprüche müssen auf der Managementseite honoriert werden. So sind aktuell durchaus Einkommenserwartungen vorhanden, 500.000 Euro und darüber als Jahresgehalt zu realisieren. Ergänzt man diese Informationen um die Rankings aus der Sportwirtschaft, so können als grobe Richtschnur folgende Veröffentlichungen zusammengefasst werden: Die „Geldrangliste" für Sportler, die Einkünfte für Sport-Trainer sowie Sport-Manager in Sportunternehmen (siehe Tab. 11).

Tab. 11: „Geldrangliste“ ausgewählter Sportprominenz aus Deutschland (Quellen: Sport Bild, 26, 2005; ManagerMagazin, 7, 2005).

Sportler/in	Michael Schumacher (ehemals Ferrari)	55,00 Mio. €
	Dirk Nowitzki (Dallas Mavericks)	15,10 Mio. US$
	Michael Ballack (FC Chelsea Ltd.)	8,39 Mio. €
Sport-Trainer	Jürgen Klinsmann (ehemals DFB)	3,30 Mio. €
Sport-Manager	Jochen Zeitz (Puma AG) (Vorstandsvorsitzender)	4,00 Mio. €
	Herbert Hainer (Adidas AG) (Vorstandsvorsitzender)	3,20 Mio. €
	Bernd Hoffmann (Hamburger SV e.V.)	1,30 Mio. €
	Karl-Heinz Rummenigge (FC Bayern München AG)	1,00 Mio. €
	Dieter Hoeness (Hertha BSC Berlin GmbH & Co. KG)	0,75 Mio. €
	Rudi Assauer (ehemals FC Schalke 04 GmbH & Co. KG)	0,70 Mio. €
	Erwin Staudt (VfB Stuttgart e.V.)	0,50 Mio. €

Auf den ersten Blick könnte man meinen, dass die Tabelle 11 Informationen zusammenfasst, die nichts miteinander zu tun haben. Doch die Wertschöpfungskette bleibt im Prinzip gleich, ob individuelle Produzenten oder kollektive Akteure in der Sportbranche untersucht werden. Die Sportler lösen eine Nachfrage aus, die von Trainern und Klubs, durch Sportstätten und Sportartikel beantwortet werden. Diese Partizipations-Pyramide wird durch eine Zuschauer- und eine Konsumenten-Pyramide reflektiert, weshalb viele Menschen zwar in Turnvereinen organisiert sind, diese Sportart jedoch kaum in der Medien präsent ist.

Bei der Sportart Fußball lässt das Bild Übereinstimmungen erkennen: Viele Menschen sind Mitglieder in Fußballvereinen – noch mehr Menschen hören und schauen sich Fußball an oder lesen darüber. Bei Motorsport oder Golfsport ergeben sich andere Ergebnisse: Motorsport (Formel 1) wird besonders als mediales Erlebnis geschätzt und erreicht mithin ein großes Publikum; im Golfsport werden zum Teil hohe Turnier-Antritts- und Siegprämien gezahlt, obwohl diese Sportart bei allen Wachstumsverläufen weder über die große Beteiligung in Golfvereinen noch in medialer Hinsicht über Popularität verfügt. So zeigt die „Sportler-Geldrangliste“ noch eine gewisse Variabilität an Sportarten, während die Trainer- und Manager-Ranglisten deutlich mit dem Fußballsport verbunden sind. Das gilt auch für Vergütungen der Sportartikelunternehmen, die – gerade in Deutschland – besonders enge Beziehungen zum (inter)nationalen Fußballbusiness pflegen.

Da spezifische Besonderheiten die Personengruppen (Sportler, Trainer, Manager) aber auch voneinander abgrenzen, sind verschiedene einzelne Gemeinschaften entstanden, eben um ihre besonderen Merkmale zu vertreten. Exemplarisch können für die Sportler die Vereinigung der Vertragsfußballspieler (VdV), für die Trainer der Bund Deutscher Fußball-Lehrer (BDL) und für die Sportmanager der Verband für Sportökonomie und Sportmanagement in Deutschland (VSD) genannt werden.

Auswirkungen auf das Sportsystem insgesamt: Zerreiß-Situation oder Reißverschluss?

Zweifellos lässt sich bestätigen, was frühzeitig diagnostiziert wurde: Die monopolartigen Trägerschaften von Sportveranstaltungen sowie Sportligen durch Anbieter der gemeinnützigen Sportbewegung sind aufgehoben. Aus der gemeinnützigen Sportbewegung selbst werden zahlreiche Anstrengungen unternommen, das Sportvereinsprinzip abzuschütteln. Damit ist jedoch die „Einheit" der gemeinnützigen Sportbewegung insgesamt bedroht; neue Anbieter, neue Dynamiken, neue Investoren und Eigentümer mit Gewinnerwartungen bestimmen zunehmend viele Sportangebote im Spitzensport.

Die Auswirkungen auf das Sportsystem bedeuten nicht unbedingt, dass weniger Menschen Sport treiben, unter Umständen ist das Gegenteil der Fall. Wenn Fitness-Anbieter behaupten, Fitness ist der Sport Nr. 1, da er die meisten Anhänger hat, dann zeigt sich darin nicht nur, dass Fitness als Bestandteil der Sportbranche akzeptiert werden muss, sondern auch, dass dieses erwerbswirtschaftliche Segment seine Dienstleistungsangebote erfolgreich im Sportmarkt platziert hat.

Ein Reißverschluss kann in zwei Richtungen gezogen werden: In Richtung eines geschlossenen Systems, aber auch in Richtung weiterer Öffnung. Gegenwärtig wird im Sportsystem in Richtung Öffnung praktiziert: Mitglieder werden Kunden; Engagement wird gegen Entertainment eingetauscht; Spaß am Sport wird zur Programmatik für Profit; Zuschauer werden Fans und Konsumenten; Sportler werden „Unternehmer", Sportveranstaltungen werden zu Sportevents; traditionsreiche Sport-„Klassiker" werden zum „Mekka" bzw. zur „Party" und dienen der Festivalisierung in Metropolregionen; Sportvereine werden Sportgesellschaften, Subsidiarität wird Subvention; Stadien und Arenen werden Tempel und Kathedralen und mit ppp (public-private-partnership) dem Markt übergeben; Investition fordert Return on Invest; Solidarität (Leistung von Allen für Alle) wird zu Sponsoring (Leistung für Gegenleistung): Altruismus wird zu Egoismus. Manipulation wird eine Abwägung – Doping inklusive.

Damit sind natürlich keine Entweder-oder-Entscheidungen gemeint. Trotzdem: Umso wichtiger werden ethische, soziale und nachhaltige Kompetenzen der handelnden Akteure, die verantwortungsvoll diese Symptome reflektieren. Einerseits fehlt das Konzept, ja sogar das Verständnis, eine gemeinsame Sportbranchensprecherschaft zu initiieren. Der DOSB allein ist es nicht („Runde Tische" und andere Bemühungen zeigen eher dessen Ratlosigkeit); der BSI oder der FASPO sind es auch nicht: gemeinsame Initiativen wären aber von Nutzen, wenn Sport gesellschaftlichen Zusammenhalt stiften soll (vgl. Trosien 2004b).

Tab. 12: Gemeinnützige Sportorganisationen am Beginn des 21. Jahrhunderts (Quellen: DOSB, Homepage 2007 und V & M Service, Konstanz 2007).

Jahr	Mitgliedschaften insgesamt nach DOSB	Sportvereine nach DOSB	Sportvereine nach Vereinsregister
2001	26 838 739	88 531	215 439
2002	26 891 375	88 960	
2003	26 909 924	89 307	222 888
2004	27 544 736	90 305	
2005	27 220 905	89 870	226 120
2006	27 315 184	90 467	
2007	27 341 194	91 091	

Andererseits kann durch ein Ausklinken des Reißverschlusses die gemeinnützige Sportbewegung als eine „Restgröße" verbleiben, der nicht nur der Kontakt zur anderen Seite des Reißverschlusses abhanden kommen könnte, sondern auch die „obere" (attraktive, lukrative und telegene) Hälfte fehlt – weil es dieser Hälfte auf der Marktseite „besser gefällt". Sport im Dritten Sektor ist generell gefährdet – die Menschen können ihm ihr solidar-orientiertes Gesicht geben (als „Prosument") oder ihr Geld (als Konsument).

Die „Theorie der optimalen Erfahrung, die auf der Annahme von flow beruht – jenem Zustand, bei dem man in eine Tätigkeit so vertieft ist, dass nichts anderes eine Rolle zu spielen scheint", und wodurch man leichter versteht, „was den Menschen glücklich macht" (Csikszentmihalyi 1998, S. 16ff.), kann in vielerlei Hinsicht mit Erklärungen aufwarten, warum wir gern Zeit und Geld investieren, um sportlich zu sein – wobei den eigentlichen flow eher das Selbst-Tun auslöst. Sozio-ökonomisch gesprochen lösen alle Formen der Sportpartizipation erheblichen Sportkonsum aus.

Aufgabe 82

Diskutieren Sie die angesprochenen Entwicklungstendenzen in der Sportbranche (etwa als Rollenspiel mit Vertreten aus Sportvereinen und der Fitnesswirtschaft), stellen Sie Auswirkungen und Veränderungen heraus. Welche ethischen und sozialen Kompetenzen sind hier angesprochen?

Zur vertiefenden Weiterarbeit empfohlen:

Heinemann, K.: Einführung in die Ökonomie des Sports. Ein Handbuch. Schorndorf 1995.

Meyer, B./Ahlert, G.: Die ökonomischen Perspektiven des Sports. Schorndorf 2000.

Trosien, G.: Sportökonomie. Ein Lehrbuch in 15 Lektionen. Aachen 2003a.

Trosien, G.: Die Sportvermarktung und ihr Einfluss auf den Sport. In: Schauerte, T./Schwier, J. (Hrsg.): Die Ökonomie des Sports in den Medien. Köln 2004a, 197–219.

Trosien, G.: Sportmanagement – ein Überblick. In: Haag, H./Strauss, B. (Hrsg.): Themenfelder der Sportwissenschaft. Schorndorf 2006, 347–359.

Literaturverzeichnis:

BÜCH, M.-P. / SCHELLHAASS, H. M. (Hrsg.): Ökonomik von Sportligen. Schorndorf 2005.

BRUHN, M.: Sponsoring. Unternehmen als Mäzene und Sponsoren. 1991[2].

BUNDESREGIERUNG (Hrsg.): Sportberichte der Bundesregierung. Zuletzt 2006. Berlin.

CSIKSZENTMIHALYI, M.: Flow. Das Geheimnis des Glücks. Stuttgart 1998[6].

DEUTSCHE FUSSBALL LIGA GmbH (DFL): 2007 Bundesliga Report. Frankfurt / Main 2007.

DEUTSCHER OLYMPISCHER SPORTBUND: Fusion. Frankfurt/Main 2006.

DEUTSCHER OLYMPISCHER SPORTBUND: Bestandserhebung. Frankfurt/ Main 2007.

DINKEL, M.: Sponsoring-Management als Basis für erfolgreiches Sportsponsoring 2002.

EICHLER, C.: Ein Turnier verkaufen wie einen Markenartikel. Unternehmer und Geschäfte im Tennis. FAZ Artikel vom 18. Juli 1998. Nr. 164, 15.

HERMANNS, A. / RIEDMÜLLER, F. (Hrsg.): Management-Handbuch Sport-Marketing. München 2001.

HÖHNE, S.: Nationale Sportartikelindustrie im globalen Wettbewerb. In: TROSIEN, G. (Hrsg.): Die Sportbranche. Wachstum – Wettbewerb – Wirtschaftlichkeit. Frankfurt/Main 2000, 255–267.

JÜTTING, D.: Lob der Kreisklasse. Zum Bundesligastart: Die Zivilgesellschaft lebt vom Sport. In: FAZ, Nr. 187 vom 14. August 2007, 35.

LICHTENAUER, P.: Das lukrative Werbegeschäft mit Sport und Fitneß. Münster 1987.

MANKIW, N. G.: Grundzüge der Volkswirtschaftslehre. Stuttgart 1999.

MÜLLER VON VULTEJUS, R.: Gesamtvermarktung eines Profifußballclubs – dargestellt am Beispiel des Hamburger Sport-Vereins e.V. In: ZIESCHANG, K. / KLIMMER, C. (Hrsg.): Unternehmensführung im Profifußball. Berlin 2004, 87–102.

PFARR, N.: Finanzanalyse für den Sportfachhandel. In: TROSIEN, G. (Hrsg.): Die Sportbranche. Wachstum – Wettbewerb – Wirtschaftlichkeit. Frankfurt/Main 1994, 286–298.

PILOT CHECKPOINT GmbH: Sponsor Visions. Stellenwert und Trends im Sponsoring-Markt: „Sponsoring im Fokus der

Unternehmen und Agenturen". Hamburg 2007 (www.pilot.de).

PORTER, M. E.: Wettbewerbsstrategie. Frankfurt/Main 1999[10].

REICHSTEIN, B.: Zweck und Ziele eines Verbandes für Sponsoring. In: TROSIEN, G. / DINKEL, M. (Hrsg.): Forschung und Entwicklung im Sportsponsoring. Butzbach 2005, 185–194.

SIGLOCH, J. / KLIMMER, C.: Rechnungslegung und Besteuerung im Sport. Wiesbaden 2003.

SPORTMINISTERKONFERENZ (SMK): Sportstättenstatistik 2000. Berlin 2003.

Sportentwicklungsbericht 2005 / 2006. In: DOSB-Presse Nr. 22 vom 30. Mai 2007, 21.

TROSIEN, G. (Hrsg.): Die Sportbranche. Wachstum – Wettbewerb – Wirtschaftlichkeit. Frankfurt/Main 2000.

TROSIEN, G.: Globalisierung des Sport-Marketing. In: HERMANNS, A. / RIEDMÜLLER, F. (Hrsg.): Management-Handbuch Sport-Marketing. München 2001, 651–672.

TROSIEN, G.: Tourismus und Freizeitsport. In: DIECKERT, J. / WOPP, C. (Hrsg.): Handbuch Freizeitsport. Schorndorf 2002, 159–166.

TROSIEN, G.: Die Zweite Privatisierung der Sportbewegung. In: ALLENDINGER, J. (Hrsg.): Entstaatlichung und soziale Sicherheit. 2 Bände + CD-ROM. Opladen 2003b (seit 2004 als download auf der homepage: www.ak-spooek.de).

TROSIEN, G.: Sport stiftet Zusammenhalt. In: Deutsche Stiftungen, Sport und Stiftungen. Anstöße für neue Begegnungen. Mitteilungen des Bundesverbandes Deutscher Stiftungen, DS 1/2004b, 4–6.

TROSIEN, G. / DINKEL, M. (Hrsg.): Verkaufen Medien die Sportwirklichkeit? Aachen 1999.

TROSIEN, G. / DINKEL, M. (Hrsg.): Sport-Tourismus als Wirtschaftsfaktor. Butzbach 2001.

TROSIEN, G. / DINKEL, M. (Hrsg.): Sport und neue Märkte. Butzbach 2002.

TROSIEN, G. / DINKEL, M. (Hrsg.): Personalentwicklung im Sportmanagement. Butzbach 2004.

TROSIEN, G. / DINKEL, M. (Hrsg.): Forschung und Entwicklung im Sportsponsoring. Butzbach 2005.

VORNHOLZ, G.: Finanzierung von Sport- und Freizeitanlagen. Schorndorf 2005.

Zimmermann, M.: Standortplanung für Dienstleistungsunternehmen. Das Beispiel multi-funktionaler Sportanlagen. Wiesbaden 2002.

Sport in den Massenmedien

Massenkommunikation und Mediensport

In der Gesellschaft übernehmen Medien eine wichtige Aufgabe. Indem sie Botschaften vermitteln und verbreiten, bilden sie die technische und mediale Infrastruktur für die Kommunikation innerhalb einer Gesellschaft. Erreichen die Medienbotschaften eine große Anzahl an Personen, die sich nicht an einem Ort versammeln, sondern weit verstreut sind, sprechen wir von **Massenkommunikation.** Nicht nur öffentliche Medienanstalten, auch Wirtschaftsunternehmen haben sich auf diese Form der Kommunikation spezialisiert. Sie alle produzieren Botschaften und übermitteln sie in Fernsehen, Radio, der Tageszeitung oder dem Internet eine Vielzahl von Personen.

„**Medien** sind Vermittlungsinstanzen. Zur Vermittlung benötigen sie nicht nur eine Öffentlichkeit, eine Präsentationsstätte für das Mitzuteilende und eine Transportkapazität, sondern auch einen Inhalt. Was Medien transportieren, sind Bedeutungen, die auf einen Gegenstand oder einen Sachverhalt verweisen" (Wiegerling 1998, 17).

In Abbildung 40 ist der Vorgang der Massenkommunikation schematisch dargestellt. Das vom Kommunikationswissenschaftler Maletzke entwickelte Modell gibt genaueren Aufschluss darüber, an welcher Stelle im Kommunikationsprozess die Medien (M) positioniert sind. Sie fungieren als **Vermittlungsinstanz** zwischen den Kommunikatoren (K) auf der einen und den Rezipienten (R) auf der anderen Seite. Kommunikator und Rezipient stehen in einer wechselseitigen Beziehung zueinander. Das Modell macht auch darauf aufmerksam, dass die an der Massenkommunikation beteiligten Personen nicht ohne ihre Einbindung in gesellschaftliche Gruppierungen oder Strukturen betrachtet werden können.

Werden im Prozess der Massenkommunikation Aussagen zum Sport über die Medien in die Öffentlichkeit gebracht, dann sprechen wir in einer Kurzformel von **Mediensport**. Er nimmt in fast allen Medien einen beachtlichen Stellenwert ein. Ein Großteil aller Radiosender strahlt regelmäßig Beiträge zum Sport aus. Insbesondere für das Fernsehen ist Sport zu einem unverzichtbaren Programmbestandteil geworden. Auch eine große Anzahl Zeitschriften widmet sich der Berichterstattung über Sport und die Sportteile der Tageszeitungen erreichen täglich Millionen Leser.

Abb. 39: Sportprintmedien – von Fachzeitschrift bis „Yellow Press".

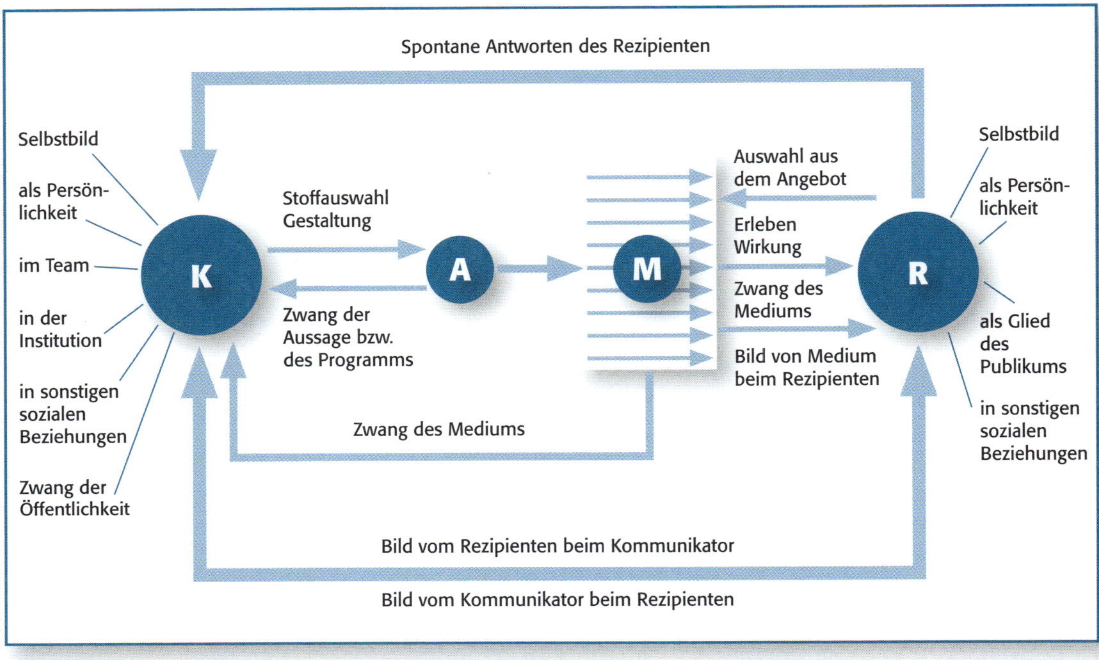

Abb. 40: Schema der Massenkommunikation (nach Schellmann/Gaida/Gläber/Kegel 2005, 28).

Mediensport kann prinzipiell unter vier verschiedenen Perspektiven betrachtet werden:

- Aussagen über Sport werden von Kommunikatoren produziert. In den Sportredaktionen ist eine ganze Reihe von Journalisten damit beschäftigt, Aussagen von Sportreportern weiterzugeben oder zu bearbeiten. In Fernseh- oder Radiosendern bringt ein ganzes Team von Personen die Medienbotschaften auf den Weg. Man kann noch weiter gehen und als Kommunikator die ganze Institution bezeichnen, die für die Herstellung und Vermittlung von Sportbotschaften zuständig ist. In diesem Sinne zählen dann auch Medienanstalten oder Presseagenturen zu den Kommunikatoren. Aus der Perspektive der Kommunikatoren (Mikroebene) kann somit die Frage nach den Bedingungen der **Produktion von Mediensport** beantwortet werden.

- Aussagen über Sport werden im Prozess der Massenkommunikation von Medien übermittelt und verbreitet. Neben dem, was in den Medien über Sport berichtet wird, ist es bedeutsam, wie in den Medien über Sport berichtet wird. Aussagen können, je nachdem wie sie gestaltet sind, in unterschiedlichen Formen präsentiert werden. Mit Blick auf die Medien und ihre Botschaften (Makroebene) kann somit die Frage nach den **Formen und Inhalten des Mediensports** beantwortet werden.
- Aussagen über Sport sind im Prozess der Massenkommunikation an Rezipienten adressiert. Aus dem Angebot der Medien wählen die Adressaten Medienbotschaften aus und nutzen diese nach ihren Interessen. Aus der Perspektive der Rezipienten (Mikroebene) kann somit die Frage nach der **Rezeption von Mediensport** beantwortet werden.
- Von Aussagen über Sport in den Medien gehen Wirkungen aus. Für die Wirkungsmöglichkeiten von Medienbotschaften können aus dem Bereich des Sports unmittelbar nachvollziehbare Beispiele angeführt werden. Aus einer übergeordneten Perspektive kann somit die Frage nach den **Wirkungen von Mediensport** auf Rezipienten (Mikroebene), auf Gruppen und Organisationen (Mesoebene) und auf die Gesellschaft als Ganzes (Makroebene) beantwortet werden.

Produktion von Mediensport

Vom Sportereignis zum Mediensport

Jeden Tag finden unzählige Sportereignisse statt. Welche davon als wissenswert eingeschätzt und in einer Medienbotschaft an den Rezipienten weitergegeben werden, ist das Ergebnis mehrfacher Selektion. Abbildung 41 zeigt ein Modell, das die Produktion von Medienbotschaften als mehrstufigen Vorgang beschreibt. Dabei werden auf dem Weg vom Ereignis zur Medienbotschaft mehrere Filter durchlaufen:

Aufgabe 83

Verorten Sie die im nachfolgenden Text beschriebenen Vorgänge im Modell zur Produktion von Medienbotschaften (siehe Abb. 41):

„Jedes Spiel bearbeiten zwei Journalisten, einer in der Redaktion mit einem Terminal und einem Telefon, der andere im Stadion vor Ort. Ist das Spiel angepfiffen worden, beginnen bald darauf die Meldungen über Telefon einzulaufen. Der Mann vor Ort gibt dann seinem Partner in der Redaktion einschlägige Informationen durch (z. B. die offizielle Besucherzahl im Stadion, Auswechslung, Gelbe oder Rote Karte, Tore). Der Partner in der Redaktion ruft der Redaktionsassistentin jetzt ‚seine' Nummer zu, gefolgt von schematisch kurzen, relativ festgelegten Informationen. Die Redaktionsassistentin ruft das Spielschema unter der jeweiligen Nummer auf, gibt die Information ein und sendet sie ab. Der Kunde erhält somit seine Information über das laufende Spiel nur Augenblicke, nachdem etwas geschehen ist. Die letzte Meldung, die über diesen ‚Schema-Dienst' geht, ist jeweils das Endergebnis."

1. Die prinzipiell unzählbaren Sportereignisse werden von Reportern oder anderen Informanten zur Kenntnis genommen und als potenziell bedeutsam selektiert (Filter 1).
2. Die ausgewählten Sportnachrichten gelangen an eine Nachrichtenagentur, die wiederum aus den Berichten über die Sportereignisse selektiert, das Ergebnis vercodet und in Form eines Agenturtextes weitergibt (Filter 2).
3. Der Agenturtext gelangt in die Sportredaktionen der Medienanstalten. Dort wird der Text gekürzt oder umformuliert. Je nach Medium wird für die Botschaft zusätzliches Bildmaterial ausgewählt, bevor sie im Medium an entsprechender Stelle platziert wird (Filter 3).
4. Die Medienbotschaft trifft auf ihre Adressaten. Welche Aspekte einer Nachricht, einer Meldung oder eines Kommentars von den Rezipienten wahrgenommen und aufgenommen werden, kann durchaus unterschiedlich sein (Filter 4).

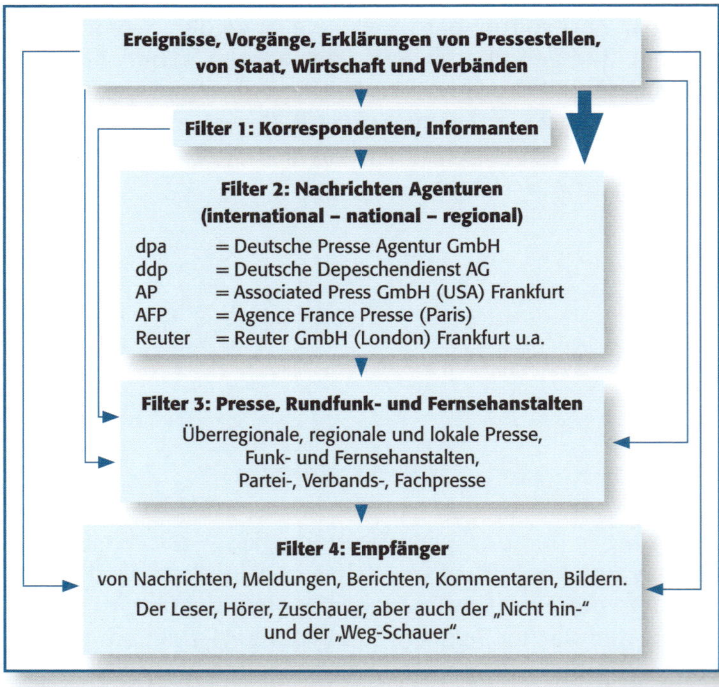

Abb. 41: Vom Ereignis zur Nachricht (nach Becker/Feick/Uhl 1993, 73).

Auf dem Weg vom realen Sportereignis zur Medienbotschaft findet also eine von Entscheidungsprozessen gesteuerte Auswahl und Bearbeitung von Information statt. Um diese Prozesse zu beschreiben, verwenden Medienwissenschaftler noch heute den Begriff des „gate-keepers", den Kurt Lewin bereits 1943 geprägt hat. Im Sinne eines „Schleusenwärters" fällen alle an diesem Prozess Beteiligten Entscheidungen, die über den Weitertransport oder das Zurückhalten von Information bestimmen.

Dies bedeutet, dass die nacheinander ablaufenden Selektionsprozesse bei der Produktion von Medienbotschaften dazu führen, dass ein sportliches Ereignis in den Medien nicht abgebildet, sondern (re)konstruiert wird.

Kontext der Mediensportproduktion

Die über die Medien vermittelten Botschaften der Sportjournalisten sind von verschiedenen Einflussfaktoren geprägt. Abbildung 42 zeigt ein Modell von Loosen (2001), das die Medienaussagen zwischen den Medienakteuren einerseits und den Medieninstitutionen und -systemen andererseits verortet. Aus der Perspektive der Sportjournalisten ist es daher zweckmäßig, zwischen **externem** und **internem Kontext** zu unterscheiden.

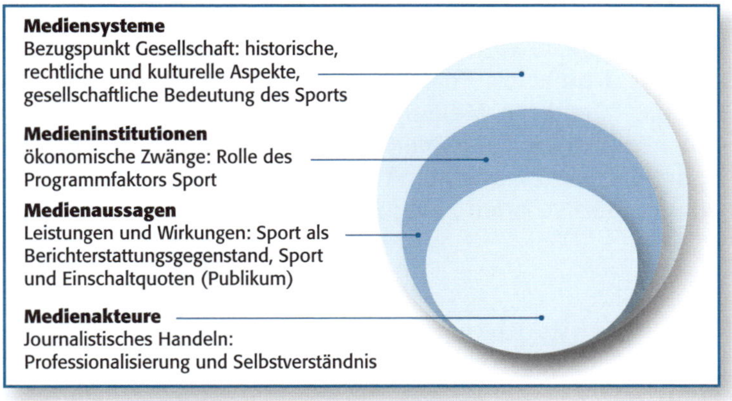

Abb. 42: Kontext des Sportjournalismus (nach Loosen 2001, 135).

Externer Kontext

Auf zwei unterschiedlichen Ebenen wird die Produktion von Sportbotschaften von **externen Faktoren** beeinflusst:

- Für einen Sportjournalisten ist die Produktion von Medienbotschaften das alltägliche Berufsgeschäft. Eingebunden in Redaktionen und Medienanstalten sind Sportjournalisten in ihrer täglichen Arbeit den Gesetzesmäßigkeiten des Marktes ausgesetzt, denen diese Institutionen unterliegen. Auf der **Ebene der Medieninstitutionen** lassen sich somit die organisatorischen und ökonomischen Imperative erfassen, die das Handeln der Sportjournalisten beeinflussen.
- Die Redaktionen der Verlage und Medienanstalten sind Teil des Mediensystems unserer Gesellschaft. Für das Mediensystem gültige Rechtsvorschriften – beispielsweise in Bezug auf Werbeformen und Werbeunterbrechungen – nehmen auf dieser Ebene Einfluss auf die Arbeit der Sportjournalisten. Auf der **Ebene der Mediensysteme** werden somit die gesellschaftlichen Vorgaben festgelegt, die das Handeln der Sportjournalisten beeinflussen.

Interner Kontext

Das Handeln der Sportjournalisten wird im Wesentlichen von deren beruflichem Selbstverständnis geprägt. Befragungen (Hackforth 2004) fördern ein neues Selbstbewusstsein und ein gesteigertes Selbstwertgefühl bei Sportjournalisten zu Tage. Insbesondere junge Sportreporter favorisieren weniger traditionelle Werte und Normen und verstehen sich zunehmend mehr als Entertainer. Ihrer Einflussmöglichkeiten auf die öffentliche Meinung sind sich die Sportjournalisten durchaus bewusst. Persönlichkeitsmerkmale der im Sport tätigen Journalisten sind somit Faktoren, die auf die Produktion von Sportbotschaften „von innen heraus" Einfluss nehmen.

Formen und Inhalte des Mediensports

Mediensport wird vor allem im Kontext der Rundfunk- und Fernsehanstalten produziert. Nicht nur bei seiner Entstehung, auch bei seiner Verbreitung ist er in das Mediensystem eingebunden. Beim Blick auf die medialen Sportangebote selbst interessieren daher zwei Bereiche:

1. Das **Mediensystem** mit seinen Organisationsformen, Strukturen und gesellschaftlichen Funktionen.

2. Die über die Medien transportierten **Sportbotschaften,** die hinsichtlich ihrer formalen Gestaltung und ihres Inhalts betrachtet werden können.

Mediensystem

Sportbotschaften sind über die Medien stets in einen organisatorischen oder institutionellen Rahmen eingebunden. Sportzeitschriften und Sportteile der Tagszeitungen werden in Redaktionen bearbeitet und von Verlagen herausgegeben, hinter den Sportangeboten von Hörfunk, Fernsehen oder im Internet stehen Medienanstalten oder privatwirtschaftliche Konzerne. Unterschiedliche Organisationsformen prägen das Bild der Medienlandschaft in unserer Gesellschaft.

Organisationsformen

Radio und Fernsehen sind in Deutschland als Duales System organisiert, das ein Nebeneinander von öffentlich-rechtlichen und privatwirtschaftlichen Anbietern vorsieht (siehe Abb. 43).

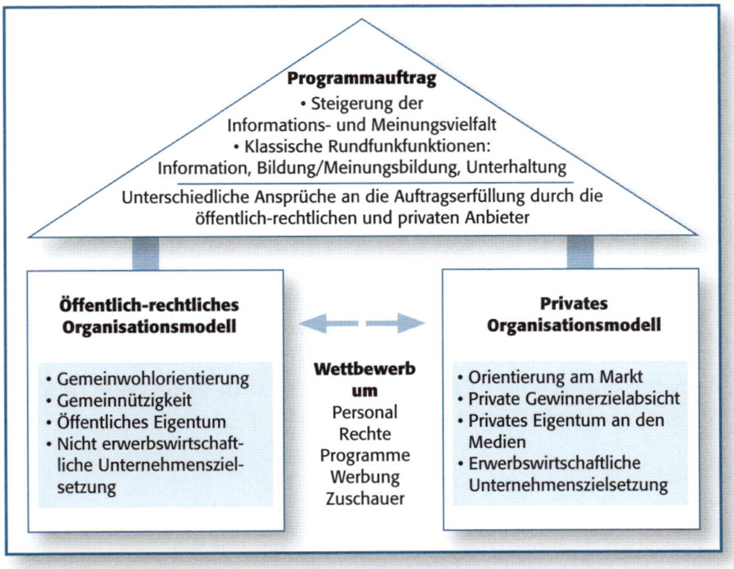

Abb. 43: Duales Fernsehsystem in Deutschland (nach DIGEL/BURK 1999, 22).

Um sicherzustellen, dass der Rundfunk nicht noch einmal in staatliche Hände gelangt und für Propagandazwecke missbraucht wird, sind nach dem 2. Weltkrieg die **öffentlich-rechtlichen Rundfunkanstalten** (ARD und ZDF) gegründet worden. Diese Einrichtungen sind verpflichtet, sämtliche Programmformen und Themen abzudecken und damit ein umfassendes Grundangebot anzubieten. Gewählte Gremien treffen alle wichtigen Programm- und Personalentscheidungen. Um die Staatsunabhängigkeit zu unterstreichen, erfolgt die Finanzierung nicht durch Steuern, sondern durch eine Rundfunkgebühr, die von den Gerätebesitzern zu entrichten ist. Die gemeinnützige Organisationsform hat neben der Staatsunabhängigkeit das Ziel, den öffentlichen Rundfunk von Einflussnahmen der Wirtschaft und der Verbände möglichst unabhängig zu machen.

Der öffentlich-rechtliche Rundfunk ist keine staatliche, sondern eine öffentliche Einrichtung. Er erfüllt einen von den Repräsentanten gesellschaftlicher Gruppen auferlegten Programmauftrag.

Private Rundfunkveranstalter sind am Markt, um mit Radio- und Fernsehprogrammen Gewinn zu erwirtschaften. Sie finanzieren sich ausschließlich über Werbung und stehen damit in direkter Abhängigkeit von der werbetreibenden Wirtschaft. Im Gegensatz zu den öffentlich-rechtlichen Einrichtungen können private Rundfunkveranstalter ihr Angebot thematisch einengen. Im Fernsehen führte dies zur Gründung von Spartensendern, deren Angebot sich z. B. auf Nachrichten (n-tv) oder Sport (DSF, Eurosport) konzentriert. Die Programme der privaten Rundfunkveranstalter sind von erwerbswirtschaftlichen Unternehmenszielen geprägt und so ausgerichtet, dass sie für die Werbung eine attraktive Plattform bieten.

Siehe auch den Beitrag „Sport und Wirtschaft“ in diesem Kursbuch.

Aufgabe 84

Untersuchen Sie anhand von Beispielen des Fernsehsports, inwieweit auch die öffentlich-rechtlichen Fernsehanstalten in einer Abhängigkeit von der werbetreibenden Wirtschaft stehen.

Auch wenn sich das private Organisationsmodell in Hörfunk und Fernsehen erheblich vom öffentlich-rechtlichen Organisationsmodell unterscheidet, sollen beide nach den Bestimmungen des Gesetzgebers ihrem Programmauftrag gerecht werden. Dabei konkurrieren private und öffentlich-rechtliche Anbieter in erster Linie um die Gunst der Zuschauer.

Tab. 13: Zuschaueranteile privater und öffentlich-rechtlicher Fernsehanstalten (nach Reitze 2005, 75).

	Zuschauer ab 3 Jahre (in %)		
	2001	**2003**	**2005**
ARD	13,8	14,1	13,4
ZDF	13,1	13,3	13,5
Dritte	13,0	13,4	13,5
SAT. 1	10,2	10,2	10,9
RTL	14,8	15,0	13,2
PRO 7	8,1	7,0	6,7
RTL 2	4,0	4,6	4,2
VOX	3,1	3,4	4,2
Kabel 1	5,1	4,2	3,8
Super RTL	2,8	2,7	2,8

Nicht nur um die Gunst der Zuschauer, auch um qualifiziertes Personal und um Übertragungsrechte findet zwischen privaten und öffentlich-rechtlichen Medienanbietern ein harter Wettbewerb statt. Ein Blick auf die Entwicklung der Übertragungskosten für die Fußball-Bundesliga belegt, wie dieser Wettbewerb zu einer inflationären Kostensteigerung geführt hat. In der Saison 1987/88 bezahlten ARD und ZDF für die Senderechte der heimischen Fußball-Bundesliga rund 9 Millionen Euro. Der Sportverwertungsgesellschaft ISPR (Sat 1) war die Übertragung der Bundesligaspiele in der Saison 1992/93 bereits 70 Mio. Euro wert. In der Saison 2006/2007 stiegen die Übertragungskosten auf 420 Mio. Euro an.

Gesellschaftliche Funktionen

Medien vermitteln nicht nur Botschaften an eine breite Öffentlichkeit, sie sollen nach den Bestimmungen des Gesetzgebers auch wichtige Funktionen für die Gesellschaft erfüllen. Diese sind nach Chill/Meyn (1998)

- Die **Informationsfunktion:** Presse, Hörfunk und Fernsehen sollen so vollständig, sachlich und verständlich wie möglich informieren, damit ihre Adressaten in der Lage sind, das öffentliche Geschehen zu verfolgen.

- Die **Meinungsbildungsfunktion**: Aus der Überzeugung heraus, dass einer Demokratie dann gedient ist, wenn Fragen von öffentlichem Interesse in freier und offener Diskussion erörtert werden, sollen die Medien einen Beitrag zur Meinungsbildung in der Gesellschaft leisten.
- Die **Kritik- und Kontrollfunktion**: In ihrer Funktion als Instanz für Kritik und Kontrolle sollen Presse, Hörfunk und Fernsehen dazu beitragen, Missstände aufzuspüren und aufzudecken und damit die Arbeit der Opposition in einer Demokratie unterstützen.

Aufgabe 85

Überprüfen Sie anhand von Beispielen, inwieweit die Medien mit ihrer Berichterstattung über Sport die drei gesellschaftlichen Funktionen erfüllen.

Medienbotschaften

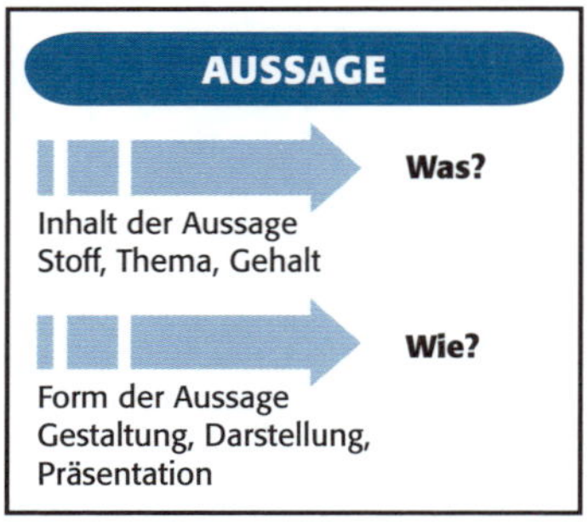

Abb. 44: Aspekte der Aussage (nach Schellmann *u.a. 2005, 21).*

Wie eine Medienbotschaft vom Adressaten aufgefasst wird, hängt zum einen davon ab, wie interessant ihr Inhalt ist. Zum anderen aber auch davon, in welcher Gestaltungsform der Inhalt dem Adressaten präsentiert wird. Eine Aussage hat daher immer zwei Seiten: Es kommt nicht nur darauf an, **was** mitgeteilt wird, sondern auch **wie** es mitgeteilt wird (siehe Abb. 44).

Beziehen wir dieses „Grundgesetz der Aussage" auf den Mediensport, dann kommt es darauf an, welche Inhalte des Sports über die Medien in die Öffentlichkeit transportiert werden und in welcher Form diese Inhalte gestaltet und präsentiert werden.

Gestaltungsformen

Neben dem Inhalt spielt die Form der Aussage für die Wirksamkeit einer Medienbotschaft eine große Rolle. Aussagen können, je nachdem wie sie gestaltet sind, eine höchst unterschiedliche Form aufweisen. Für die „Formung" seiner Aussage stehen dem Kommunikator – in Abhängigkeit vom verwendeten Medium – grundsätzlich drei **Gestaltungselemente** zur Verfügung (Schellmann u.a. 2005):

1. Die **Medienelemente** Text, stehendes Realbild, Grafik, bewegtes Realbild, Computeranimation und Sound.
2. Die **Darstellungselemente** wie Farbe, Licht, Einstellungsgröße, Kamera-Perspektive, Montage und Schnitt.

3. Das **Element Zeit,** also die Reihenfolge mit der ein Inhalt zeitlich präsentiert wird.

Je nachdem, wie die Bausteine zusammengesetzt werden, entsteht eine Botschaft in der einen oder anderen Form. Für die Sportberichterstattung sind Präsentationsformen wie Bericht, Leitartikel oder Kommentar (Zeitungen und Zeitschriften) und Magazinsendung, Übertragung, Reportage oder Interview (Radio und Fernsehen) von besonderer Bedeutung.

Aufgabe 86

Vergleichen Sie die Berichterstattung eines Sportereignisses in der Tageszeitung (bzw. in einem Sportmagazin) mit einer Sportsendung im Fernsehen hinsichtlich der jeweils verwendeten Gestaltungselemente. Zeigen Sie am Beispiel des Fernsehbeitrags unterschiedliche Einstellungsgrößen und Kameraperspektiven auf.

Sport als Medieninhalt

Unter dem Inhalt der Aussage ist die Sache zu verstehen, die der Kommunikator dem Adressaten mitteilen möchte. Im Konkurrenzkampf um die Gunst der Rezipienten stehen die Sportjournalisten vor der Aufgabe, attraktive und damit lukrative Berichterstattung über den Sport zu präsentieren. Mit Blick auf die Bedürfnisse der Adressaten hat sich eine Sportberichterstattung entwickelt, die einige charakteristische **Merkmale** aufweist (Gleich 2000):

Leistungsorientierung: Berichterstattung über Sport orientiert sich überwiegend am Spitzen- bzw. Leistungssport auf nationaler und internationaler Ebene. Internationale Großereignisse sind für die Medien von besonderem Interesse. Das Sportangebot der öffentlich-rechtlichen Fernsehprogramme unterliegt folglich zyklischen Schwankungen, die in deutlichem Zusammenhang mit Sportgroßereignissen stehen.
Reduzierung: Fernsehsender und Zeitungsverlage widmen ihre Berichte nur wenigen populären Sportarten. Sowohl im Sportteil der Tageszeitungen als auch im Fernsehen wird überwiegend über Fußball berichtet. Die Gewichtung weiterer publikumswirksamer Sportarten (Tennis, Wintersport, Radsport, Leichtathletik, Motorsport) variiert je nach Fernsehsender (siehe Tab. 14).

Tab. 14: Programmstruktur 2004 (nach Krüger 2005, 198).

	Sendedauer in Minuten / Tag			
	ARD	ZDF	RTL	Sat. 1
Sport insgesamt	138	108	32	9
- Sportberichterstattung	55	50	15	5
- Übertragung	83	57	17	5
- Fußball	13	13	–	5
- Tennis	15	3	–	–
- Wintersport	24	17	3	–
- Radsport	11	7	–	–
- Leichtathletik	4	3	–	–
- Motorsport	1	1	14	–
- sonstiger Sport	16	14	–	–

Mit der Reduzierung auf wenige publikumswirksame Sportarten geht eine Beschränkung auf wenige journalistische Präsentationsformen einher. Berichterstattung über Sport konzentriert sich in erster Linie auf das Ereignis selbst. Die Gestalter der Medienbotschaften praktizieren eine auf das Ergebnis fokussierte Berichterstattung („1:0-Berichterstattung"). Eine kritische Auseinandersetzung mit Entwicklungen im Hochleistungssport (Einflussnahme von Wirtschaft und Medien, Doping) findet kaum statt.

Kommerzialisierung: Die hohen Kosten, die Fernsehsender für Übertragungsrechte ausgeben, müssen durch entsprechende Werbeeinnahmen refinanziert werden. Hierzu ist es notwendig, dass mit Sportübertragungen hohe Einschaltquoten erzielt werden, was nur mit publikumswirksamen Sportarten gelingt. Fußballspiele, Boxkämpfe oder Formel-1-Rennen werden dann als „Mega-Events" medial inszeniert, wobei das Spektrum möglicher Werbeformen voll ausgeschöpft wird.

Dramatisierung: Nicht nur im Fernsehen, auch im Hörfunk und den Überschriften der Sportpresse wird die Dramatik des sportlichen Wettkampfes mit entsprechenden Kommentierungen verstärkt. Insbesondere im Fernsehsport wird der Anregungsgehalt des Sports durch spezifische Strategien der Medienpräsentation unterstützt. Nahaufnahmen von Freude und Trauer der Athleten oder das Einspielen von Slow-Motion steigern die dem sportlichen Wettkampf innewohnende Dramatik und führen zu einer Emotionalisierung der Berichterstattung.

Unterhaltungsorientierung: Insbesondere im Fernsehen bekommt die Sportberichterstattung zunehmend Unterhaltungscharakter. Mit begleitenden Vor- und Nachberichten, Gewinnspielen, Interviews oder Features über Austragungsorte bekommen die Übertragungen ein unterhaltsames Rahmenprogramm. Fernsehsport ist zu einer Mischform aus informations- und unterhaltungsorientierten Inhalten geworden, die als „Infotainment" bezeichnet wird.

Personalisierung: Berichterstattung über Sport bezieht sich primär auf die agierenden Athleten. Medien fokussieren ihre Berichte auf einzelne Sportlerpersönlichkeiten und produzieren damit (Sport-)Prominenz. In den deutschen Medien konzentriert sich die Sportberichterstattung auf erfolgreiche heimische Athleten. Neben Informationen zur sportlichen Leistung wird über so genannte „Human-Interest-Themen" berichtet, also über die menschliche Seite der Athleten, ihren Charakter sowie über Ereignisse aus ihrem Privatleben.

Stereotypisierung: Sportberichterstattung ist stark von einer Sicht auf männliche Athleten geprägt. Das Bild des männlichen Sportlers ist dabei von wiederkehrenden Stereotypen gekennzeichnet. Der männliche Körper wird in den Sportmedien als stark, leistungsfähig und mächtig, der weibliche dagegen als anmutig, schön und auch erotisch inszeniert. Die tagesaktuellen Medien zeigen Frauen seltener als Männer bei ihrer aktiven Sportausübung, dafür jedoch vermehrt unter ästhetischen Gesichtspunkten. Auf diese Weise aktualisieren die Sportmedien vorhandene Stereotypen idealisierter Männlichkeit (z. B. Härte, Kampfgeist) und idealisierter Weiblichkeit (Anmut).

Aufgabe 87

Wählen Sie einen Beitrag zur Sportberichterstattung aus und zeigen Sie auf, welche der sieben genannten Merkmale auf Ihren Beitrag zutreffen.
Suchen Sie in einem weiteren Schritt in der Sportpresse nach einem Beitrag, der insbesondere die Merkmale der „Personalisierung" und „Stereotypisierung" erfüllt.

Rezeption von Mediensport

Phasen der Medienrezeption

Berichterstattung über Sport kann aus Sicht der Kommentatoren und der Rezipienten betrachtet werden. Die aus Rezipientensicht interessierenden Prozesse werden nach SCHENK (2002) in eine Phase vor der Mediennutzung **(präkommunikative Phase)**, während **(kommunikative Phase)** und nach der Medienrezeption **(postkommunikative Phase)** unterteilt.

Präkommunikative Phase

Aufgabe 88

Jedes der von SCHAUERTE (2005) herausgearbeiteten Motive gehört einer übergeordneten Motivgruppe an. Ordnen Sie die aufgelisteten Motive einer übergeordneten Kategorie (emotionales, kognitives oder soziales Motiv) zu. Nennen Sie für jede der drei Kategorien weitere Motive, die der Medienrezeption zugrunde liegen können.

Die präkommunikative Phase wird in erster Linie durch die Entscheidung des Rezipienten für ein bestimmtes Sportangebot in den Medien bestimmt. Neben bisherigen Medien- und Sporterfahrungen nehmen vor allem die Motive der Rezipienten Einfluss auf die Auswahl und Nutzung medialer Sportangebote. Einige Motive tragen verstärkt dazu bei, dass sich Menschen regelmäßig den Sportangeboten in den Medien zuwenden und auch mehrere Medien nutzen, um sich über das Sportgeschehen zu informieren. Nach SCHAUERTE (2005) sind dies vor allem

- das Interesse für bestimmte Mannschaften und Sportler;
- der Wunsch, in der Rezeptionssituation ein Gemeinschaftserlebnis zu haben;
- die Aussicht, während des Konsums medialer Sportangebote abschalten und entspannen zu können.

Kommunikative Phase

Bei der kommunikativen Phase handelt es sich um den Rezeptionsprozess an sich, der durch die Aufnahme und Verarbeitung medialer Sportangebote gekennzeichnet ist. Mit Hilfe von Daten aus der Mediennutzungsforschung lassen sich zu dieser Phase im Kommunikationsprozess Aussagen machen:

- zur Rezeption des Fernsehsports;
- zur Nutzungsweise von Sportsendungen im Radio;

- zur Nutzungsweise des Sportteils von Tageszeitungen und Sportzeitschriften;
- zur Rezeption der Sportangebote im World Wide Web.

Fernsehsport

Sportsendungen gehören zu den meistgesehenen Sendungen im deutschen Fernsehen!

Sportsendungen führen regelmäßig die Ranglisten der meistgesehenen Sendungen an. Größter Publikumsmagnet sind turnusgemäß die Spiele der Welt- und Europameisterschaften im Fußball. Insbesondere bei Begegnungen der heimischen Nationalmannschaft schalten mehr als 20 Millionen Zuschauer den Bildschirm ein und bescheren den übertragenden Sendern hohe Marktanteile (siehe Tab. 15).

Marktanteil
Erreicht eine Sportsendung einen Marktanteil von 75 %, dann haben sich drei Viertel aller Menschen, die zu diesem Zeitpunkt fernsehen, für diese Sportsendung entschieden.

Tab. 15: Die zehn meistgesehenen Fernsehsendungen zwischen 1993 und 2002 (nach Zubayr/Gerhard 2004, 29).

Platz	Sender	Titel	Datum	Mio.	Marktanteil in %
1	ZDF	EM 1996: Tschechien – Deutschland	30.06.1996	28,44	76,3
2	ZDF	WM 2002: Deutschland – Brasilien	30.06.2002	26,52	88,2
3	ARD	EM 1996: England – Deutschland	26.06.1996	24,85	77,4
4	ARD	WM 1998: Deutschland – USA	15.06.1998	24,37	70,1
5	ARD	WM 1998: Deutschland – Iran	25.06.1998	24,32	74,0
6	ARD	WM 1998: Brasilien – Frankreich	12.07.1998	24,06	67,0
7	ARD	WM 1998: Deutschland – Kroatien	04.07.1998	23,26	72,1
8	ARD	EM 2000: Frankreich – Italien	02.07.2000	20,43	64,2
9	ARD	WM 2002: Deutschland – Südkorea	25.06.2002	20,24	85,1
10	ARD	EM 1996: Italien – Deutschland	19.06.1996	19,91	62,7

Mit diesen Zahlen nicht erfasst sind viele Zuschauer, die das Medienereignis nicht am eigenen Bildschirm, sondern bei Freunden und Bekannten, in Gaststätten oder auf Großbildleinwänden an öffentlichen Plätzen verfolgen (Public-Viewing). Sportliche Großereignisse bescheren den übertragenden TV-Sendern einerseits eine sehr hohe Zuschauergunst, andererseits bezieht sich über das Jahr gesehen nur ein geringer Teil des gesamten Fernsehkonsums auf Sportsendungen. Unterteilt man die knapp 200 Minuten, die Bundesbürger im Jahr 2003 täglich vor dem Fernseher verbracht haben, auf die gesendeten Genres, dann entfällt der größte Teil der Fernsehnutzung auf Spielfilme und Serien (siehe Abb. 45).

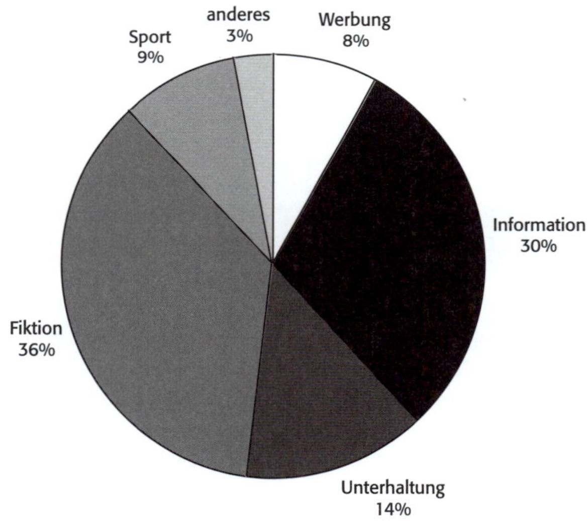

Abb. 45: Zusammensetzung des Fernsehkonsums im Jahr 2003 (nach Zubayr/Gerhard 2004, 31).

Der Fernseherfolg einer Sportart setzt den sportlichen Erfolg heimischer Athleten voraus!

Mit den Erfolgen von Boris Becker und Stefanie Graf nahm das Interesse der Zuschauer an Tennisübertragungen schlagartig zu. Als Boris Becker im Jahr 1985 zum ersten Mal das bedeutendste Tennisturnier der Welt gewinnen konnte, stiegen die Einschaltquoten für das Finale sprunghaft an (siehe

Abb. 46). Als er im darauf folgenden Jahr seinen Titel erfolgreich verteidigte, verfolgten erstmalig 14 Millionen Zuschauer das Finale eines Tennisturniers vor dem Bildschirm. 1987 konnte sich Boris Becker nicht für das Finale qualifizieren, was sich auf die Sehbeteiligung sofort auswirkte.

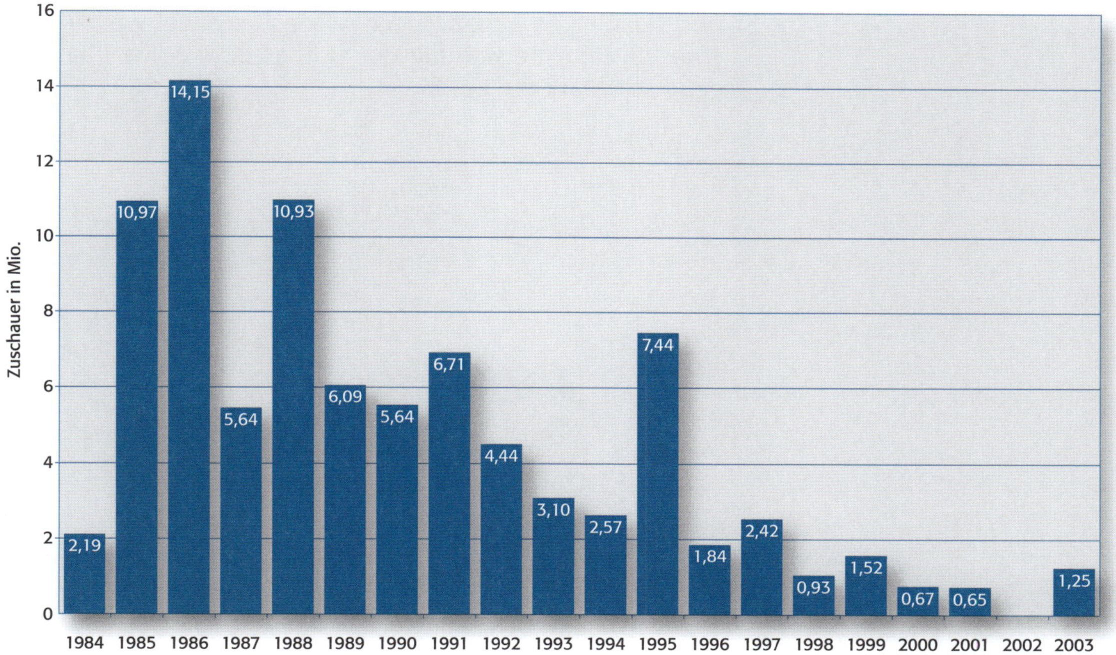

Abb. 46: Reichweiten der Herren-Finalspiele bei den Offenen Tennismeisterschaften von Wimbledon (England) (nach Zubayr/Gerhard 2004, 39).

Ähnliche Zusammenhänge zwischen sportlichem Erfolg heimischer Athleten und dem Fernseherfolg einer Sportart lassen sich auch in anderen Disziplinen beobachten. Mit den zunehmend besseren Platzierungen von Michael Schumacher bei den Rennen der Formel-1 stiegen auch die Zuschauerzahlen sukzessive an. Auch der überraschende Titelgewinn der deutschen Nationalmannschaft bei der Weltmeisterschaft im eigenen Land im Jahr 2007 ließ die Einschaltquoten für Handballübertragungen sprunghaft ansteigen.

Sportübertragungen werden mehrheitlich von (älteren) Männern gesehen!

Die Abbildungen 47a bis 47c verdeutlichen, dass das Sportpublikum überwiegend aus Männern besteht, die 50 Jahre und älter sind. Die Zusammensetzung des Sportpublikums nach Geschlecht variiert jedoch je nach gesendeter Sportart beträchtlich. Während bei Übertragungen von Tennisspielen und Skispringen nahezu jeder zweite Zuschauer weiblich ist, wird die Berichterstattung der Fußball-Bundesliga überwiegend von Männern gesehen.

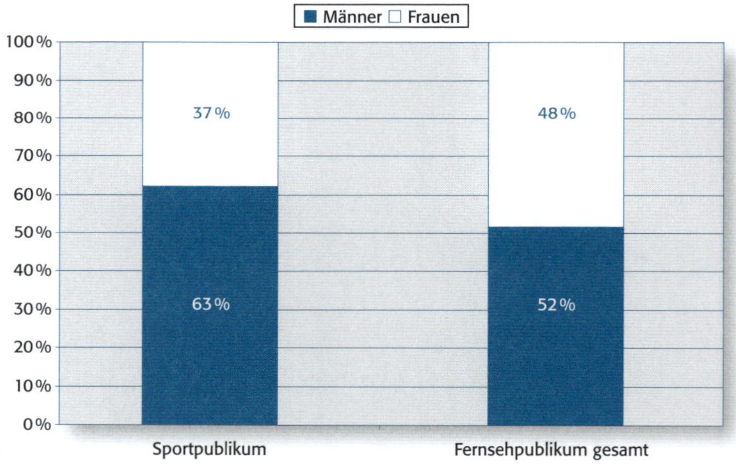

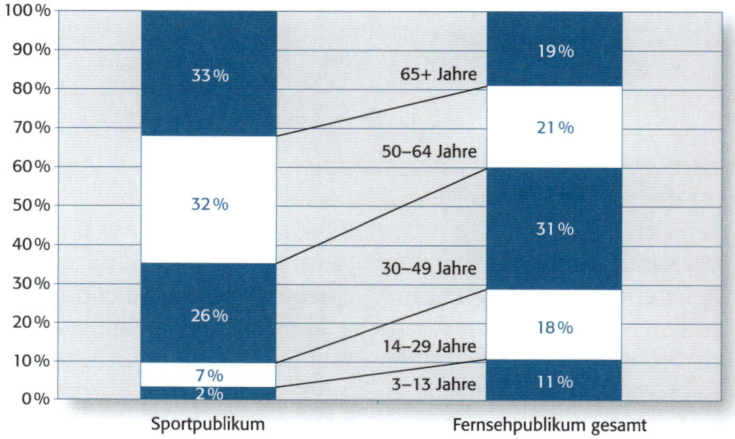

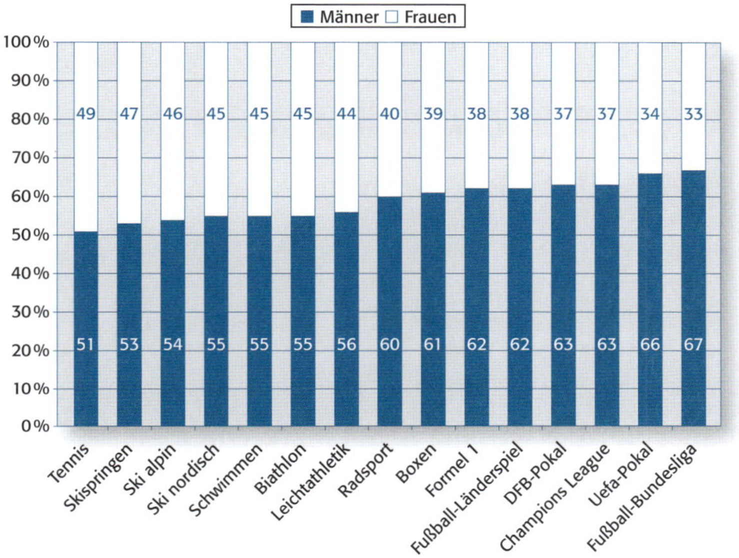

Abb. 47a–c: Zusammensetzung des (Fernseh)Sportpublikums nach Geschlecht und Alter sowie nach einzelnen Sportarten und Geschlecht (nach Zubayr/Gerhard 2004, 43 f.).

Sportsendungen im Radio

Die Bundesligakonferenz der ARD-Landesrundfunkanstalten gilt als wohl bekannteste Sportsendung im Radio. Jeden Samstag hören rund 10 Millionen Bundesbürger die aktuell zusammengestellten Live-Berichte der Bundesligaspieltage. Für die Rezipienten hat das Radio oftmals eine **Ersatz-** oder **Ergänzungsfunktion,** da sie aus unterschiedlichen Gründen keine Gelegenheit zum Fernsehen haben. Zum einen wird ein Radio am Arbeitsplatz eher toleriert als ein Fernseher, zum anderen kann auf dem Weg zur Arbeit oder nach Hause recht problemlos Radio gehört werden (Schwier/Schauerte 2007).

Der Hörfunk gilt aufgrund seiner Nutzungsweise als „stundenaktueller Wegbegleiter" (Gerhards/Klingler 2004) der Rezipienten. Während rund 40 Prozent der männlichen Bevölkerung ein Radio einschalten und zielgerichtet Sportformate auswählen, liegt dieser Anteil bei den Frauen bei lediglich 20 Prozent (Schauerte 2002).

Tab. 16: Zeitaufwand (in Min/Tag) für die Nutzung tagesaktueller Medien in und außerhalb der Freizeit (nach Media Perspektiven 2005, 65).

	1995	2000	2005
Zeitung lesen in der Freizeit	17	14	13
Zeitung lesen außerhalb der Freizeit	13	15	14
Radio hören in der Freizeit	58	45	45
Radio hören außerhalb der Freizeit	105	162	182
Fernsehen in der Freizeit	142	162	191
Fernsehen außerhalb der Freizeit	18	23	32
Internetnutzung in der Freizeit	–	6	25
Internetnutzung außerhalb der Freizeit	–	7	18
Mediennutzung in der Freizeit gesamt	211	227	274
Mediennutzung außerhalb der Freizeit gesamt	126	225	246

Aufgabe 89

Für viele Rezipienten hat das Radio bei Sportsendungen eine Ersatz- oder Ergänzungsfunktion. Begründen Sie diese Aussage mit Hilfe der Daten zur Nutzung tagesaktueller Medien in und außerhalb der Freizeit, die in Tabelle 16 aufgelistet sind.

Sportteil der Tageszeitung und Sportzeitschriften

Auch der **Sportteil in der Tageszeitung** verdankt seine Akzeptanz in erster Linie den männlichen Lesern, von denen jeder zweite regelmäßig Artikel auf den Sportseiten liest. Dagegen widmet sich nur etwas mehr als jede zehnte Frau stetig der Lektüre von Sportartikeln. Während sich die Sportberichterstattung im Fernsehen auf wenige Sportarten und Ereignisse konzentriert, ist das Spektrum der Tageszeitungen deutlich breiter, weshalb sich die Leser auch über televisionäre Randsportarten und Breitensportereignisse informieren. Zwar dominieren im überregionalen Sportteil die populären Fernsehsportarten, darüber hinaus bietet das Printmedium der Leserschaft zum Teil detaillierte Berichte über lokales und regionales Sportgeschehen. Entsprechend groß ist das Interesse der Leser am Lokalsportteil. Der Tageszeitung zu entnehmen sind zudem Informationen, Analysen und Porträts, die im Fernsehen unberücksichtigt bleiben. Mit über 80 Prozent ist der Anteil derer, die dem Sportteil der Tageszeitung in erster Linie informierende Funktionen attestieren, entsprechend hoch (Schauerte 2002).

Neben den Sportseiten der Tageszeitung bieten **Sportzeitschriften** die Möglichkeit, sich umfassend über einzelne Sportarten zu informieren. Neben den beiden Magazinen Sport Bild und Kicker, die beide eine nennenswerte Zahl an Lesern erreichen (siehe Tab. 17), hat der Markt der Sportzeitschriften mittlerweile eine Vielzahl von Titeln hervorgebracht, von denen oft nicht mehr als 5000 Exemplare verkauft werden. Mit diesen Sportzeitschriften werden gezielt Anhänger von exotischen, innovativen oder in den Medien randständigen Sportarten angesprochen, die ansonsten kaum Möglichkeiten haben, sich über Entwicklungen in ihrer Sportart zu informieren. Auch sind derartige „Nischenmagazine" zum festen Bestandteil der jugendlichen Szenen der Surfer, Skate-, Snow- und Wakeboarder geworden.

Tab. 17: Reichweiten von ausgewählten Sportzeitschriften und -zeitungen (nach ZUBAYR/GERHARD 2004, 33).

Titel	Leser pro Ausgabe in %
Sport Bild	4,3
Kicker Sportmagazin	3,1
Bravo Sport	0,7

Aufgabe 90

Recherchieren Sie im Internet oder im Zeitschriftenhandel die Titel möglichst vieler Sportzeitschriften und listen Sie die Sportarten auf, über die in den Magazinen berichtet wird. Machen Sie Aussagen darüber, inwiefern die Aufmachung der einzelnen Zeitschriften auf die Leser abgestimmt ist.

Sportseiten im World Wide Web

Unter den Rezipienten der Sport-Websites überwiegt die Altersgruppe der 20- bis 29-Jährigen. Auch lässt sich feststellen, dass formal hoch Gebildete das Medium häufiger nutzen als formal niedriger Gebildete. Am deutlichsten sind die Nutzungsunterschiede zwischen den Geschlechtern. Während 15 Prozent der Männer Sportinformationen aus dem Internet beziehen, sind es bei den Frauen nur 5 Prozent. Insbesondere bei den jugendlichen Szenen der Trendsportarten kann eine fortschreitende Verlagerung der Medienpraxis ins World Wide Web diagnostiziert werden.

Postkommunikative Phase

An die eigentliche Rezeption von Sportmedienangeboten schließt sich die postkommunikative Phase der Medienrezeption an. In dieser Phase knüpft der Rezipient Beziehungen zwischen seiner eigenen Alltagswirklichkeit und der Medienrealität des Sports, an der er während der kommunikativen Phase partizipiert hat. Nach STIEHLER (2007) werden die im Rezeptionsprozess erworbenen Informationen in der postkommunikativen Phase auf unterschiedliche Art und Weise weiter genutzt, und zwar

- zur **Bewertung** der erhaltenen Gratifikationen;
- zur **Attribution** von Erfolg und Misserfolg;
- und zur **Anschlusskommunikation.**

Bewertung: Im Anschluss an die Medienrezeption werden die Motive und Erwartungen, die der Medienrezeption zugrunde gelegen haben, mit den erfüllten Gratifikationen verglichen. Am Ende eines Ist-Soll-Vergleichs steht die Bewertung der erhaltenen Gratifikationen, die in Entscheidungsprozesse weiterer Mediennutzung einfließen kann.

Attribution: Ursachenforschung und Expertengespräche über Erfolg und Misserfolg der Athleten sind ein wichtiger Bestandteil der Sportberichterstattung. Nach der Rezeption von Sportberichten beteiligen sich die Zuschauer gerne an den Gesprächen über die Ursache von Scheitern oder Siegen und verwenden dabei unterschiedliche Muster der Ursachenzuschreibung.

Anschlusskommunikation: Die bereits während der Mediennutzung einsetzende Kommunikation kann nach der Rezeption fortgesetzt oder in eine neue soziale Konstellation überführt werden. Zum Gesprächsgegenstand werden dabei vor allem sportliche Medienereignisse, die für die Rezipienten hohe Relevanz haben. Die an die Mediennutzung anschließende Kommunikation liefert dabei unverbindlichen Gesprächsstoff, vertieft die Auseinandersetzung mit dem Rezeptionsgegenstand oder ist Mittel zur Darstellung der eigenen Mediensport-Kompetenz.

Funktionen der Medienrezeption

Unabhängig von der Medienart erfüllt die Rezeption von Sportangeboten für die Rezipienten unterschiedliche Funktionen. Gleich (2000) differenziert in vier verschiedene Funktionen:

Unterhaltungs- und Anregungsfunktion

Der Wettkampfcharakter des Sports mit seinem Regelwerk, das eine nachvollziehbare Unterscheidung in Gewinner und Verlierer erlaubt, ermöglicht den Rezipienten von medialen Sportangeboten ein hohes Maß an emotionaler Partizipation. Bei Sportübertragungen in Fernsehen und Hörfunk wird das dem Sport innewohnende dramaturgische Potential zusätzlich aufbereitet, womit die Freude am Sieg der favorisierten Mannschaft oder die Ungewissheit über den Ausgang eines sportlichen Wettkampfes noch gesteigert werden. Das Erleben von „Spannung" und „Entspannung" sind somit zwei wesentliche Motive, weshalb sich Menschen regelmäßig den Sportangeboten in den Medien zuwenden.

Aufgabe 91

Diskutieren Sie den Stellenwert der einzelnen Funktionen bei der Rezeption von Mediensport. Berücksichtigen Sie dabei sowohl persönliche Merkmale der Rezipienten (Geschlecht, Erfahrungen mit der Sportart, etc.) als auch den unterschiedlichen Kontext, in dem Mediensport rezipiert werden kann. Überlegen Sie, welche der Funktionen für ihre eigene Sportmediennutzung bedeutsam ist.

Informationsfunktion

Sportangebote in den Medien können genutzt werden, um sich über die Leistungen favorisierter Mannschaften oder Sportler zu informieren. Sportzeitschriften dienen vielen Lesern als Ratgeber in Technik- und Materialfragen. Wer sich über Sport informieren möchte, der nutzt hierfür in erster Linie den Sportteil der Tageszeitungen. Auch der Teletext im Fernsehen, die Sportseiten im Internet oder die Sportnachrichten im Radio erfüllen überwiegend eine Informationsfunktion für den Rezipienten.

Modellfunktion

Darüber hinaus nutzen manche Rezipienten Mediensport, um sich ein Bild von der Technik der Athleten zu machen und die eigenen sportlichen Leistungen in einen Beziehungsrahmen zu setzen. Informationen über Taktik und Strategie sowie Regeln des Sports sind weitere Nutzungsmotive, die für eine Modellfunktion medialer Sportangebote sprechen. Sportzeitschriften werden neben ihrer Funktion als Ratgeber in Materialfragen von der Leserschaft auch für Lernprozesse von sportlichen Techniken verwendet, deren Phasenfolge oftmals als Bildreihe in den Zeitschriften abgebildet ist.

Soziale Funktionen

Mediensport erfüllt mehr als viele andere Programme soziale Funktionen, indem er Identifikationen mit Sportlern und emotionale Bindungen zu ihnen ermöglicht. Bei der Übertragung eines sportlichen Wettkampfes vermittelt das Fernsehen persönliche und intime Bilder, die dem Stadionbesucher meist verborgen bleiben. Häufig zu sehen sind vor Anstrengung verzerrte Gesichter der Athleten oder Nahaufnahmen

Nach Hartmann (2004) entwickeln sich daraus parasoziale Beziehungen zu Medienfiguren, über die sich die Rezipienten mit den Sportlern identifizieren.

„Parasoziale Beziehungen können als eine spezifische Form des interpersonalen Involvements mit medial vermittelten Personen verstanden werden" (Hartmann 2004, 97).

von Gefühlsausbrüchen der Freude und Trauer, die den Fernsehzuschauer emotional in das Geschehen involvieren.

Neben dem Aufbau parasozialer Beziehungen äußern sich soziale Funktionen der Mediensportrezeption noch in gruppenbezogenen Sprachhandlungen, Expertentum und dem zeitweiligen Ausbrechen aus sozialen Verhaltensnormen, das insbesondere bei der Rezeption von Live-Übertragungen zu beobachten ist.

Wirkungen von Mediensport

Gleich (2004) bezeichnet mit ‚Medienwirkungen' alle Veränderungen, die auf Medien bzw. auf deren Botschaften zurückgeführt werden können. Derartige Veränderungen können sich sehr unterschiedlich ausdrücken. Nach einem Sieg der Fußball-Nationalmannschaft können bei den Zuschauern beispielsweise Stolz und Zugehörigkeitsgefühle auftreten. Enttäuschung, Wut oder gar Minderwertigkeitsgefühle stellen sich ein, wenn die Lieblingsmannschaft verliert. Auch der Eindruck eines Zuschauers, nach einer Sportsendung besser informiert zu sein, sowie ein durch die Rezeption einer Sportsendung verändertes Freizeitverhalten eines Zuschauers zählen zu den Wirkungen, die von Mediensport ausgehen können.

Mit Blick auf den Wirkungsradius der Veränderungen werden unterschiedliche Ebenen der Medienwirkung unterschieden (Schramm 2007, 213):

- **Medienwirkungen auf der Mikroebene:** Medien können Veränderungen bei einzelnen Individuen hervorrufen. Derartige **individuelle Medienwirkungen** äußern sich in veränderten Denk- und Bewertungsmustern (Kognitionen), auftretenden Gefühlszuständen (Emotionen) oder veränderten Verhaltensweisen (Konationen).
- **Medienwirkungen auf der Mesoebene:** Sind von den Wirkungen der Medien nicht nur Einzelpersonen, sondern große Gruppen und Organisationen betroffen, dann spricht man von **sozialen Medienwirkungen.** Derartige Wirkungen können sich in veränderten Mitgliederzahlen der Sportvereine oder einer Änderung in der Organisation von Sportwettkämpfen ausdrücken.

- **Medienwirkungen auf der Makroebene:** Über die Wirkungen auf Individuen, Gruppen und Organisationen hinaus können Medien Veränderungen hervorrufen, von denen ganze Gesellschaften betroffen sind. Derartige **gesellschaftliche Medienwirkungen** treten insbesondere bei sportlichen Großereignissen auf, die von hoher nationaler Relevanz sind und daher ein besonders hohes Wirkpotential aufweisen.

Individuelle Medienwirkungen

Bei der Rezeption von Mediensport treten beim Zuschauer Emotionen zu Tage. Mediensport ist stark personenzentriert, weshalb sich die Emotionen der Rezipienten in erster Linie auf die präsentierten Sportler beziehen. Bei Fußballübertragungen im Fernsehen sympathisieren die Rezipienten mit ihrer Mannschaft und hoffen auf deren Sieg oder die Niederlage des Gegners. Die meisten Zuschauer bevorzugen eine ausgeglichene Auseinandersetzung zwischen den Sportkontrahenten mit einem möglichst hohen Unsicherheitsgefühl. Gewinnt letztendlich doch die Lieblingsmannschaft oder der Lieblingssportler, zeigen Zuschauer stark positive Emotionen. Im Gegensatz zu einem Happy End in letzter Minute entlädt sich die aufgestaute Energie bei einem für den Protagonisten negativen Ausgang in Wut, Ärger oder gar aggressiven Handlungen.

Gelingt es dem Zuschauer, seine Aufmerksamkeit größtenteils auf die Akteure des Mediensports zu lenken, dann können während der Mediennutzung die eigenen Probleme in den Hintergrund treten. Dieses zeitweilige Zurückstellen der eigenen Identität und ein imaginäres Übernehmen der Sportleridentität bezeichnet man als **Eskapismus.** Es setzt eine intensive gedankliche wie emotionale Beschäftigung mit einem Mediensportangebot voraus. Insbesondere die Identifikation mit einem ruhmreichen Athleten lässt die eigenen Sorgen und Defizite zumindest kurzzeitig verblassen, da ein wenig Ruhm auf den Fan abfällt. Nach Gleich (2004) steigert die Identifikation mit einem siegreichen Team das Selbstwertgefühl und die eigene Stimmung. Zudem wird die Selbstwirksamkeit bei der Bewältigung unterschiedlicher Aufgaben von

Rezipienten nach einem Sieg ihres favorisierten Teams deutlich höher eingeschätzt als nach einer Niederlage.

Ein grundlegendes Problem bei der Frage nach Medienwirkungen liegt darin, die untersuchten Veränderungen eindeutig auf die Rezeption von Sportberichterstattung zurückzuführen. Für die Wirkungsweise des Mediensports auf Individuen gilt jedoch (vgl. Gleich 2004, Schramm / Dohle / Klimmt 2004, Schramm 2007):

- die emotionalen Reaktionen des Zuschauers sind umso intensiver, je stärker die Sympathie zum Protagonisten und je stärker die Antipathie zum Antagonisten ist;
- das Spannungserleben des Zuschauers ist umso intensiver, je dramatischer der Spielverlauf und je bedeutsamer das Spiel eingestuft wird;
- insbesondere männliche Jugendliche und Personen, die Aggression bereits als situationsübergreifendes Persönlichkeitsmerkmal aufweisen, sind anfällig für aggressives Verhalten bei und nach der Rezeption von Mediensport;
- die Identifikation mit erfolgreichen Sportlern tritt bei Personen, die in ihrem eigenen Leben eher erfolglos sind, häufiger zu Tage;
- die Art und Weise, wie Sportereignisse in den Medien kommentiert werden, nimmt Einfluss auf die Wahrnehmung und Interpretation der Ereignisse durch die Rezipienten;
- journalistische Dramatisierungsstrategien der Kommentatoren beeinflussen das affektive Erleben des Fernsehsports.

Soziale Medienwirkungen

Sportberichte in den Medien werden häufiger als andere Medienangebote gemeinsam rezipiert und bieten Anlass zu Geselligkeit, was einen Teil der individuellen Medienwirkungen verstärkt. Sich als Teil einer größeren Gruppe zu wissen, die sich ebenfalls mit den betreffenden Sportlern identifiziert, kann die kognitive und emotionale Beschäftigung mit dem Medienangebot verstärken. Werden Übertragungen gesellschaftlich wichtiger Sportereignisse, wie z. B. das Finale einer Fußballweltmeisterschaft, gemeinsam mit Freunden auf

Großleinwand verfolgt, dann „involvieren" sich selbst solche Personen, die sich sonst eher nicht für Mediensport interessieren. Grund hierfür ist die potentielle Anschlusskommunikation über Verlauf und Ausgang des Ereignisses. Bei der an das Ereignis anschließenden Kommunikation am Arbeitsplatz, unter Freunden oder Bekannten wollen es sich nur wenige leisten, über das Ereignis nicht mitreden zu können.

Die Sportberichterstattung in den Medien kann Einfluss auf Entwicklungen innerhalb der Sportarten und auf die Bereiche des organisierten Sports nehmen. Einige Sportarten lassen sich nur schlecht fernseh- bzw. zuschauergerecht darbieten. Hier versuchen die Medienanstalten und Konzerne, die sich mit der Produktion und Vermarktung medialer Sportangebote befassen, Einfluss auf das Regelwerk von Sportarten zu nehmen. So wurden beispielsweise im Tischtennis die Bälle vergrößert, damit das Spiel langsamer wird und für die Zuschauer besser zu verfolgen ist. Im Hallenvolleyball wurde die Zählweise der Punkte verändert, während im Beachvolleyball die leichte Bekleidung der Damen in das Regelwerk aufgenommen wurde.

Bei sportlichen Großereignissen werden unter dem Einfluss der Medien entscheidende Wettkämpfe und Spiele auf optimale Sendezeiten verlegt. Die dem Mediensport zugrunde liegenden Finanzierungskonzepte bewirken zudem eine Polarisierung in ‚reiche' und ‚arme' Sportverbände, je nachdem, ob die von ihnen vertretenen Sportarten den Medien etwas zu bieten hat oder nicht.

Die Präsentationsformen des Sports in den Medien können Einfluss auf die Attraktivität und Nachfrage einer Sportart nehmen. Begünstigt wird dies vom sportlichen Erfolg heimischer Athleten. Der unerwartete zweite Platz von Jan Ullrich bei der Tour de France 1996 und sein Sieg im darauf folgenden Jahr wirkten sich positiv auf die Identifikation der Zuschauer mit der Sportart aus (siehe Abb. 48). Anwachsende Mitgliederzahlen in Radsportvereinen und steigende Einschaltquoten in den nachfolgenden Jahren waren die Folge. Die mediale Aufbereitung der Dopingvorwürfe gegen verschiedene Radsportprofis in den Jahren 2006 und 2007 führte dazu, dass die Sportart ihr „sauberes" Image verlor. Dies wirkte sich auf die Öffentlichkeitsarbeit von Radsportlern und das Engagement von Sponsoren aus, die sich zu großen Teilen nicht

Aufgabe 92

Zeigen Sie am Beispiel des Radsports die Interessen der Medien, der Radsportler, der Sponsoren und der Zuschauer auf und diskutieren Sie wechselseitige Abhängigkeiten, die aus dem Zusammenspiel der Interessen resultieren. Beziehen Sie in Ihre Überlegungen auch die Auswirkungen von Dopingvorwürfen gegen Radsportler ein.
Hinweis: Berücksichtigen Sie bei der Bearbeitung der Aufgabe das „magische Dreieck" im Sportsponsoring (siehe Kapitel „Sport und Wirtschaft").

mehr vorbehaltlos dem jährlichen Tour-de-France-Spektakel zuwendeten.

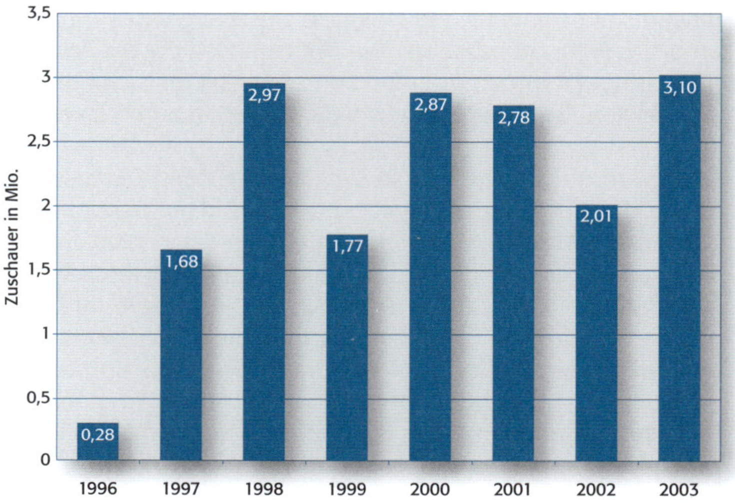

Abb. 48: Reichweiten der Übertragung der Tour de France" (nach Zubayr/Gerhard 2004, 41).

Siehe auch den Beitrag „Olympische Spiele der Neuzeit" in diesem Kursbuch.

Aufgabe 93

Am Anfang dieses Kapitels wurde ein Modell der Massenkommunikation (siehe Abb. 40) vorgestellt. Nennen Sie nun anhand aller in diesem Kapitel dargestellten Inhalte für jeden Pfeil des Modells mindestens zwei Beispiele.

Medienwirkungen auf der Makroebene

Übertragungen von internationalen Sportereignissen wie Olympischen Spielen oder Fußball-Weltmeisterschaften werden oft in Gruppen gesehen und haben neben ihrem Ereigniswert auch einen symbolischen Charakter. Zuschauer von Olympischen Spielen verbinden diese mit Werten wie Humanität, Fairness und Völkerverbindung. Mit ihrer Symbolik – z. B. dem Präsentieren von Flaggen und dem Singen von Nationalhymnen – repräsentieren internationale Sportereignisse für das Publikum auch nationale Werte wie Patriotismus und Stolz. Übertragungen von sportlichen Großereignissen nehmen damit die Qualität moderner Rituale an, bei denen sich die Zuschauer der Werte, Normen und Traditionen der Gesellschaft versichern können. Medialen Präsentationen internationaler Sportereignisse wird somit eine nationale Stabilisierungs- und Identifikationsfunktion zugeschrieben (Gleich 2004).

Zur vertiefenden Weiterarbeit empfohlen:

Schierl, T. (Hrsg.): Handbuch Medien, Kommunikation und Sport. Schorndorf 2007.

Schramm, H. (Hrsg.): Die Rezeption des Sports in den Medien. Köln 2004.

Roters, G. / Klingler, W. / Gerhards, M. (Hrsg.): Sport und Sportrezeption. Baden-Baden 2001.

Literaturverzeichnis:

Becker, H. / Feick, J. / Uhl, H.: Leitfragen Politik. Stuttgart 1993.

Brüggemeier, F.-J.: Fußball – mehr als ein Spiel. In: Bundeszentrale für politische Bildung (Hrsg.): Informationen zur politischen Bildung. Bonn 2006, 4–58.

Chill, H. / Meyn, H.: Die Funktionen der Massenmedien in der Demokratie. In: Bundeszentrale für politische Bildung (Hrsg.): Informationen zur politischen Bildung. Bonn 1998, 3–6.

Digel, H. / Burk, V.: Zur Entwicklung des Fernsehsports in Deutschland. In: Sportwissenschaft 29 (1999) 1, 22–41.

Gerhards, M. / Klingler, W.: Sport und elektronische Medien. Die Bedeutung der Sportberichterstattung für die elektronischen Medien Hörfunk und Fernsehen. In: Schauerte, T. / Schwier, J. (Hrsg.): Die Ökonomie des Sports in den Medien. Köln 2004, 152–167.

Gleich, U.: Merkmale und Funktionen der Sportberichterstattung. In: Media Perspektiven 30 (2000), 511–516.

Gleich, U.: Die Wirkungen von Sportkommunikation: Ein Überblick. In: Schramm, H. (Hrsg.): Die Rezeption des Sports in den Medien. Köln 2004, 183–211.

Hackforth, J.: Sportjournalismus in Deutschland. In: Hackforth, J. / Fischer, C.: ABC des Sportjournalismus. Konstanz 2004, 13–49.

Hartmann, T.: Parasoziale Interaktionen und Beziehungen mit Sportstars. In: Schramm, H. (Hrsg.): Die Rezeption des Sports in den Medien. Köln 2004, 97–120.

Krüger, U. M.: Sparten, Sendungsformen und Inhalte im deutschen Fernsehangebot. In: Media Perspektiven 35 (2005), 190–204.

LOOSEN, W.: „Das wird alles von den Medien hochsterilisiert" – Themenkarrieren und Konjunkturkurven der Sportberichterstattung. In: ROTERS, G./KLINGLER, W./GERHARDS, M. (Hrsg.): Sport und Sportrezeption. Baden-Baden 2001, 133–148.

REITZE, H. (HRSG.): Media Perspektiven – Daten zur Mediensituation in Deutschland 2005. Frankfurt/Main 2005.

SCHAUERTE, T.: Quotengaranten und Minderheitenprogramm. Theoretisch-empirische Analyse der Nutzung medialer Sportangebote in Deutschland. Berlin 2002.

SCHAUERTE, T.: Öfter, komplexer, intensiver? – Der Einfluss von Motiven auf die Nutzung von medialen Sportangeboten. In: Sport und Gesellschaft 2 (2005) 3, 255–274.

SCHELLMANN, B./GAIDA, P./GLÄBER, M./KEGEL, T.: Medien. verstehen – gestalten – produzieren. Haan-Gruiten 2005.

SCHENK, M.: Medienwirkungsforschung. Tübingen 2002.

SCHRAMM, H.: Mediensport und seine Wirkungen. In: SCHIERL, T. (Hrsg.): Handbuch Medien, Kommunikation und Sport. Schorndorf 2007, 212–227.

SCHRAMM, H./DOHLE, M./KLIMMT, C.: Das Erleben von Fußball im Fernsehen. In: SCHRAMM, H. (Hrsg.): Die Rezeption des Sports in den Medien. Köln 2004, 121–142.

SCHWIER, J./SCHAUERTE, T.: Nutzung von Sportangeboten in den Medien. In: SCHIERL, T. (Hrsg.): Handbuch Medien, Kommunikation und Sport. Schorndorf 2007, 200–211.

STIEHLER, H.-J.: Sportrezeption zwischen Unterhaltung und Information. In: SCHIERL, T. (Hrsg.): Handbuch Medien, Kommunikation und Sport. Schorndorf 2007, 182–199.

WIEGERLING, K.: Medienethik. Stuttgart 1998.

ZUBAYR, C./GERHARD, H.: Zur Nachfrage nach Sportangeboten in den Medien. In: SCHRAMM, H. (Hrsg.): Die Rezeption des Sports in den Medien. Köln 2004, 28–48.

ZUBAYR, C.: Das Angebot von Sport in den Medien in Deutschland. In: SCHIERL, T. (Hrsg.): Handbuch Medien, Kommunikation und Sport. Schorndorf 2007, 56–68.

Olympische Spiele der Neuzeit

Die Olympischen Spiele sind das **größte Sportfest der Welt.** Ihre Besonderheit besteht darin, dass im Unterschied zu Weltmeisterschaften nicht nur Wettkämpfe in einer Sportart bzw. in verschiedenen Disziplinen einer Sportart ausgetragen werden, sondern dass Wettkämpfe auf höchstem Niveau unter den besten Sportlerinnen und Sportlern der Welt in zahlreichen olympischen Sportarten stattfinden. Diese Spiele werden immer in einem anderen Land der Erde ausgetragen – in einem Rhythmus von vier Jahren, allerdings im Zweijahreswechsel von Sommerspielen und Winterspielen. Olympische Sommerspiele gibt es seit 1896 (Athen/Griechenland), die ersten Winterspiele seit 1924 (Chamonix/Frankreich).

Die Olympischen Spielen faszinieren nicht nur Millionen von Zuschauern und Sportfans, sondern diese Spiele werden mit einer bestimmten Idee des Sports verbunden – der **Olympischen Idee.** Diese Olympische Idee ist zugleich eine zentrale pädagogische Idee des Sports überhaupt.

Wie der Name „Olympische Spiele" bereits besagt, reicht das Vorbild dieses Weltsportereignisses Nr. 1 weit in die Vergangenheit zurück, in die **griechische Antike,** wo vor rund 2500 Jahren bereits athletische Wettkämpfe abgehalten wurden. Der Veranstaltungsort lag damals in Olympia auf der Peloponnes, und das Fest war eigentlich kein Sportfest in unserem heutigen Sinn, sondern wurde zu Ehren des olympischen Zeus abgehalten, des Hauptgottes im antiken Griechenland.

Siehe auch das Kapitel „Die gesellschaftliche Bedeutung des Sports in Vergangenheit und Gegenwart" (Stationen der historischen Entwicklung des Sports: Sparta und Athen).

Im Folgenden geht es zunächst um die Geschichte und (pädagogische) Idee der Olympischen Spiele der Neuzeit. Da die Deutschen eine besondere Rolle in der olympischen Geschichte spielten, wird auf diesen Aspekt besonderer Wert gelegt. Olympische Spiele waren nie nur bloße Sportfeste, sondern sie sind aufs Engste mit den politischen und gesellschaftlichen Rahmenbedingungen und deren Veränderungen verbunden. In den letzten Jahren und Jahrzehnten haben sie sich sogar zu einem herausragenden **Medienereignis** von erheblicher wirtschaftlicher Bedeutung entwickelt.

Einige Hinweise zu Quellen und Literatur:
Das Thema Olympische Spiele ist weit gefächert und wurde in der Fachliteratur ebenso wie in Zeitungen und Zeitschriften sowie weiteren, modernen Medien (Filme, Rundfunksendungen, Internet) behandelt. In diesem Artikel ist es nur möglich, die wichtigsten Aspekte anzusprechen. Wer sich näher und ausführlicher damit beschäftigen möchte, kann dies auf der Grundlage folgender Hinweise zu Quellen und Literatur tun (und bei ihnen zusätzliche Anregungen zum Weiterlesen und -forschen finden). Bei den folgenden Tipps handelt sich um eine kleine Auswahl.

- Die Organisationen, die die Olympischen Spiele repräsentieren, an erster Stelle das Internationale Olympische Komitee (IOC) sowie die nationalen olympischen Komitees (z.B. der „Deutsche Olympische Sportbund") haben informative Websites zusammengestellt, auf denen man nicht nur an wichtige Informationen über die Olympischen Spielen und die olympische Bewegung insgesamt kommt, sondern von denen auch Downloads getätigt werden können und auf denen Links angegeben sind, über die Informationen zu weiteren, verwandten Themen gegeben werden (www.dosb.de; www.nok.de; www.olympic.org/uk).
- Das Olympische Museum in Lausanne am Sitz des Internationalen Olympischen Komitees bietet die beste und reichhaltigste Ausstellung zu den Olympischen Spielen. Sie ist museumsdidaktisch vorbildlich aufgebaut und bietet neben eindrucksvollen Schriftdokumenten und Objekten zahlreiche Film- und Tondokumente sowie Beschreibungen und Erläuterungen zur Geschichte und Idee der Olympischen Spiele und olympischen Bewegung. Das Museum verfügt auch über eine umfangreiche Bibliothek und ein Archiv.
- Das IOC und das griechische olympische Komitee unterhalten in Olympia (Griechenland) in unmittelbarer Nähe zu den Ausgrabungsstätten des antiken Olympia, die Internationale Olympische Akademie. An dieser „Hochschule des Olympismus" werden seit den 1960er Jahren regelmäßig internationale Tagungen veranstaltet, die dokumentiert sind. Diese „Proceedings" finden sich auch in den Regalen der olympischen Bibliothek an der IOA in Olympia.
- Eine Fundgrube für alles Olympische, speziell aus deutscher Sicht, sind das deutsche Sport- und Olympiamuseum in Köln und das Carl- und Liselott-Diem-Archiv an der Deutschen Sporthochschule Köln. Hier findet man die wesentlichen Quellen aus dem deutschen Sprachraum.

Geschichte und Idee der modernen Olympischen Spiele

Als **Baron Fredy Pierre de Coubertin** (1863–1937) im Juni 1894 eine Reihe von Sportvertretern aus verschiedenen Ländern der westlichen Welt nach Paris zu einem internationalen Kongress für die Vereinheitlichung der Amateurbestimmungen einlud, war als letzter Punkt auf der Tagesordnung zu lesen: „Die Wiedereinführung der Olympischen Spiele". Am 23. Juni wurde dann das Internationale Olympische Komitee (IOC) gegründet, und die anwesenden Herren beschlossen, dass die ersten Olympischen Spiele der Neuzeit 1896 in Athen stattfinden sollten. Gründungspräsident wurde der Vertreter Griechenlands im IOC, Dimitrios Vikelas.

Wie es zu Olympischen Spielen kam

Diese Gründungsgeschichte ist insofern erklärungsbedürftig, als nicht ohne Weiteres zu verstehen ist, was denn **Amateurbestimmungen** mit Olympischen Spielen zu tun haben sollten, und warum ausgerechnet ein französischer Baron Olympische Spiele veranstalten wollte und ein Internationales Olympisches Komitee gründete.

Dass „Olympische Spiele" in Griechenland abgehalten werden sollten, lässt sich dagegen leicht erklären: Schließlich war gebildeten Leuten – und solche waren beim Kongress in Paris anwesend – bekannt, dass in der Antike in Griechenland Götterfeste mit athletischen Wettkämpfen abgehalten worden waren. Das wusste man aus der Lektüre antiker Autoren wie Pindar und Pausanias, und auch die Altertumswissenschaften hatten das Thema Olympia entdeckt. Französische und britische Archäologen hatten versucht, das **antike Olympia** zu finden und auszugraben, aber schließlich waren es deutsche Archäologen mit Unterstützung des jungen Deutschen Reichs, die in einer ersten Grabungskampagne von 1875 bis 1881 angefangen hatten, die antiken Wettkampf- und Kultstätten von Olympia auszugraben. Die deutschen Turner, die schon seit 1860 große nationale Turnfeste mit Turnübungen, Spielen und Wettkämpfen durchführten, verglichen deshalb ihre Turnfeste gern mit den antiken Vorbildern.

In Europa herrschte damals eine große Begeisterung für die alte Geschichte, die sich u. a. darin äußerte, dass athletische Wettkämpfe nach antikem, olympischem Vorbild (bzw. was man davon zu wissen glaubte), abgehalten wurden. In England war dies beispielsweise der Fall, wo ein sportbegeisterter Gentleman, Dr. William Penny Brooks, schon seit 1849 die „Much Wenlock Olympian Games" veranstaltete.

In Griechenland selbst erinnerte sich die junge, erst 1830 als unabhängiger Staat anerkannte griechische Nation gern an ihre antiken Wurzeln. Der Grieche Evangelis Zappas versuchte deshalb seit 1859, Olympische Spiele in Athen abzuhalten, um an die antike Tradition anzuknüpfen und der Welt zu zeigen, wie dynamisch und leistungsstark das junge Griechenland ist.

Welche Rolle spielte nun Pierre de Coubertin? Er war ein gebildeter und sportbegeisterter junger Mann aus gutem Hause und hatte sich zum Ziel gesetzt, in seinem Heimatland Frankreich eine grundlegende **pädagogische Reform** in Gang zu setzen. Diese Reform wollte er mit Hilfe des Sports und in Anlehnung an das Vorbild der Antike verwirklichen. Er machte die verfehlte Bildung dafür verantwortlich, dass die Menschen nicht in der Lage waren (und sind), ihre Interessenskonflikte fair auszuhandeln und in Frieden miteinander zu leben.

Abb. 49: Pierre de Coubertin.

Coubertin und der Sport

Mit Deutschland verband Coubertin zeit seines Lebens ein eher distanziertes Verhältnis; was sich auch darin äußerte, dass er keinen deutschen Vertreter von Turnen und Sport zu seinem Kongress nach Paris eingeladen hatte. Die Deutschen mochte er nicht; nicht nur weil sie den Krieg von 1870/71 gegen Frankreich gewonnen hatten, sondern er verachtete den preußisch-deutschen Nationalismus und Militarismus, den er u.a. auch in dem bornierten Habitus der deutschen Turner zu erkennen glaubte. Das Britische gefiel ihm dagegen sehr (obwohl dies nicht weniger „nationalistisch" und chauvinistisch war als das Deutsche), und besonders bewunderte er den „Sport", weil er der Meinung war, dass die Überlegenheit und der Wohlstand der Briten (zumindest der Oberschicht) mit ihrer Bildung zu tun hätten, in der der Sport eine große Rolle spielte.

„Sport" oder „sports" war die Bezeichnung für die Art und Weise, wie die Engländer Spiele und athletische Wettkämpfe („games and sports") betrieben. Im **Sport** sah Coubertin den Schlüssel zum Geheimnis des Erfolgs der Engländer in der Welt. Auf Bildungsreisen nach England war ihm klar geworden, dass es sich dabei nicht einfach nur um überflüssige Freizeitbetätigungen einiger reicher und reichlich exzentrischer englischer Gentlemen handelte, sondern dass diese körperlichen Spiele, Übungen und Wettkämpfe wichtige erzieherische und politische Funktionen erfüllten. Sie wurden intensiv an den Schulen und besonders den Eliteschulen, den „public schools“, und Universitäten betrieben. Dort wurde der Nachwuchs der herrschenden Schichten des Weltreichs, die man als **„Gentlemen“** bezeichnete, gebildet.

Dieser Sport, davon war der Pädagoge Coubertin schon früh überzeugt, musste im Mittelpunkt einer umfassenden Bildungsreform stehen. Sportliche Bildung und Erziehung – „Pédagogie sportive“, wie Coubertin es nannte – erschienen ihm als die besten Mittel, um die Jugend auf die Herausforderungen der Zukunft vorzubereiten und damit eine bessere, friedlichere Welt zu schaffen.

Den Sport, den die englischen Gentlemen pflegten und den die Kinder dieser britischen Oberschicht an den public schools lernten, bezeichneten sie selbst als **„Amateursport“.** Mit diesem Wort, das sich an das lateinische „amare“ (lieben) anlehnte, brachten sie zum Ausdruck, dass diesen Sport nur Menschen betreiben konnten (wie sie selbst), die dies aus Liebe und Leidenschaft taten, letztlich um seiner selbst willen, und nicht, weil sie damit ihren Lebensunterhalt verdienen mussten wie etwa Zirkusartisten, professionelle Läufer („footmen“), Boxer oder Spieler – vornehmlich im Cricket, der Gentlemansportart Nr. 1, aber auch im Tennis und im Rugby bzw. „association football“ (dem heutigen „soccer“). Die Gentlemen ließen selbst Tennis- oder Rudertrainer bei ihren Turnieren und Regatten nicht mitmachen, weil diese nicht ihren Amateurvorstellungen entsprachen bzw. nicht zu ihrer sozialen Klasse zählten.

Da es überall auf der Welt sportbegeisterte Gentlemen gab, sei es als Kaufleute, Reisende oder Diplomaten im Dienste ihrer Majestät, hatten diese den Wunsch, weltweit Wettkämpfe und Turniere auszutragen; auch mit Sportlern und Athleten, die keine britischen Gentlemen im engeren Sinn waren, sondern zur Oberschicht anderer Länder zählten, aber genau wie sie über viel Geld und Zeit verfügten, um ihren Sport zu betreiben. Jeder Club und jede Sportart hatte jedoch eigene Vorstellungen, was denn ein **„Amateur“** sei und wer bei einem Wettbewerb zugelassen werden durfte. Deshalb zeigten die Gentlemen in aller Welt durchaus Interesse an dem Kongress von Pierre de Coubertin, bei dem es laut Einladung um dieses Problem der Vereinheitlichung der Ama-

Aufgabe 94

Informieren Sie sich über die politische Lage um 1900, speziell zur Rolle Großbritanniens.

Aufgabe 95

Klären Sie den Begriff des „Gentleman“. Welche „sports“ betrieben Gentlemen? Gibt es heute in Großbritannien noch typische „Gentlemansportarten“? Welche sind das?

Aufgabe 96

Die Kinder des englischen Königshauses werden bis heute an berühmten „public schools“ erzogen. Informieren Sie sich über diese Schulen.

Literaturempfehlung: Krüger 2005[2].

teurbestimmungen gehen sollte, natürlich mit dem Ziel, den internationalen Sportverkehr – unter Gentlemen versteht sich – zu erleichtern.

Die Idee Olympischer Spiele

Coubertin gelang es, Gentlemansportler in aller Welt (genauer in Europa und den Vereinigten Staaten) für seine Idee internationaler Olympischer Spiele zu gewinnen, indem er auf ihre Interessen nach **sozialer Exklusivität** Rücksicht nahm. Im Kern ging es ihm jedoch um etwas anderes. Während Coubertin in seinen jungen Jahren den Sport als Mittel nutzen wollte, um die französische Jugend und die französische Nation zu stärken („Rebronzer la France"), nahm er später von dieser engen nationalen Zielsetzung Abstand. Nun wollte er mit Hilfe des Sports die (männliche) **„Jugend der Welt"** insgesamt stärken, um einen stabilen Frieden herstellen zu können. Der Sport erschien ihm ein geeignetes Instrument, indem sich Jugendliche aus allen Nationen bei friedlichen Spielen und Wettkämpfen treffen und kennenlernen konnten. Sport diente für ihn nicht nur zur körperlichen Kräftigung, sondern auch und vor allem zur charakterlichen Bildung. Beides, körperliche und charakterliche Stärke, hielt er für Voraussetzungen, um eine friedliche Welt verwirklichen zu können.

„Unser Gedanke, eine seit so vielen Jahrhunderten verschollene Einrichtung wieder aufleben zu lassen, ist folgender: Die Athletik hat eine Bedeutung erhalten, die von Jahr zu Jahr noch zunimmt. Ihre Rolle scheint in der modernen Welt ebenso beträchtlich und ebenso dauerhaft sein zu sollen, wie sie es in der Antike gewesen ist. Außerdem erscheint sie mit neuen Wesenszügen wieder; sie ist international und demokratisch, folglich den Ideen und Bedürfnissen der Gegenwart angepasst. Aber heute wie ehedem wird ihre Wirkung heilsam oder schädlich sein, je nach dem Nutzen, den man aus ihr ziehen, und der Richtung, in die man sie einpendeln wird. Die Athletik kann die edelsten wie die niedrigsten Leidenschaften ins Spiel bringen; sie kann Uneigennützigkeit und Ehrgefühl genauso entwickeln wie Geldgier; sie kann ritterlich oder verderbt, männlich oder roh sein. Schließlich kann man sie genauso gut verwenden, den Frieden zu festigen wie Krieg vorzubereiten. Aber: Adel der Gefühle, Pflege von Uneigennützigkeit und Ehre, ritterlicher Geist, männliche Energie und Friede sind das erste natürliche Bedürfnis moderner Demokratien, mögen sie republikanisch oder monarchisch sein" (aus Pierre de Coubertin: Olympische Erinnerungen. o.J., 24).

In dieser Stellungnahme Coubertins wird der Kern des olympischen Unternehmens, das man verkürzt als **„Olympismus"** bezeichnet, deutlich. Der olympische Sport war für Coubertin ein Mittel der Erziehung, insbesondere der **Friedenserziehung.** Er sieht die Olympischen Spiele und den olympischen Sport insgesamt, der über die Spiele hinausgeht, in engem Zusammenhang mit der Entwicklung der modernen Welt. Diese moderne Welt charakterisiert er durch zwei Begriffe: sie ist international und demokratisch. Coubertin will den Sport und die Athletik, die weltweit große Verbreitung gefunden haben, für friedliches Zusammenleben auf dieser Welt nutzen.

Aber Coubertin sah, nicht zuletzt durch die Anschauung der Antike, die **Zweischneidigkeit des modernen Sports.** Er kann zum Segen, und er kann zum Verderben der Menschheit beitragen. Durch den Sport werden die Gefühle und die unmittelbare, am eigenen Körper erlebte Erfahrung der Menschen angesprochen. Coubertin will sie keineswegs unterdrücken oder verhindern, sondern in positive, „edle" Energien umsetzen.

Es ist der spezielle Zweck der olympischen Bewegung, die Vitalität des Sports zu nutzen. Auf diese Weise sollen, gebunden an sportliche Leistungen und Wettkämpfe, wenn man die heute kaum noch gebräuchlichen Begriffe von „Adel" und „Ritterlichkeit" in unsere gegenwärtige Sprache überträgt, Fair play und Friedlichkeit in der Welt möglicher werden. Der Sport soll die Menschen erziehen, im fairen Wettkampf miteinander nach Sieg und Leistung zu streben; er soll ein Impuls für jeden Einzelnen sein, an sich zu arbeiten, sich zu vervollkommnen und zugleich eine friedliche Welt zu schaffen. Die olympische Erziehung ist dabei eine Erziehung für alle, nicht nur für die Sporteliten.

Olympismus – eine anpassungsfähige Philosophie und Pädagogik des Sports

Coubertin äußerte sich in zahlreichen Schriften, Büchern und Artikeln zu dieser Frage, welcher Sinn denn hinter den Olympischen Spielen stecke. Am ausführlichsten geschah dies im Jahr 1935, als ihn die deutschen Organisatoren der

Olympischen Spiele von 1936 in Berlin, Theodor Lewald und Carl Diem, gebeten hatten, in einer Rundfunkansprache die „philosophischen Grundlagen des modernen Olympismus" zu erläutern. Damals war Coubertin schon längst nicht mehr Präsident des IOC – das Amt hatte er 1925 abgelegt –, sondern widmete sich seinem Projekt eines „pädagogischen Weltbundes".

In dieser Rundfunkansprache sprach Coubertin ebenfalls von den beiden Säulen **„Internationalismus und Demokratie"**, auf denen die modernen Olympischen Spiele ruhten, und die es durch die regelmäßige Abhaltung der Spiele zu stärken gelte. Damit die Spiele und der Sport diese Funktion der Erziehung der Menschen auf eine internationale und demokratische Welt erfüllen können, müssen sie nach festen Regeln und Ritualen abgehalten und – wie in der Antike – mit Kunst und Kultur verbunden werden; denn in ihnen zeige sich, wie im sportlichen Wettkampf der besten Athleten, die Vielfalt und schöpferische Kraft der Menschen.

Aufgabe 97

Diskutieren Sie über die Ziele des olympischen Sports und die Probleme, die ihnen gegenüberstehen.

Aufgabe 98

Geben Sie Beispiele für den „wahren Geist der Sportlichkeit". Welche Beispiele für „Unsportlichkeit" gibt es?

Coubertin war davon überzeugt, dass die Menschheit insgesamt nur eine gute Zukunft habe, wenn es gelinge, die positiven Potentiale jedes einzelnen Menschen zu fördern. Dies ginge nur durch große Ernsthaftigkeit – Coubertin sprach sogar von **„religio athletae"** – und Anstrengung aller Kräfte. Die Top-Athleten bei Olympischen Spielen sollen in dieser Hinsicht Vorbilder für alle sein – nicht durch große Reden, sondern durch überzeugende sportliche Leistungen. Deshalb mussten sie (und müssen es bis heute) vor Beginn des Wettkampfs einen „olympischen Eid" ablegen, und deshalb wurden die Regeln der Olympischen Spiele auch bis ins Kleinste in einer „Olympischen Charta", dem Grundgesetz der olympischen Bewegung, niedergelegt.

Auszug aus der Präambel der **Olympischen Charta** (Fassung vom August 1994):
„Die olympische Bewegung setzt sich zum Ziel, einen Beitrag zum Aufbau einer friedlichen und besseren Welt zu leisten, indem sie die Jugend mit Hilfe des Sports erzieht, eines Sports, der (...) gegenseitiges Verstehen, den Geist der Freundschaft, Solidarität und Fairplay erfordert."

Der **Olympische Eid** der Athleten:
„Im Namen aller Athleten verspreche ich, dass wir an den Olympischen Spielen teilnehmen und dabei die gültigen Regeln respektieren und befolgen und uns dabei einem Sport ohne Doping und ohne Drogen verpflichten, im wahren Geist der Sportlichkeit, für den Ruhm des Sports und die Ehre unserer Mannschaft."

Der „Olympismus" ist keine fest gefügte Idee oder gar Ideologie wie politische Ideologien. Pierre de Coubertin ist nicht der Karl Marx des Sports. Er hat keine Theorie des Sports geschaffen, an die sich seine Wirklichkeit zu halten hatte. Es war umgekehrt. Coubertin ging von wichtigen „Funktionen" aus, die dieser Sport in der und für die moderne Welt spielt – Internationalismus und Demokratie –, aber er und seine Nachfolger (und Interpreten) waren klug genug, die **Dynamik der Sportentwicklung** zu berücksichtigen; auch wenn es manchmal schwer fiel.

Aufgabe 99

Diskutieren Sie die Begriffe „Sportlichkeit" und „Fair play".

Literaturempfehlung: Girginov / Parry 2005.

Entwicklungen innerhalb der olympischen Bewegung

Das erste Beispiel: Die Frauenfrage

Obwohl schon um die Wende vom 19. zum 20. Jahrhundert der Frauensport populär wurde, und immer mehr Frauen nicht nur politische Rechte und gesellschaftliche Gleichberechtigung mit den Männern forderten, sondern auch Sport treiben wollten, sprach sich Coubertin zeit seines Lebens gegen die Beteiligung von Frauen an Olympischen Spielen aus. Diese starre Haltung lässt sich zum einen vor dem Hintergrund seines konservativen Frauenbildes erklären und zum anderen mit der olympischen Idee, wie sie Coubertin verstand; denn für ihn waren die modernen Olympischen Spiele der Versuch, das antike Vorbild unter den Bedingungen der Moderne nachzuahmen.

„Olympische Spiele feiern heißt, sich auf die Geschichte berufen", sagte Coubertin in der berühmten Rundfunkrede von 1935.

Bekanntlich durften in der Antike Frauen (genauer gesagt verheiratete Frauen) nicht an den Olympien teilnehmen, nicht einmal als Zuschauerinnen. Wie in der Antike war für Coubertin der junge, männliche Athlet das Vorbild und Symbol auch für seine modernen Spiele. Diese Auffassung ließ sich jedoch nicht durchhalten. Die **Emanzipation der Frauen** war in der modernen Welt nicht aufzuhalten, und deshalb erlaubte der „Männerorden" IOC, dass nach und nach Frauen in Präsentations- und Randsportarten der Spiele teilnehmen konnten und schließlich 1928 in der olympischen Königsdisziplin, der Leichtathletik, offiziell an den Start gehen durften. Wenn das IOC in dieser Frage der Beteiligung von Frauen

Abb. 50: Tennisspielerin zu Beginn des 20. Jahrhunderts.

an den Spielen nicht nachgegeben hätte, hätten die Frauen wahrscheinlich eigene olympische Spiele durchgeführt. Erste erfolgreiche Versuche wurden von der französischen Frauenrechtlerin Alice Milliat (1884–1957) in Paris durchgeführt.

Heute gibt es nur noch wenige Disziplinen, die nicht für Frauen geöffnet sind. Die Beteiligung von Athletinnen bei den Spielen ist kontinuierlich gestiegen, und sogar das IOC, das über viele Jahre eine Bastion von Männern war, hat den Anteil weiblicher Mitglieder deutlich erhöht.

Das zweite Beispiel: Die Amateurfrage

Länger als an den Männern hielt das IOC an dem Dogma des **Amateurismus** fest. Für die Gründungsväter der olympischen Bewegung war es selbstverständlich, dass nur „Amateure" an Olympischen Spielen teilnehmen durften. Über diese Frage war es überhaupt erst möglich geworden, die ersten Spiele in Athen planen und durchführen zu können. Allerdings kollidierte der Amateurgedanke mit einem anderen, wichtigeren olympischen Prinzip, dass nämlich die Besten, eine **„Elite"**, wie es Coubertin nannte, an den Start ging. Schon bald waren die Amateure, die ihren Sport zwar leidenschaftlich betrieben, aber eben nur zum Vergnügen, nicht mehr die besten Athleten überhaupt. Es zeigte sich rasch, dass Reichtum, Wohlstand und adelige Herkunft keine Garantie für sportliches Talent und die Bereitschaft zu hartem und entbehrungsreichem Training sind. Und das war (und ist) nötig, um in der sportlichen Konkurrenz bestehen zu können.

Abb. 51: Jim Thorpe.

Trotzdem hielt das IOC, dem es obliegt, über die Einhaltung der Regeln zu wachen, eisern an den alten Amateurbestimmungen fest, obwohl die Zeit schnell darüber hinwegging. Der erste Fall, der die Ungerechtigkeit des Festhaltens an einem elitären Amateurkonzept offenbarte, war Jim Thorpe.

Der Amerikaner indianischer Abstammung holte bei den Spielen in Stockholm 1912 zwei Goldmedaillen: eine im Fünfkampf, die andere im Zehnkampf der Leichtathletik. Nach seinen olympischen Triumphen spielte Jim Thorpe wieder Football, wie er es im Übrigen auch schon früher getan hatte, und verdiente sich damit seinen Lebensunterhalt. Das IOC und das amerikanische olympische Komitee nahmen daran Anstoß und sprachen ihm 1913 alle seine olympischen Medaillen ab.

Die Amateurbestimmungen führten dazu, dass schon bald wichtige Sportarten nicht mehr bei den Spielen vertreten waren. Da sich die Tennisspieler und die Fußballer den Amateurbestimmungen des IOC nicht beugen wollten, schieden sie aus der olympischen Familie aus: Die Fußballer schickten nur die unbekannten und schwächeren „Amateure“, obwohl die Grenzen zwischen den Amateuren und den Professionals fließend waren. Inzwischen haben der Weltfußballverband FIFA und das IOC vereinbart, dass beim olympischen Fußballturnier die Juniorennationalmannschaften (U 21) starten.

Von 1928 bis 1992 gab es keine olympischen Tennisturniere bei Olympischen Spielen, weil sich das IOC und der Internationale Tennisverband ILTF (International Lawn Tennis Federation) wegen der unterschiedlichen Amateurbestimmungen nicht einigen konnten. Fußball und Tennis waren (und sind) aber ausgerechnet diejenigen Sportarten, die zu den beliebtesten bei Zuschauern und Medien zählen. Dass die Besten des Sports und in möglichst allen Sportarten, besonders aber in denen, die von vielen Menschen betrieben und bewundert werden, an Olympischen Spielen teilnehmen und um den Sieg wetteifern, davon konnte nun nicht mehr die Rede sein.

Geradezu absurd wurde die Situation, als seit den 1930er Jahren totalitäre Staaten ihre Athleten aus politischen Gründen mit staatlicher Unterstützung systematisch förderten. Den Anfang machte das nationalsozialistische Deutschland aus Anlass der Spiele von 1936.

Siehe auch das Kapitel „Die gesellschaftliche Bedeutung des Sports in Vergangenheit und Gegenwart“ (Sport und Leibeserziehung im Nationalsozialismus).

Nach dem Zweiten Weltkrieg wurde dieser **„Staatsamateurismus“** von den Staaten des kommunistischen Ostblocks auf die Spitze getrieben, an erster Stelle von der DDR. Sie ließen sich die Vorbereitung und Ausstattung ihrer olympischen Athletinnen und Athleten viel kosten, nicht nur Geld, sondern auch Know-How sowie spezielle Sportstätten, Labors, Forschung und geschultes Personal. Der kapitalistische Westen zog nach, um im Wettstreit der Systeme nicht zu unterliegen. Am Ende, d. h. ungefähr ab den Spielen von Rom (1960) und Tokio (1964), traten bei Olympischen Spielen nur noch dem Schein nach Amateure an. In Wirklichkeit handelte es sich um hochgerüstete und mit Steuergeldern gesponserte Athleten, die von ihren Staaten mit einem mehr oder weniger ausformulierten politischen Auftrag in die Arena geschickt wurden. Offiziell galten die Ost-Athleten aber als „Amateure“.

Siehe auch das Kapitel „Die gesellschaftliche Bedeutung des Sports in Vergangenheit und Gegenwart“ (Die sozialistische Körperkultur in der DDR).

Ihre Kolleginnen und Kollegen im Westen befanden sich in einer schwierigeren Situation. Staat und Gesellschaft erwarteten von ihnen hohe und höchste Leistungen sowie Siege über die „Staatsamateure“ des Ostens. Der Staat stellte auch eine möglichst optimale Infrastruktur an Sportstätten, Trainings- und Wettkampfmöglichkeiten sowie Trainerinnen und Trainern zur Verfügung, um die Grundlage für politisch erwünschte sportliche Siege zu schaffen. Nach dem Vorbild kommunistischer Staaten entwickelte sich auch in vielen Staaten des Westens die Armee zum bedeutendsten Förderer des Leistungssports. Offiziell durften die Westathleten aber nicht von ihrem Sport leben; sie mussten Amateure sein. „Unter dem Tisch“ wurden jedoch Prämien und großzügige Fahrt- und Aufwandsentschädigungen bezahlt. Erfolgreiche Sportlerinnen und Sportler bekamen entsprechende berufliche Stellungen zugeschanzt, sei es in der Wirtschaft oder auch in Schulen und Hochschulen, die es ihnen ermöglichten, ihren Sport neben dem Beruf auszuüben oder danach in gesicherten Verhältnissen zu leben.

Erst nach den Spielen von 1972 (München) und 1976 (Montreal), als die Olympischen Spiele zu einem zweitklassigen Sportereignis abzusinken drohten, folgte ein Sinneswandel. Auf dem **Olympischen Kongress 1981** in Baden-Baden beschloss das IOC eine grundlegende Reform der Zulassungsregeln. Ab sofort war der Weg frei für die Teilnahme von professionellen Athletinnen und Athleten an Olympischen Spielen. Allerdings ist es ihnen bis heute nicht erlaubt, bei den Wettkämpfen Trikotwerbung zu tragen, und sie erhalten auch keine Start- und Preisgelder, wie dies bei Weltmeisterschaften und anderen Turnieren und Events der Fall ist.

Die Abschaffung des Amateurismus bedeutete, dass die Spiele professionell und kommerziell wurden. Heute ist es kein Makel mehr, wie dies noch Avery Brundage, IOC-Präsident von 1952 bis 1972, empfand, sich als „Profi“ zu bezeichnen, der mit seinen guten Leistungen auch gutes Geld verdienen möchte. Im Gegenteil: Öffentlichkeit und Medien erwarten von ihren Sportstars **professionelle Leistungen** und professionelles Verhalten. Staat, Wirtschaft und Medien sind im Gegenzug bereit, viel Geld dafür zu bezahlen.

Dafür scheint jedoch ein Element des Sports verloren gegangen zu sein, das den **ideellen Kern des Amateursports**

Siehe auch das Kapitel „Die gesellschaftliche Bedeutung des Sports in Vergangenheit und Gegenwart“ (Merkmale und Werte sportlichen Handelns).

ausgemacht hatte: Die Freiheit, Leichtigkeit und Ungezwungenheit des Spiels; dass es zwar um viel geht, aber eben nicht um alles, und schon gar nicht um Existenzielles. Wer nur von seinem Sport lebt, wie ein **„Profi"**, dem wird diese Haltung naturgemäß schwerer fallen als einem leidenschaftlichen Sportler, der aber letztlich nicht darauf angewiesen ist, ob er am Ende gewinnt oder nicht.

Aufgabe 100

Diskutieren Sie die Frage, welche Rolle materielle Anreize für einen Leistungssportler spielen?

Aufgabe 101

Sollte ein Spitzensportler noch einen anderen Beruf haben oder nur auf den Sport setzen? Kennen Sie Beispiele von berühmten Athletinnen und Athleten?

Aufgabe 102

Wie stellt sich die Situation in solchen Sportarten dar, die in der Regel weniger öffentliches Aufsehen erregen und somit für die AthletInnen finanziell wenig lukrativ sind?

Literaturempfehlung: Brettschneider / Richartz 1996.

Exkurs: Warum deutsche Turnfunktionäre nichts von Olympischen Spielen hielten

In Deutschland entwickelte sich im 19. Jahrhundert eine besondere, nationale Körper- und Bewegungskultur unter dem Namen **„Turnen"**. Turnen in Form von Bewegen an Geräten, gymnastischen, körperbildenden Übungen, athletischen Übungen des Laufens, Springens, Werfens sowie von Turnspielen wie Völkerball, Prellball, Schlagball und Faustball u.v.a.m. war in Schule und Verein verbreitet. Die Deutsche Turnerschaft als Dachverband aller Turnvereine existierte seit 1868. Es handelte sich damals um den weltweit größten Verband für Leibesübungen. Ebenso gab es seit 1893 einen Dachverband der Arbeiter-Turnvereine (ATB). Die Turner organisierten große Turnfeste, zu denen Zehntausende von Teilnehmern und Besuchern kamen.

Siehe auch das Kapitel „Die gesellschaftliche Bedeutung des Sports in Vergangenheit und Gegenwart“ (Die Deutsche Turnbewegung).

Die Turner und Turnlehrer an den Schulen vertraten im Unterschied zum Sport aus England eine Art von Leibesübungen, die betont **„national“** – „für's Vaterland“ – ausgerichtet sein sollte. Außerdem kritisierten sie den Sport wegen seines Wettkampfcharakters. Als nun zu den ersten Olympischen Spielen der Neuzeit eingeladen wurden, lehnten die Vertreter des deutschen Turnens eine Teilnahme deutscher Turner ab. Es kam zu einer Auseinandersetzung über den Sinn Olympischer Spiele und das unterschiedliche Verständnis von Leibesübungen, wie es sich in den Olympischen Spielen einerseits und im deutschen Turnen andererseits niederschlug. Im Schreiben des Vorsitzenden der Deutschen Turnerschaft, Dr. Ferdinand Goetz (1826–1915), kommen einige dieser Vorbehalte gegen die Spiele zum Ausdruck.

„Die Deutsche Turnerschaft hat es entschieden abgelehnt, sich an den im Jahre 1896 in Olympia geplanten Spielen zu beteiligen. Der Zentralverein zur Förderung der Jugendspiele hat unumwunden erklärt, dass eine Beteiligung Deutschlands an dieser Veranstaltung unsrer nationalen Selbstachtung nicht entsprechen würde. Die deutschen Sportkreise stehen dem Olympia-Spiele von 1896 fast durchweg ablehnend gegenüber. Weder die Ruderer noch die Radfahrer, noch der Fahr- und Rennsport wollen mit der Sache etwas zu tun haben.

Vorweg möchten wir bemerken, dass in den bekanntesten Fachkreisen die Angelegenheit mit gewissenhafter Sorgfalt geprüft ist [...]. An sich war die Anregung schon ein Unsinn, und zwar ein doppelter. Olympia war der Glanzpunkt nationaler althellenischer Herrlichkeit – 1896 soll es eine „internationale“ Veranstaltung geben.

Olympia war die Betätigung einer auf harmonische Allgemeinbildung hinzielenden Leibesübung – 1896 soll gerade das in Deutschland so sehr verhasste einseitige Sportfexentum seine Triumphe feiern. Den Gipfelpunkt von Olympia bildete der Fünfkampf – 1896 soll die athletische Kraftleistung, das auf die Spitze getriebene Spezialistentum entscheiden. Kurz, die Sache ist das genaue Gegenteil von allem, was wir Deutschen anstreben und – beiläufig bemerkt – als unser geistiges Erbe klassisch-griechischen Denkens und Empfindens betrachten. Aber auch mit der internationalen Seite der Sache hat es von Anfang an gehapert. In dem Pariser Ausschuß waren aller möglichen Herren Länder vertreten. Argentinien, Australien, Uruguay, sogar „Böhmen“ durch einen Gymnasialprofessor aus Klatovy (Klattau?). Nur Deutschland war nicht nur nicht eingeladen, sondern geflissentlich außer acht gelassen“ (Barisch 1971, 203 f.).

Schließlich gelang es dem Berliner Arzt und Fechter Willibald Gebhardt doch noch, eine Mannschaft zusammenzustellen, die dann nach Athen zu den Spielen fuhr. Auch eine Gruppe „wilder Turner" war dabei, die allerdings auf eigene Faust reiste und nicht den Segen der Turnerschaft hatte. Zu ihnen gehörten u.a. die der Berliner Turnerschaft angehörigen jüdischen Turner Alfred und Gustav Felix Flatow. Neben Carl Schuhmann und Hermann Weingärtner zählten sie zu den erfolgreichsten Teilnehmern der Spiele. Die Olympiasieger Flatow wurden 1942 von den Nationalsozialisten im Konzentrationslager ermordet.

Willibald Gebhardt setzte sich mit aller Kraft für die Verbreitung der olympischen Idee und den Aufbau einer olympischen Organisation in Deutschland ein. Seinen Kampf für die Spiele dokumentierte er in der schon 1896 erschienenen Schrift „Soll Deutschland sich an den Olympischen Spielen beteiligen?"

Gebhardt hatte es 1895 geschafft, ein „Komitee zur Beteiligung Deutschlands an den Olympischen Spielen" ins Leben zu rufen. Als Schirmherr konnte der Sohn des damaligen Reichskanzlers, Erbprinz zu Hohenlohe-Schillingsfürst gewonnen werden. Aus diesem Komitee entwickelte sich später der dann auf Dauer tätige Deutsche Reichsausschuss für Leibesübungen und nach dem Zweiten Weltkrieg das Nationale Olympische Komitee für Deutschland, das 2006 im Deutschen Olympischen Sportbund aufging. Gebhardt selbst wurde 1896 als Mitglied in das IOC aufgenommen. 1909 legte er das Amt nieder.

Olympische Spiele zwischen Politik und Kommerz

Alle Präsidenten des IOC waren (und sind) stolz darauf, dass die olympische Bewegung von Politik und Wirtschaft so unabhängig wie möglich agiert. Der Sport organisiert sich selbst, ist selbst für die sportlichen Regeln und deren Einhaltung verantwortlich. Die internationalen Sportverbände und letztlich das IOC bestimmen, was auf dem olympischen Programm steht und wie die Spiele abgehalten werden.

Coubertin legte deshalb großen Wert darauf, dass in den olympischen Statuten festgeschrieben wurde, dass die Olympischen Spiele nicht an Staaten und deren Regierungen vergeben werden, sondern an Städte. Natürlich muss die jeweilige Regierung ihre Zustimmung geben, aber prinzipiell darf sie sich nicht in die Spiele einmischen, weder bei der Vorbereitung und Durchführung der Spiele noch bei der inhaltlichen und formalen Gestaltung; auch nicht in Fragen der Zulassung von Sportlern zu den Spielen, oder bei Konflikten aller Art bzw. Strafen oder Sperren gegenüber Athleten. All dies wird vom IOC in Abstimmung mit den nationalen olympischen Komitees, den olympischen Spitzenverbänden und dem jeweiligen Organisationskomitee bestimmt.

Die Olympische Charta sieht vor, dass das Staatsoberhaupt des ausrichtenden Staates lediglich das Recht hat, die Spiele mit folgender Sprachformel zu eröffnen: „Ich erkläre die Eröffnung der Olympischen Spiele zur Feier der … Olympiade moderner Zeitrechnung“. Bis heute haben sich alle Staatsoberhäupter, die die Ehre hatten, Spiele zu eröffnen, daran gehalten (mit mehr oder weniger großen Abweichungen von der vorgegebenen Formulierung).

In den Anfangsjahren, als die olympische Bewegung arm war, aber von wohlhabenden und einflussreichen Männern im IOC geführt wurde, mussten die Ausrichterstädte und die Regierungen für die Finanzierung der Veranstaltung gewonnen werden. Die Mitglieder des IOC und der Organisationskomitees waren selbstverständlich ehrenamtlich tätig; schließlich waren sie alle Gentlemen bzw. Sportsmen und wohlhabend genug, um sich ein teures Hobby leisten zu können, also „Amateure“ zu sein. Natürlich bekamen auch die Sportler kein Geld – es sei denn, sie fanden in ihren Heimatländern großzügige Förderer (Mäzene), die sie unterstützten.

Arm, aber frei?

Bereits bei den ersten Spielen in Athen gelang es Coubertin als Generalsekretär und Dimetrios Vikelas (1835–1908) als IOC-Präsident, die griechische Regierung für die Spiele zu gewinnen, d. h., sie davon zu überzeugen, dass Griechenland von diesem Ereignis profitieren könnte. Die Regierung und der König sahen in den Spielen die Chance, Griechenland als moderne, fortschrittliche und leistungsfähige Nation zu präsentieren; nicht zuletzt, um Investoren ins Land zu locken.

Die Spiele von Athen waren für alle Beteiligten ein Erfolg und wurden deshalb auch als Vorbild angesehen. Allerdings ging das Konzept der **Mischfinanzierung** durch großzügige

Förderer und staatliche Unterstützung schon bei den nächsten Spielen nicht mehr ohne Weiteres auf. Als die Spiele 1900 in Paris, der Heimat des nach dem Griechen Vikelas nächsten und dann langjährigen IOC-Präsidenten Pierre de Coubertin, stattfinden sollten, gelang es nur mit Mühe, die Stadt und die französische Regierung für das Ereignis zu interessieren. Die Ausrichter integrierten die olympischen Wettkämpfe in die zur selben Zeit durchgeführte Pariser Weltausstellung. Damit ging jedoch der Charakter der Eigenständigkeit und Unabhängigkeit der Olympischen Spiele verloren, was Coubertin sehr missfiel. Dasselbe geschah vier Jahre später in den Vereinigten Staaten, als die Spiele auf die Intervention des US-Präsidenten Roosevelt hin nicht in Chicago, sondern in St. Louis im Rahmen der „Louisiana Purchase Exhibition" durchgeführt wurden.

Diese negativen Erfahrungen bestärkten Coubertin und das IOC in der Auffassung, dass die Spiele wirtschaftlich und politisch unabhängig durchgeführt, aber von den Regierungen unterstützt werden müssten. Erst seit den Spielen von London 1908 und dann von Stockholm 1912 gelang es dem IOC, dieses Konzept umzusetzen. Die Regierungen verstanden die Spiele als Möglichkeit, das Image ihrer Länder zu verbessern, indem der Welt gezeigt wurde, wie leistungsfähig sie waren.

Im Zeitalter des **Nationalismus** war dies ein entscheidendes Argument; denn jedes Land, jede Regierung war bestrebt, sich gegenüber anderen hervorzuheben. In einem internationalen Sportwettkampf wie den Olympischen Spielen traten die Athleten als Vertreter ihrer Nationen und zur „Ehre ihres Vaterlands" zum sportlichen Wettkampf an, wie es im olympischen Eid hieß. Die Regierungen gingen deshalb zunehmend dazu über, die Athleten zu bezuschussen, die an Olympischen Spielen teilnahmen, und Städte zu unterstützen, die sich um die Ausrichtung von Spielen beim IOC bewarben. Dies war beispielsweise auch in Deutschland der Fall, als die Spiele des Jahres 1916 nach Berlin vergeben wurden. Das entsprechende Stadion war schon 1913 gebaut, als dann 1914 der Erste Weltkrieg den Traum von internationalen Olympischen Spielen in Deutschland zerstörte.

In der Folgezeit setzte sich die Tendenz fort, dass die jeweiligen Staaten die finanzielle Hauptlast bei der Ausrichtung von Spielen trugen. Deshalb war abzusehen, dass diese Saaten und ihre Regierungen auch von den Spielen profitie-

Aufgabe 103

Informieren Sie sich anhand von Geschichtsbüchern über das „Zeitalter des Nationalismus". Was bedeutet Nationalismus – auch im Zusammenhang des Sports?

Aufgabe 104

Olympische Spiele sind international. Welche Symbole von Nationalismus und von Internationalismus erkennen Sie bei Olympischen Spielen?

Literaturempfehlung: Krüger 2005[2].

ren wollten. Sie versuchten, ihr Prestige in der Welt zu verbessern, sich bekannt zu machen und für die Ausrichtung eines solch weltweiten Ereignisses für ihr Land, ihre Wirtschaft und ihre Kultur zu werben. Das IOC selbst war und blieb arm. Es hatte nur die Möglichkeit, bei der Vergabe der Spiele auf die Einhaltung der olympischen Regeln zu bestehen und notfalls mit dem Entzug der Spiele zu drohen.

Politische Instrumentalisierung der Spiele – die Spiele von Berlin 1936

Siehe auch das Kapitel „Die gesellschaftliche Bedeutung des Sports in Vergangenheit und Gegenwart" (Sport und Leibeserziehung im Nationalsozialismus).

Olympische Spiele wurden als internationale Ereignisse wahrgenommen, die unabhängig von der Politik abgehalten wurden und die Sportlerinnen und Sportler aus aller Welt zusammenführten. Als 1916 wegen des **Ersten Weltkriegs** die Spiele ausfallen mussten, bedeutete dies eine schwere Niederlage für die Idee der Spiele; denn schließlich war Coubertin mit dem Anspruch angetreten, mit den Spielen einen Beitrag zum internationalen Frieden zu leisten und – wie in der Antike – zumindest eine Art „Burgfrieden" für die Zeit der Durchführung von Olympischen Spielen zu erreichen. Nun mussten die Spiele vor dem Krieg (und damit vor der Politik) kapitulieren.

Was geschah mit den Spielen in **Berlin 1936?** Deutschland sollte noch einmal die Möglichkeit bekommen, Olympische Spiele auszurichten. 1930 bekam Berlin den Zuschlag vom IOC. 1933 erfolgte in Deutschland jedoch ein politischer Umschwung. Die Republik musste vor radikalen politischen Parteien kapitulieren. Die nationalsozialistische Partei (NSDAP) unter ihrem „Führer" Adolf Hitler kam an die Macht und errichtete eine **Diktatur.**

Die nationalsozialistischen Machthaber standen der Idee internationaler Olympischer Spiele zunächst verständnislos und ablehnend gegenüber. Die Spiele in Berlin drohten abermals auszufallen. Als jedoch die deutschen Olympiaorganisatoren, Theodor Lewald als Vorsitzender des Organisationskomitees und Carl Diem (1882–1962) als Generalsekretär und „Manager" des deutschen Sports, klar machten, welche Bedeutung diese Spiele für Deutschland haben könnten, schwenkte die Führung des NS-Staates um. Die für 1936 ge-

Abb. 52: Film „Fest der Völker" – Berlin 1936.

planten Olympischen Spiele passten ideal in ihre politische Strategie. Die neue Regierung konnte mit der Ausrichtung der Friedensspiele vor aller Welt demonstrieren, wie friedlich das im Ausland misstrauisch beäugte „Dritte Reich" sei, zugleich aber sein neues Macht- und Selbstbewusstsein unter Beweis stellen. Dieses Argument galt gleichermaßen gegenüber dem Ausland wie der eigenen Bevölkerung. Deshalb wurde alles unternommen, um glanzvolle Spiele auszurichten und sportliche Siege deutscher Athletinnen und Athleten zu garantieren.

Heute ist sich die sporthistorische Forschung weitgehend einig, dass die Olympischen Spiele von 1936 dazu dienten, die Welt über die wahren politischen und militärischen Absichten der Nationalsozialisten zu täuschen. Das Regime bediente sich der Spiele, um Zeit zu gewinnen und militärisch aufzurüsten, die Gesellschaft gleichzuschalten und die Bevölkerung auf den großen Krieg einzustimmen. Der sportliche Wettkampf wurde als eine Einübung in diesen Krieg verstanden. Die Olympischen Spiele 1936 wurden propagandistisch mit allen zur Verfügung stehenden Mitteln moderner **Massenkommunikation** genutzt.

Eindrucksvoll wird die durch den zweiteiligen Dokumentarfilm Leni Riefenstahls mit dem Titel „Fest der Völker" und „Fest der Schönheit" belegt. Man kann diesen Film als politischen Propagandafilm sehen, aber auch als einen künstlerischen Film, wie es Riefenstahl selbst tat, in dem die „Schönheit" des olympischen Sports gezeigt werden sollte.

Abb. 53: Leni Riefenstahl bei Filmaufnahmen – Berlin 1936.

Aufgabe 105

Informieren Sie sich über Leni Riefenstahl. Sehen Sie sich ihren Olympiafilm an und diskutieren Sie die Frage, ob es sich um einen politischen Propagandafilm oder ein Kunstwerk oder beides handelt.

Literaturempfehlung: Bach 2007.

Olympische Spiele im Visier des Terrors

Die Olympischen Spiele von Berlin 1936 waren die ersten Spiele, die im großen Stil für politische Zwecke **instrumentalisiert** wurden. Nachdem die Spiele von 1940 und 1944 wegen des Zweiten Weltkriegs ausgefallen waren, wurden sie 1948 in London wieder durchgeführt. In Helsinki (1952) konnte Deutschland nach dem 2. Weltkrieg erstmals wieder teilnehmen.

Die politische Instrumentalisierung des olympischen Sports erreichte einen weiteren Höhepunkt mit dem **„Kalten Krieg"** zwischen den USA und der westlichen Welt einerseits und der Sowjetunion und den mit ihr verbündeten Staaten andererseits. Die Olympischen Spiele wurden in den 1960er Jahren zum Spielball dieses Konflikts. Das IOC konnte dieser politischen Instrumentalisierung des Sports nichts entgegensetzen; nicht zuletzt deshalb, weil es auch wirtschaftlich mittellos und viel zu schwach war, um selbst Olympische Spiele organisieren zu können.

Die Olympischen Spiele von **München 1972** markieren wiederum einen Wendepunkt in der olympischen Geschichte – ähnlich wie die Spiele von 1936. Politisch gesehen fanden sie auf dem Höhepunkt des Ost-West-Konflikts statt, in dessen Mittelpunkt die „deutsche Frage" stand, also die Spaltung Deutschlands in zwei Staaten, die Bundesrepublik Deutschland und die DDR, und deren Überwindung. Die so genannte neue „Ostpolitik" der sozialliberalen Regierung in der Bundesrepublik Deutschland, die ein friedliches Nebeneinander beider deutscher Staaten vorsah, wurde 1972 durch einen Wahlsieg von SPD/FDP legitimiert.

In dieser Situation traten in München zum ersten Mal in der olympischen Geschichte **zwei deutsche Mannschaften** mit eigener Symbolik an, beide mit einer eigenen Flagge und Hymne. Von 1956 (Montreal) bis zu den Spielen von Mexiko 1968 hatte es für die beiden deutschen Staaten eine Sonderregelung gegeben: Es ging nur eine deutsche Mannschaft an den Start. Die Auswahl der Athleten und Betreuer, die zu den Spielen reisen durften, musste zwischen den Sportorganisationen der Bundesrepublik und der DDR ausgehandelt werden. Erst 1968 ging dann eine eigene Mannschaft aus der DDR an den Start, allerdings nicht unter eigener Flagge und mit eigener Hymne, sondern das DDR-Team zog mit der olympischen Fahne und unter den Klängen von Beethovens 9. Symphonie in das Stadion ein.

Abb. 54: Olympia-Stadion München.

In München war erstmals bei Olympischen Spielen die Nationalhymne der DDR zu hören – und dies besonders häufig, weil die DDR-Athletinnen und Athleten hinter denen der USA und der UdSSR zu den erfolgreichsten der Spiele zählten. Die Athletinnen und Athleten der Bundesrepublik Deutschland waren ebenfalls erfolgreich, aber den Verantwortlichen in der Bundesrepublik war es besonders wichtig, vor der Weltöffentlichkeit als gute Gastgeber und Organisatoren in Erscheinung zu treten, weltoffene, „heitere" Spiele auszurichten, um die Erinnerung an die „Nazi-Spiele" von 1936 vergessen zu machen. Dieses Konzept der „heiteren Spiele" kam in jedem Detail der Spiele zum Ausdruck: angefangen von der leichten, beschwingten Architektur der Olympiabauten, den hellen, leuchtenden Farben, die das ganze Stadtbild prägten, bis hin zum Kunst- und Kulturprogramm (mit einer „Spielstraße") und den zahlreichen Möglichkeiten der offenen Begegnung von Athletinnen und Athleten sowie Besucherinnen und Besuchern aus aller Welt.

Abb. 55: Einzug in das Olympia-Stadion – München 1972.

Als am 5. September, auf dem Höhepunkt der Spiele von München, ein **Terroranschlag** auf die Spiele verübt wurde, traf dies die ganze Welt wie ein Schock. Palästinensische Terroristen hatten das olympische Dorf überfallen, waren in das Quartier der israelischen Mannschaft eingedrungen und hatten die israelischen Athleten als Geiseln genommen. Der missglückte Befreiungsversuch durch überforderte deutsche Sicherheitskräfte auf dem Militärflughafen Fürstenfeldbruck endete blutig. Elf israelische Sportler, ein Polizist und fünf Terroristen kamen zu Tode.

Die Olympischen Spiele und die olympische Bewegung wurden durch diesen Anschlag erschüttert, aber nicht in Frage gestellt. „The Games must go on", sagte der greise IOC-Präsident Avery Brundage – ein Satz, der ihn berühmt gemacht hat. Er besagt, dass das Wichtigste an den Spielen darin bestehe, dass sie stattfinden, dass der Rhythmus des „Vierjahresfests des menschlichen Frühlings" beibehalten wird, wie sich Pierre de Coubertin (1966, 152) ausgedrückt hatte.

Das Attentat von München, mit dem die Geschichte des modernen Terrorismus beginnt, war zugleich ein Anschlag auf die Idee des Sports als einer **internationalen Friedensbewegung.** Der Sport und die Olympischen Spiele gerieten danach immer stärker in den „Würgegriff der Politik", nicht nur wegen des **Ost-West-Konflikts,** sondern auch weil die Spiele als ein Instrument politischer Erpressung benutzt wurden. Die Spiele siechten dahin: In Montreal 1976 wurde ein Tiefpunkt in der Beteiligung von Olympiamannschaften erreicht, weil es üblich geworden war, den Spielen fernzubleiben, wenn Forderungen nach Ausschluss befeindeter Staaten nicht erfüllt wurden.

Abb. 56: Trauerfeier im Stadion – München 1972.

Darüber hinaus geriet Montreal zum finanziellen Desaster. Nur 92 Nationen nahmen an den Spielen teil. Die realen Kosten für die Spiele lagen jedoch höher als bei den Spielen 1996 von Atlanta, an denen Mannschaften aus 197 Nationen

Aufgabe 106

2008 fanden die Olympischen Spiele in Peking statt. Suchen Sie nach Informationen über die Rolle Chinas in der olympischen Bewegung. Noch länger als die „Querelles Allemands" beschäftigte das IOC die chinesische Frage. Worum ging es dabei?

teilnahmen. Keine Stadt auf der Welt interessierte sich mehr für die Ausrichtung dieses einmaligen „Fests der Völker", weil außer Schulden und Spesen nichts mehr zu erwarten war. Als schließlich Moskau die Spiele von 1980 organisierte, **boykottierte** die eine Hälfte der Menschheit, worauf sich vier Jahre später die andere Hälfte in Los Angeles mit einem Gegenboykott revanchierte.

Die kopernikanische Wende des olympischen Sports

Wie sah diese **Erneuerung der Olympischen Spiele** und der gesamten olympischen Bewegung aus? Sie bestand in der Beseitigung eines Dogmas des olympischen Sports, das die olympische Bewegung zu einer Randerscheinung herabzuwürdigen drohte: der Amateurismus. Die reale Entwicklung des olympischen Sports hatte längst gezeigt, dass wegen der streng durchgeführten Amateurbestimmungen die Olympischen Spiele an Attraktivität bei den Athleten und bei den Zuschauern verloren; denn die einen konnten es sich immer weniger leisten, höchste Leistungen im Sport zu erbringen und gleichzeitig einer geregelten Arbeit nachzugehen, die auch noch so einträglich und angenehm sein musste, um sich sein aufwändiges, sportliches Hobby zu finanzieren. Und die Zuschauer fanden es immer weniger aufregend, dass bei Olympischen Spielen zunehmend die besten Athletinnen und Athleten der Welt fehlten.

Entgegen der Auffassung von Avery Brundage, dass nur dann die Unabhängigkeit der olympischen Bewegung von Politik und Wirtschaft gesichert werden könne, wenn die Spiele Amateuren vorbehalten blieben, verstärkten sich politische Einflüsse auf die Spiele. Das IOC war arm und deshalb immer auf Förderer, Mäzene und Sponsoren angewiesen, um die Spiele und die olympische Bewegung am Leben zu erhalten. Im Zeitalter des Amateurismus blieben aber nur die Ausrichterstädte und die Regierungen souveräner Staaten übrig, um die Durchführung einer solchen weltweiten Veranstaltung zu ermöglichen. Ohne staatliche und politische

Unterstützung hätten niemals Olympische Spiele stattfinden können; und zwar nicht nur in Bezug auf die Ausrichtung von Spielen, sondern auch hinsichtlich der Kosten für die Ausstattung und Entsendung von Nationalmannschaften zu Olympischen Spielen. Diese staatlich-politische Unterstützung war aber von Anfang an nicht umsonst. Der Preis bestand darin, dass Olympische Spiele benutzt wurden, um das Prestige von Staaten und Nationen – einschließlich des dazugehörigen politischen Führungspersonals – zu mehren.

Unter der Führung des Spaniers Juan Antonio Samaranch (geb. 1920) vollzog sich nach dem Olympischen Kongress von Baden-Baden 1981 eine **„kopernikanische Wende"** in der olympischen Bewegung. Die Amateurbestimmungen wurden abgeschafft und die Spiele auch für „Profis" geöffnet. Inzwischen treten tatsächlich die besten Athletinnen und Athleten bei Olympischen Spielen an, auch wenn sie (noch) keine Antrittsgelder für einen Start bei Olympischen Spielen erhalten; und bei den Spielen ist wirklich die ganze Welt dabei, am Bildschirm ohnehin, aber auch im Olympiastadion. (Fast) Alle Staaten und Nationen wollen Teilnehmerinnen und Teilnehmer zu Olympischen Spielen schicken. Es gibt mehr NOKs, als die UNO Mitglieder zählt. Die Faszination der Spiele und des olympischen Sports ist so groß, dass heute niemand mehr auf die Idee kommt, die Spiele zu boykottieren; er würde sich nur selbst schaden.

Das IOC zog damit die Macht des Handelns wieder an sich und entwickelte sich zur **„Weltregierung des Sports"** (Rittberger/Boekle 1997). Der internationale Sport wurde zu einem großen Geschäft und bekam auch deshalb wieder mehr politischen Einfluss. Städte in aller Welt stehen Schlange, um sich für die Austragung Olympischer Spiele bewerben zu dürfen. Sponsoren und Medienkonzerne bezahlen unvorstellbare Summen, um mit Olympia werben und darüber berichten zu dürfen.

Aufgabe 107

Welche Rolle spielt das IOC in dem Prozess der Vermarktung der Spiele?

Olympische Spiele sind jedoch inzwischen zu einem solchen Mega-Event herangewachsen, dass es immer schwieriger wird, sie zu organisieren. Einige Zahlen über die Entwicklung der Spiele von 1984 bis 2002, nachdem sie kommerziell, professionell und medial geöffnet wurden, verdeutlichen dies (siehe Tab. 18).

Tab. 18: Wachstum der Olympischen Spiele von 1984 bis 2002.

	Sommerspiele	Winterspiele
Sportarten (Verbände)	17 auf 28 (+ 64 %)	4 auf 7 (+ 75 %)
Athleten (männl. und weibl.)	4 092 auf 10 651 (+ 160 %)	691 auf 2 399 (+ 243 %)
Athletinnen	385 auf 4 069 (+ 957 %)	77 auf 886 (+255 %)
Wettbewerbe	136 auf 300 (+ 121 %)	22 auf 78 (+ 255 %)
NOK's	59 auf 199 (+ 237 %)	28 auf 77 (+ 175 %)

Siehe auch das Kapitel „Sport in den Massenmedien" (Produktion von Mediensport).

Die Haupteinnahmequelle des IOC, der Weltsportverbände und der ausrichtenden Organisationskomitees sind inzwischen die Mittel, die aus dem Verkauf der Senderechte an Fernseh- und Rundfunkanstalten fließen. Hinzu kommen die Rechte an olympischen Symbolen sowie „Marken" und natürlich die Erlöse aus dem Ticketverkauf.

Die folgende Aufstellung (siehe Tab. 19) zeigt, wie viele Presse- und Medienvertreter bei Olympischen Spielen akkreditiert waren. Olympische Spiele sind heute vor allem ein riesiges, weltweites Medienereignis, das Gelegenheit für Werbung und Marketing bietet. Deshalb kann mit den Spielen auch viel Geld verdient werden.

Aufgabe 108

Diskutieren Sie die Zusammenhänge zwischen politischer, ökonomischer und medialer Instrumentalisierung der Spiele. Welche Chancen, aber auch welche Probleme ergeben sich daraus für die Athletinnen und Athleten selbst?

Tab. 19: Anzahl akkreditierter Presse- und Medienvertreter bei Olympischen Spielen seit 1960 (Quelle: IOC Olympic Marketing Fact File No. 67, 1996; www.athens2004.org).

Olympic Games		Press	Radio and TV	Total
1960	Rome	1 146	296	1 442
1964	Tokyo	1 507	2 477	3 984
1972	Munich	3 300	4 700	8 000
1984	Los Angeles	4 000	4 200	8 200
1988	Seoul	5 380	10 360	15 740
1992	Barcelona	4 880	7 951	12 831
1996	Atlanta	5 000	12 000	17 000
2000	Sydney	5 298	14 292	19 590
2004	Athens	5 500	16 000	21 500

Einen Höhepunkt dieser Entwicklung bildeten die Spiele von Sydney 2000. Praktisch rund um die Uhr konnten sie im Fernsehen verfolgt werden. Während die Fernsehrechte an den Spielen von Rom 1960 noch für 200 000,- US Dollar verkauft wurden, betrugen sie 40 Jahre später in Sydney über 1,3 Milliarden Dollar.

Tab. 20: Übersicht der Veranstaltungsorte der Olympischen Sommer- und Winterspiele.

Jahr	Olympische Sommerspiele	Olympische Winterspiele
1896	Athen	
1900	Paris	
1904	Saint Louis	
1906	Athen	
1908	London	
1912	Stockholm	
1920	Antwerpen	
1924	Paris	Chamonix
1928	Amsterdam	Sankt Moritz
1932	Los Angeles	Lake Placid
1936	Berlin	Garmisch-Partenkirchen
1948	London	Sankt Moritz
1952	Helsinki	Oslo
1956	Melbourne	Cortina d`Ampezzo
1960	Rom	Squaw Valley
1964	Tokio	Innsbruck
1968	Mexiko City	Grenoble
1972	München	Sapporo
1976	Montreal	Innsbruck
1980	Moskau	Lake Placid
1984	Los Angeles	Sarajevo
1988	Seoul	Calgary
1992	Barcelona	Albertville
1994		Lillehammer
1996	Atlanta	
1998		Nagano
2000	Sydney	
2002		Salt Lake City
2004	Athen	
2006		Turin

Aufgabe 109

Sehen Sie in der Vermarktung der Spiele eine Gefahr oder eher eine Chance für die Verwirklichung der ethischen und pädagogischen Ziele des olympischen Sports?

Literaturempfehlung: Girginov / Parry 2005.

Jahr	Olympische Sommerspiele	Olympische Winterspiele
2008	Peking	
2010		Vancouver
2012	London	
2014		Sotschi

Die pädagogische Idee der Olympischen Spiele

Olympische Spiele sind jedoch mehr als ein großes „Event“. Sie stellen die Verkörperung einer weltumspannenden Idee des modernen Sports dar. Es gibt kaum ein Ereignis, das von so vielen Menschen auf der Welt wahrgenommen wird, wie die Olympischen Spiele. Trotz der unterschiedlichsten Sprachen, die sie sprechen, verstehen sie alle die Botschaft, die von den Spielen ausgeht: „Durch die engagierte eigene Leistung im geregelten fairen Wettbewerb das Beste zu erreichen, wobei keinerlei Diskriminierungen der Teilnehmer zugelassen sind: Dies ist der Kern dieser Idee“ – so Willi Daume (1990, 274).

Die Spiele sind deshalb wichtiger als die Idee, so kann man die These Willi Daumes deuten, weil sie nicht durch Worte, sondern durch Taten leben. Die Olympische Idee mag durch Philosophen und Ideologen verschiedenster Couleur in aller Welt unterschiedlich interpretiert werden, ihre eigentliche **Botschaft** besteht jedoch in den Spielen und im Sport selbst. Die Sprache der Spiele und des Sports ist international und universell.

Sie wird oder kann auch von denen verstanden werden, die niemals auch nur eine Zeile über die olympische Idee gelesen und nie einen Vortrag über Olympismus gehört haben, sondern nur, indem sie die Spiele miterleben, sich von ihnen mitreißen und begeistern lassen. Um so mehr fühlen sich diejenigen angesprochen, die auch selbst nach dem Vorbild olympischer Athletinnen und Athleten Sport treiben und sich auch außerhalb des Sports wie echte **Olympioniken** verhalten wollen: Sich anstrengen, sich bemühen, voran kommen wollen, und dabei fair im Umgang mit anderen bleiben, jedem eine Chance geben, niemanden ausschließen und ausgrenzen.

Wichtig an dieser Botschaft ist, dass sie in Form der Spiele regelmäßig sichtbar gemacht und verbreitet wird. Die Spiele werden mit feierlichen **Zeremonien** eröffnet und beendet. Diese Eröffnungs- und Abschlussveranstaltungen haben sich inzwischen zu Gesamtkunstwerken entwickelt, bestehend aus Musik, Bewegung, Tanz und Bühnenkunst, bei denen oft auch berühmte Künstler des Gastgeberlandes auftreten und die auch den Zweck haben, Kunst und Kultur der ausrichtenden Stadt und des Landes zu präsentieren. Jedes NOK ist mit einer eigenen Flagge und Hymne vertreten. Die Athletinnen und Athleten leisten einen feierlichen Eid. Bei den Siegerehrungen bekommen die siegreichen Olympioniken Medaillen überreicht, und ihnen zu Ehren werden die Nationalhymnen gespielt. Diese Beispiele stellen nur einen kleinen Teil der feierlichen Zeremonien und Rituale dar, die während der gesamten Veranstaltung abgehalten werden.

Pierre de Coubertin kam es bei all dem vor allem darauf an, dass der gleichmäßige Rhythmus der Spiele beibehalten werden muss, um jeder Generation neu, d.h. auch mit neuen Formen und neuen Sportarten, diese olympische Erfahrung zu vermitteln. Gleichzeitig sah er die Spiele als eine Art Initiationsritus an, eine besondere Form, um eine jeweils neue Generation von jungen Menschen zu feiern: Von der Jugend hängt die Zukunft der Menschheit ab. Der olympische Sport und die Olympischen Spiele sind das Symbol dafür, dass die Zukunft mit jugendlichem Mut, Tatkraft und der Hoffnung auf Erfolg gemeistert werden kann. Olympische Sportlerinnen und Sportler liefern praktische, anschauliche Modelle, welches Verhalten dazu nötig ist.

Mit dem Begriff **„olympische Erziehung"** werden die pädagogischen Möglichkeiten des Sports in ihren vielfältigen Dimensionen auf den Punkt gebracht. Diese Möglichkeiten erschließen sich im Rahmen einer spezifischen Ethik des olympischen Sports, die beim Sportreiben selbst zum Ausdruck kommt (oder kommen soll) und die in den geschriebenen und ungeschriebenen Regeln und Prinzipien des olympischen Sports verankert ist.

Aufgabe 110

Informieren Sie sich über die Idee der olympischen Erziehung. Sehen Sie sie in der aktuellen Situation der Olympischen Spiele verwirklicht? Literaturempfehlung: Naul 2007.

Aufgabe 111

Informieren Sie sich über die „Paralympics". Worin besteht der Unterschied zu „richtigen" Olympischen Spielen? Inwiefern kann man bei „Paralympics" auch von olympischer Erziehung sprechen.

Literaturempfehlung: Doll-Tepper 2002.

Aufgabe 112

Diskutieren Sie die Vorbildwirkung von olympischen Top-Athletinnen und -Athleten.

Literaturempfehlung: Lenk 1972[2], Naul 2007.

Zur vertiefenden Weiterarbeit empfohlen:

Coubertin, P. de: Der Olympische Gedanke. Reden und Aufsätze. Carl-Diem-Institut (Hrsg.). Schorndorf 1966.

Digel, H. (Hrsg.): Nachdenken über Olympia. Tübingen 2004.

Grupe, O. (Hrsg.): Olympischer Sport. Rückblick und Perspektiven. Schorndorf 1997.

Guttmann, A.: The Olympics. A History of the Modern Games. Urbana 1992.

Krüger, M. (Hrsg.): Olympische Spiele. Bilanz und Perspektiven im 21. Jahrhundert. Münster 2001.

Lenk, H.: Werte, Ziele, Wirklichkeit der modernen Olympischen Spiele. Schorndorf 1972[2].

Naul, R.: Olympische Erziehung. Aachen 2007.

Literaturverzeichnis:

BACH, S.: Leni. The Life and Work of Leni Riefenstahl. New York 2007.

BARISCH, H.: Sportgeschichte aus erster Hand. Von der Antike bis zur Olympiade 1972 in München. Berichte von Augenzeugen und Zeitgenossen. Würzburg 1971.

BRETTSCHNEIDER, W.D. / RICHARTZ, A.: Weltmeister werden und die Schule schaffen. Schorndorf 1996.

COUBERTIN, P. DE: Olympische Erinnerungen (Reprint der 2. Aufl. 1959). C. Diem (Hrsg.). Wiesbaden 1996.

DAUME, W.: Haben die Olympischen Spiele und die Olympische Idee (noch) eine Zukunft? In: GRUPE, O. (Hrsg.): Kulturgut oder Körperkult? Sport und Sportwissenschaft im Wandel. Tübingen 1990, 273–288.

DOLL-TEPPER, G.: Historische und aktuelle Entwicklungen im Leistungssport von Menschen mit Behinderungen: In: SCHEID, V. (Hrsg.): Facetten des Sports behinderter Menschen. Aachen 2002, 255–278.

EISENBERG, C.: English Sports und Deutsche Bürger. Paderborn 1999.

GIRGINOV, V. / PARRY, S. J.: The Olympic Games Explained. A Student Guide to the Evolution of the Modern Olympic Games. London 2005.

IOC Olympic Marketing Fact File No. 67, 1996 IOC (2006a). Zugriff unter: www.athens2004.org.

KLUGE, V.: Olympische Sommerspiele. Die Chronik. 4 Bände. Berlin 1997–2004.

KRÜGER, A.: Neo-Olympismus zwischen Nationalismus und Internationalismus. In: UEBERHORST, H. (Hrsg.): Geschichte der Leibesübungen (Band 3/1). Berlin 1980, 522–568.

KRÜGER, A.: Deutschland und die olympische Bewegung (1918-1945). In: UEBERHORST, H. (Hrsg.): Geschichte der Leibesübungen (Band 3/2). Berlin 1982, 1026–1047.

KRÜGER, M.: Einführung in die Geschichte der Leibeserziehung und des Sports. Teil 1: Von den Anfängen bis ins 18. Jahrhundert. Schorndorf 2004.

KRÜGER, M.: Einführung in die Geschichte der Leibeserziehung und des Sports. Teil 3: Leibesübungen im 20. Jahrhundert. Sport für alle. Schorndorf 2005[2].

MALLWITZ, A.: Bauten für Olympia. München 1972.

Nationales Olympisches Komitee für Deutschland (Hrsg.): Deutschland in der olympischen Bewegung. Eine Zwischenbilanz. Frankfurt/Main 1999.

Nationales Olympisches Komitee für Deutschland (Hrsg.): Olympische Erziehung. Eine Herausforderung an Sportpädagogik und Schulsport. Sankt Augustin 2004.

Rittberger, V. / Boelke, H.: Das Internationale Olympische Komitee – eine Weltregierung des Sports? In: Grupe, O. (Hrsg.): Olympischer Sport. Rückblick und Perspektiven. Schorndorf 1997, 127–155.

Wheeler, R. F.: Jim Thorpe. World's Greatest Athlete. Oklahoma 1975.

Fair geht vor – Ökologische Achtsamkeit beim Sporttreiben

Was Sporttreibende über Umweltschutz wissen sollten

Faszination Natursport

Nach einer anstrengenden Kletterei mit dem Mountainbike hinauf auf den Berg ist die rasante Abfahrt ein beeindruckendes Erlebnis von Geschwindigkeit und schöner Umgebung. Beim Klettern in den Bergen ergeben sich völlig unerwartet Einblicke in unberührte Naturlandschaften. Ob Fun- oder Gesundheitssport – jeder, der sich draußen über eine längere Zeit bewusst bewegt, kennt das Gefühl von Zufriedenheit über eine bewältigte Anstrengung und das Staunen über Schönheit und Größe unberührter Landschaften.

Hieraus ergibt sich – so möchte man meinen – wie von selbst die Einsicht, dass ich das, was ich (auch in der Zukunft) genießen will, schützen muss: vor Nutzung und Bebauung, vor Vergiftung und Zerstörung. Trotz dieser für viele Sporttreibende selbstverständlichen Einsicht gibt es eine Kluft zwischen den Bereichen der Einstellung, des Wissens und Handelns.

Abb. 57: Natursport.

Wie lange noch „höher, schneller, weiter“?

Die Tücke liegt im Detail: Viele Sporttreibende fragen sich, inwieweit der eigene Verzicht gegenüber den „großen Umweltsündern“ (z.B. der Industrie) überhaupt zu Buche schlägt. Niemand will sich selbst einschränken und auf liebgewordene Sportgewohnheiten verzichten. So zeigte eine Befragung von Hartmann-Tews (1993) mit 233 Surfer/innen, 137 Skifahrer/

innen und 173 weiteren sportaktiven sowie nichtaktiven Personen, dass die Meisten Sportaktivitäten im Allgemeinen für umweltbelastend halten, aber sich persönlich nicht aus Umweltgründen in ihrem Sporttreiben einschränken möchten. Sie bestätigt damit die Ergebnisse von Opaschowski (1985 zitiert nach Hartmann-Tews 1993, 26), dass „eine Einschränkung des persönlichen Freizeitverhaltens bzw. der eigenen Sportaktivität durch eine räumliche oder zeitliche Sperrung der Sportinfrastruktur oder durch freiwilligen Verzicht auf Sportaktivität am wenigsten befürwortet" wird. Mit finanziellen Abgaben oder Informationsangeboten können sich etwas mehr Sporttreibende anfreunden.

Aufgabe 113

Sammeln Sie in Ihrem Kurs häufig betriebene Freizeit- und Outdoor-Sportarten. Diskutieren Sie persönliche Motive zum Sporttreiben in der Natur und umweltbelastende Merkmale des Sports. Welche Argumentationsmuster treten immer wieder auf?

Auch im 21. Jahrhundert ist das Thema **Umweltschutz** immer noch und immer wieder aktuell: Beinahe täglich berichten die Zeitungen über Umweltprobleme, z. B. über die neue Rekordgröße des Ozonlochs. Überschwemmungen und Sturmkatastrophen werden mittlerweile fast einstimmig als bereits eingetroffene Wirkungen der Klimaerwärmung dargestellt. Alle Nationen müssen zusammenarbeiten, um bedrohliche Entwicklungen für den Menschen abzuwenden – soviel ist vielen Ländern, vor allem in Europa, mittlerweile klar.

Im Kyoto-Protokoll von 1997 wurde festgehalten, dass die CO_2-Emissionen (Emission, von lat. „emittere" = ausstoßen) drastisch verringert werden müssen – verpflichtend festgehalten sind 20 % Reduzierung der aktuellen CO_2-Emissionen des Landes bis ins Jahre 2012. Im Jahre 2002 wurden 2,9 % der Emissionen der EU-15 reduziert: Deutschland als größter europäischer Verursacher von Emissionen erreichte die mengenmäßig größte Reduktion (Envit, 4.11.2006).

Die Klimaerwärmung erfolgt durch den vermehrten Ausstoß von so genannten Treibhausgasen, z. B. dem Methan (CH_4), dem Distickstoffoxid (= Lachgas [N_2O]) oder dem Kohlendioxid (CO_2), das unter anderem in Autoabgasen vorkommt. Sporttreibende leiden beim Outdoorsport an der verschmutzten Luft, in schlimmeren Fällen reagiert der Körper allergisch oder asthmatisch. Durch den erhöhten Sauerstoffbedarf bei sportlicher Aktivität wird eine mehrfache Menge Luft im Gegensatz zum Körper im Ruhezustand verbraucht. Es öffnen sich zusätzliche Luftkapillaren und die (verschmutzte) Luft dringt bis in die letzten Winkel der Lunge ein. Wer sportlich aktiv ist, braucht saubere Luft, um sich nicht selbst auf längere

Biologische Grundlagen zur körperlichen Aktivität und zum Zusammenhang von Sport und Gesundheit vermittelt das Kursbuch Sport 1 „Sportbiologie".

Sicht zu schädigen. Die Belastung des menschlichen Organismus durch Umweltgifte zeigt sich bereits in der Zunahme von Allergien in der Bevölkerung.

Geschwindigkeitsgedrosselte Motorräder der Klasse 125 cm³ verursachen erhebliche Umweltbelastung (Umweltbundesamt, 4.11.2006):

Jugendliche unter 18 Jahren dürfen nach deutschem Führerscheinrecht Motorräder mit einem Hubraum bis zu 125 cm3 und einer Leistung von 11 kW (14,75 PS) fahren, sofern die Geschwindigkeit von 80 km/h nicht überschritten wird. Eine Reihe von Motorradherstellern realisiert die Begrenzung der Höchstgeschwindigkeit auf 80 km/h mit Hilfe der elektronischen Steuerung der Zündung durch programmierte Zündaussetzer. Diese führen jedoch zu unverbrannten Kraftstoff-Luft-Gemischen. Dadurch steigen die Kohlenwasserstoff (HC)-Emissionen bei Höchstgeschwindigkeit stark an. Mit den gegenwärtig vorgeschriebenen Zulassungsverfahren für Motorräder zum Straßenverkehr werden diese Betriebszustände nicht erfasst.
Im Auftrag des Umweltbundesamtes wurde deshalb bereits 1998 von der Abgasprüfstelle Berlin-Adlershof der Einfluss der Zündabschaltung bei Höchstgeschwindigkeit auf die Schadstoffemissionen untersucht. Es zeigte sich, dass alle geprüften Motorräder die bei der Zulassung vorgeschriebenen Abgasgrenzwerte einhielten. Zweitaktmotorräder weisen bauartbedingt ohnehin bereits ein hohes HC-Emissionsniveau auf. Durch die Zündabschaltung erhöhten sich die Kohlenwasserstoffemissionen von 8,23 g/km auf 18,51 g/km um mehr als das Doppelte. Somit verursacht ein gedrosseltes Zweitaktmotorrad bei 80 Km/h auf ebener Strecke höhere Kohlenwasserstoffemissionen als 900 Pkw mit KAT. Bei den Viertaktmotorrädern zeigten die Messungen ausgehend von einem deutlich niedrigeren Emissionsniveau einen Anstieg der HC-Emissionen von 0,58 g/km auf 5,63 g/km auf etwa den 10-fachen Wert.

Durch den vermehrten Ausstoß der Treibhausgase bildet sich verstärkt bodennahes Ozon. Hohe Ozonwerte stellen eine Beeinträchtigung beim Sporttreiben dar: Gerade in Stadtgebieten wird im Sommer davor gewarnt, den Körper sportlich zu belasten und dadurch eine mehrfache erhöhte Ozonbelastung in Kauf zu nehmen (siehe Tab. 21).

Der **ökologische Kreislauf** wird von Klimaerwärmung, dem erhöhten CO_2-Ausstoß und dem Sporttreiben konkret und am eigenen Leibe erfahrbar. Auch der (sporttreibende) Mensch – als ein Teil der Natur – leidet unter der selbst produzierten Naturverschmutzung. Direkt über der Erdoberfläche entsteht zuviel Ozon („bodennahes Ozon"), das nicht abgebaut werden kann, an der äußeren Schicht der Atmosphäre fehlt Ozon, um den Menschen vor den kurzwelligen Strahlen der Sonne zu schützen – ein weiterer Faktor, warum es auf der Erdoberfläche wärmer wird. Nun muss der Mensch aktiv werden, um die eigenen Lebensgrundlagen zu erhalten.

Tab. 21: Bodennahes Ozon und dadurch ausgelöste Beschwerden (Schmid 1998 zitiert nach Schemel/Erbguth 2000, 47).

Ozonkonzentration in der Luft (1-Stunden-Mittelwert)	**Krankheitssymptome der Ozoneinwirkung**
ab 80 µg/m³	Hustenreiz, Augentränen, abnorme Müdigkeit
ab 90 µg/m³	schwere Einbußen der Lungenfunktion bei Kindern
ab 110 µg/m³	schwere Einbußen der Lungenfunktion bei Sportlern, vermehrt Lungenentzündungen bei Senioren
ab 120 µg/m³	Anstieg der Asthmabereitschaft
ab 150 µg/m³	Schwächung der Immunabwehr
ab 160 µg/m³	Entzündung der Atemwege
bei mehr als 500 Stunden über 200 µg/m³	erhöhtes Krebsrisiko
ab 240 µg m³	Förderung von allergischem Asthma schon im Ruhezustand

Schemel/Erbguth (2000, 167) kommen zu dem Ergebnis, dass die Hälfte aller mit dem Pkw für Sportzwecke zurückgelegten Kilometer durch eine Fahrradfahrt von weniger als einer viertel Stunde ersetzt werden könnten, „denn
33 % aller Fahrten enden nach <3 km
17 % aller Fahrten enden nach 3–5 km
25 % aller Fahrten enden nach 5–10 km
25 % aller Fahrten enden nach >10 km".

Auch die Sporttreibenden reagieren: Um sich selbst zu schützen, werden statt in der Stadt Sport zu treiben nahe gelegene Naturgebiete mit dem Auto angefahren, um dann das Sportgerät auszupacken und die noch unberührte Landschaft zu genießen. Auch die Vereinssportler nutzen vor allem den Pkw, um zur Sportstätte zu gelangen: Nach Kuhn (1996) werden circa 70 % dieser Autokilometer auf einer Strecke im Bereich der unmittelbaren Umgebung des Vereinsortes zurückgelegt.

Der Wald als größte „Luftreinigungsfabrik" schluckt Autoabgase nicht ewig. Darüber hinaus sind Bäume selbst ein Teil der Natur und besitzen damit Eigenwert. Pflanzen und Tiere leben nicht, um dem Menschen für seine Nahrung, Kleidung, Möbel und die Luftreinhaltung zu dienen, sondern sie besitzen das Lebensrecht als Teil der Natur.

Besonders einleuchtend wird dies am eigenen Haustier, zu dem wir eine oft innige Beziehung haben. Wer würde dem eigenen Hund, der eigenen Katze eine Operation verweigern, die dem Tier das Leben rettet? Großen Säugetieren wird ebenfalls ein hohes Lebensrecht eingeräumt – das Abschlachten von Walen ist von großen Teilen der Bevölkerung nicht toleriert. Schwieriger wird es, wenn es um kleinere Lebewesen geht, z. B. um Einzeller oder Flechten geht – hier fehlt dem Menschen der direkte, emotionale Bezug und aus seinem vermeintlichen „Recht des Stärkeren" heraus fragt er sich, wie weit Schutzbedürftigkeit gehen muss.

Der Fall des Bären „Bruno" zeigte, dass alleine die potenzielle Gefährdung des Menschen und seiner Nachkommen als Grund gesehen wurde, um Leben auszulöschen. Doch es gibt auch Gegenbeispiele: In Sachsen wurde ein Projekt initiiert, welches eben dieses Spannungsfeld – Tiere als Bedrohung für den Menschen, aber auch als Lebewesen mit einem Recht auf Leben – anhand von dort auftretenden Wölfe besser löst. Durch Information und Aufklärung über das natürliche Verhalten (beim Anblick des Menschen dreht der Wolf bei ruhigem Verhalten von alleine ab) der dort lebenden Menschen gelingt die Koexistenz von Mensch und Tier. Dieses Beispiel trägt dem Eigenwert allen Lebens auf der Erde Rechnung.

Aufgabe 114

Nutzen Sie die in Aufgabe 113 zusammengetragenen Freizeit- und Outdoor-Sportarten. Recherchieren Sie Zugangswege und Transportmittel. Können Sie die Aussagen im Text bestätigen? Gibt es Alternativen im Zugang zum Natursport?

Interdisziplinarität als Grundvoraussetzung zur Lösung von Umweltproblemen

Sportökologische Grundlagen

Wenn sich der Mensch jedoch als der Natur zugehörig erkannt hat und sich als Teil alles Lebenden empfindet, wird der Begriff der Umwelt unpassend und die Umwelt wird zur Mitwelt (Meyer-Abich 1989). Diese Begrifflichkeit hat sich bisher jedoch nicht durchgesetzt (Lang 2005). Im Folgenden werden die Begriffe „Sportökologie", „Naturschutz", „Umweltschutz" und „nachhaltige Entwicklung" definiert und erläutert.

Die **Sportökologie** wird vor dem Hintergrund eines neuen Menschenbildes gegründet, das den Menschen zwar als die Natur reflektierend, sich selbst jedoch gleichzeitig als der Natur zugehörig begreift. Es besteht ein Spannungsfeld, da der Mensch in die Natur eingebettet ist, jedoch gleichzeitig auch in der Lage ist, sich geistig davon zu distanzieren und als von der Natur abgetrennt zu denken. Der Begriff „Ökologie" stammt von griechischen Wort „oikos" (= Haus, Hausgemeinschaft) ab: Alles lebt in **einem** „Haus Erde" (Meyer-Abich 1989). Auch die Metapher des Treibhauseseffektes setzt daran an: Wie in einem Treibhaus erwärmt sich die Erdatmosphäre immer weiter – leider gibt es nicht wie bei dem Treibhaus im Garten ein Fenster, um eine zu große Hitze nach draußen abzulassen.

Interdisziplinäre Ansätze – d.h. eine Zusammenarbeit verschiedener Fächer und Disziplinen (Biologie, Chemie, Natur und Technik, Sozialkunde, Wirtschaft und Recht, Religion, Sport) – sind besonders bei Umwelt- und Naturschutzfragen nötig, um die einseitige Spezialisierung der verschiedenen Fachrichtungen zu verhindern und angemessene Lösungen für komplexe Probleme zu bieten. Die Vernetzung der einzelnen Vorgehensweisen (Forschungsmethoden auf der Ebene der Wissenschaft) ist eine Voraussetzung, um Wissen über Umweltprobleme in konkrete Problemlösungsstrategien umzusetzen.

Im konkreten Fall der belasteten Alpenregion beispielsweise, müssen u.a. gesellschaftswissenschaftliche Ansätze (z.B. eines „Sanften Tourismus", der Einheimische vor Ort gegenüber Hotelketten bevorzugt) mit Erkenntnissen der Umweltchemie (z.B. zu den Wirkungen des Kunstschnees) zu einem nachhaltiges Konzept vernetzt werden. Die Sportökologie hat die Aufgabe, sowohl Flora und Fauna als auch den Menschen als Teil der Natur zu betrachten und den Eigenwert von Tieren und Pflanzen auch in praktischen Vorhaben zu achten. Dies ist die Voraussetzung, ein entsprechendes Handeln anzubahnen, d.h. in Naturregionen achtsam zu handeln und möglichst die Schädigung von Pflanzen oder die Verschmutzung der Natur zu vermeiden. Dies muss sowohl direkt, zum Beispiel durch die Mitnahme des eigenen Abfalls, als auch indirekt, etwa durch die möglichst umweltverträgliche Wahl der Anfahrt zu Skigebieten, geschehen.

Interdisziplinarität setzt als Prinzip die Beteiligung und fächerübergreifende Vernetzung verschiedener wissenschaftlicher Disziplinen voraus, um ganzheitliche Lösungsstrategien am konkreten Fallbeispiel zu entwickeln.

Naturschutz

Unter **Naturschutz** wird der Schutz von abiotischen (Boden, Luft, Gewässer etc.) und biotischen (Tier- und Pflanzenwelt) Bestandteilen der Natur verstanden (KLEINHANS 2001, 12). Erklärtes Ziel ist es insbesondere, die Biodiversität, die Vielfalt der Arten zu erhalten und zu fördern. Dabei konzentriert sich der Schutz vor allem auf vom Aussterben bedrohte Arten, welche auf einer „Roten Liste" zusammengefasst werden.

Sporttreibende handeln immer als Teil eines Ökosystems, welches in seinem Gleichgewicht gestört werden kann, z. B. wurde der Wanderfalke in Langlaufgebieten durch die erhöhte Lärmbelastung vertrieben. Naturschutz im Sportsystem setzt daran an, Regelungen für Sporttreibende aufzustellen und durch Lenkung bestimmte Gebiete für das Sporttreiben und andere für die ungestörte Existenz empfindlicher Ökosysteme festzulegen. So formulieren mittlerweile alle Natursportarten ihre eigenen **„Goldenen Regeln"** zum Verhalten in der Natur. Auch die Jugendverbände sind daran beteiligt, so formulierte beispielsweise die „Jugend für Umwelt und Sport" Leitlinien für das Klettern.

Aufgabe 115

Recherchieren Sie (z. B. im Internet) über entsprechende Regelungen in anderen Natursportarten – etwa Ski- und Wassersport. Vergleichen Sie die „Goldenen Regeln", welche Verhaltensweisen werden gefordert? Formulieren Sie eigene „Goldene Regeln" für eine Sportart Ihrer Wahl.

Goldene Regeln für naturverträgliches Klettern (JUGEND FÜR UMWELT UND SPORT, 4.11.2006):

1. Gut informiert – gut geklettert
Plane deine Klettertour im Voraus – informiere dich im Internet oder in Kletterführern über die lokalen Kletterregelungen. Halte im Klettergebiet Ausschau nach Infotafeln oder Hinweisschildern, die dir den richtigen Weg weisen.

2. Anreise und Aufenthalt
Bilde zur Anreise Fahrgemeinschaften oder nutze öffentliche Verkehrsmittel – so trägst du durch die Einsparung von CO_2 zum Schutz der Landschaft und damit auch der Mittelgebirge bei. Wenn ihr mit dem Auto anreist, parkt nicht im Wald oder auf Privatgrundstücken, sondern nur auf ausgewiesenen Parkplätzen – denkt daran, ihr seid ein Gast, der gerne wieder kommen möchte.

3. Nicht auf Abwege geraten
Benutzt nur die vorgegebenen Zustiegspfade, da unterhalb der Felsen oft steile Geröllhalden sind. Dort wachsen viele heimische Pflanzen, die trittempfindlich sind. Erfreue dich an ihrem Anblick und hilf, sie zu schützen.

4. Einzigartig – Vielfalt der Felsbiotope kennen und erhalten
Je nach Standort, Neigung und Struktur des Felsens bilden sich viele Kleinstbiotope. Bewachsene Felsterrassen mit vielfältiger Vegetation und die geneigten, stark bewachsenen Wandzonen sollten nicht beklettert werden und sind meistens für Kletterer gesperrt. Gesperrte und offene Felsbereiche sind an den bundesweit einheitlichen Symbolen Kreuz und Pfeil zu erkennen.

5. Felsen nicht „vogelfrei" werden lassen
Für einige geschützte, einheimische Vogelarten sind die Felsen Brut- und Aufzugsort. Daher gibt es häufig zeitliche Sperrungen, um sie zu schützen und ihnen eine ungestörte Aufzucht ihrer Jungen zu ermöglichen. Durch diese zeitlichen Sperrungen und ihre Einhaltung kann man etwas zum Erhalt von Uhu und Wanderfalken beitragen. Ansonsten solltest du übermäßigen Lärm vermeiden, um die Tiere nicht unnötig zu stören.

6. Gipfelschutz
Umlenk- und Abseilhaken unterhalb der Vegetationszone des Felskopfes haben in den letzten Jahren dazu beigetragen, die Pflanzengesellschaften im „Gipfelbereich" der Felsen zu schützen. Nutze diese Haken, sie weisen dir den Weg zum Schutz der Felsen.

7. Sicher ist sicher
Achte immer auf den Zustand und die Qualität deiner Ausrüstung – von ihr „hängt" deine Sicherheit ab. Such dir eine Kletterregion aus, die deinen Fähigkeiten entspricht, und klettere nur mit einem zuverlässigen und erfahrenen Partner oder mit einer Gruppe.

8. Zusammen mehr erreichen als alleine
In vielen Regionen haben sich bereits Arbeitskreise und Gruppen aus Kletterern und Naturschützern gegründet. Werde dort Mitglied und setze dich aktiv für den Erhalt und die Pflege des Lebensraumes „Felsen" ein.

9. Sauber bleiben
Nimm Müll immer mit und vermeide wildes Campen und Feuer machen. Versuche, die Natur rund um die Felsen möglichst wenig zu beeinträchtigen.

10. Vorbild sein!
Sprich mit Kletterern, die gegen diese Regeln verstoßen.

Umweltschutz

Dagegen setzt der **Umweltschutz** nach SCHEMEL und ERBGUTH (2000) an den „für den Menschen unmittelbar notwendigen Umweltressourcen (Schutz vor Verunreinigung und Vergiftung der Luft, des Grund- und Oberflächenwassers, Bodenschutz, Lärmschutz)" an. Umweltschutz ist immer auf die Probleme bezogen, die vom Menschen produziert auf ihn selbst zurückwirken. Im Zuge von Umweltschutzmaßnahmen werden Umweltprobleme aufgedeckt und es wird darüber informiert, wann die Grenzen des Wachstums erreicht sind (spezifische Sportumweltkonflikte werden nachfolgend am Beispiel Skifahren erläutert). Lösungsansätze beziehen sich auf das individuelle Verhalten, auf die Industrie und die Politik.

Nachhaltige Entwicklung

Daran setzt das aktuelle Leitbild der **nachhaltigen Entwicklung** (engl. „sustainable development") an. Synonym wird der Begriff der „Zukunftsfähigkeit" oder „Nachhaltigkeit" verwendet. Ziel ist es, die natürlichen Ressourcen der Welt für nachfolgende Generationen zu erhalten und für einen Ausgleich zwischen den Generationen sowie zwischen „reichen" und „armen" Ländern zu sorgen. Dies muss in ökologischer Hinsicht verträglich, aber dennoch ökonomisch vertretbar sowie sozial verträglich geschehen (siehe Abb. 58).

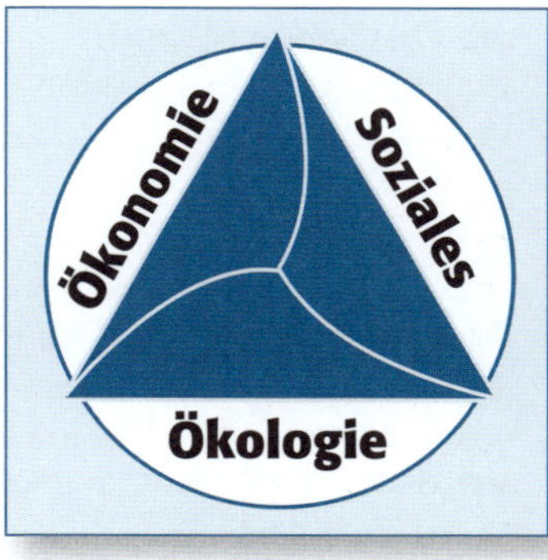

Abb. 58: Leitbild der nachhaltigen Entwicklung: Verknüpfung der Bereiche Ökonomie, Ökologie und Soziales.

Aufgabe 116

Holen Sie Informationen über die Arbeitsbedingungen in Ländern der 3. Welt hinsichtlich der Produktion von Sportartikeln ein. Welche Möglichkeiten sehen Sie, die Bedingungen vor Ort zu verbessern? Aus welchen Gründen sind die Produktionsstätten in die 3. Welt verlegt worden?

Begründungen: Warum Umweltschutz sinnvoll ist

Alle Argumente für den Umwelt- und Naturschutz lassen sich auf zwei **Argumentationsmuster** zurückführen: aus Sicht des Menschen (anthropozentrisch) und aus der Sicht der Natur außerhalb des Menschen (biozentrisch). Die anthropozentrische Begründungslinie wurde noch vor wenigen Jahrzehnten in Anlehnung an die Ableitung eines Herrschaftsanspruches aus dem Buch Genesis in der Bibel

Aufgabe 117

Ordnen Sie die beiden beschriebenen Argumentationsmuster (anthropozentrisch, biozentrisch) den beiden Gesetzesauszügen (Verfassung, Naturschutzgesetz) zu. Finden Sie je ein konkretes Beispiel aus dem Text.

verwendet. Diese Interpretation ist jedoch vor dem Hintergrund anderer Bibelstellen hinterfragbar und mit Blick auf die heutigen globalen Umweltprobleme fragwürdig. Doch weil auch der Mensch selbst durch Gifte und Zerstörungen betroffen ist, muss er fortan sorgsamer handeln. Dies wird als anthropozentrisch bezeichnet (griech. anthropos = Mensch), da der Mensch und seine Gesundheit im Mittelpunkt der Begründung für eine bessere Umwelt stehen. Die biozentrische Begründung rückt dagegen den Eigenwert von Tieren und Pflanzen in den Vordergrund und stellt dementsprechend den Menschen als gleichberechtigt neben diese und nicht über sie.

Die **Bayerische Verfassung** (Art. 141,1) hält fest (Bayerischer Landtag, Zugriff am 4.11.2006):
„Der Schutz der natürlichen Lebensgrundlagen ist, auch eingedenk der Verantwortung für die kommenden Generationen, der besonderen Fürsorge jedes einzelnen und der staatlichen Gemeinschaft anvertraut. Tiere werden als Lebewesen und Mitgeschöpfe geachtet und geschützt."

Das **Bundesnaturschutzgesetz** (BNatSchG) schreibt (Umwelt-online, 4.11.2006):
„Natur und Landschaft sind auf Grund ihres eigenen Wertes und als Lebensgrundlagen des Menschen auch in Verantwortung für die künftigen Generationen im besiedelten und unbesiedelten Bereich [...] zu schützen, zu pflegen, zu entwickeln und, soweit erforderlich, wiederherzustellen."

Sportumweltkonflikte – Umweltbelastungen durch Sport

Sportspezifische Umweltprobleme ergeben sich am offensichtlichsten in Gebieten, die sensibel auf das Eindringen von Sporttreibenden reagieren. Hartmann-Tews (1993, 18f) schreibt dazu: „Belastungen der natürlichen Umwelt bestehen vor allem in der Schädigung und Vernichtung von Vegetation sowie der Störung und Verdrängung empfindlicher Tierarten durch Flächenversiegelung, Bodenverdichtung, Luft- und Wasserverschmutzung ebenso wie durch Geräusche von massenhaft auftretenden Sportlern. Belastungen der sozialen Umwelt ergeben sich unmittelbar immer dort, wo Anwohner sich in der Nähe von Sportstätten akustisch, z. B. durch die

Geräusche des Spielbetriebs [...] gestört fühlen."

Hinzu kommen noch versteckte, so genannte indirekte Wirkungen („Sekundärwirkungen") der Sportausübung, wie z. B. der Anfahrtsverkehr zum Sporttreiben oder die Abfallproduktion durch sportliche Großveranstaltungen. Sportumweltkonflikte gibt es deshalb nicht nur bei den Natursportarten, auch wenn sie dort am offensichtlichsten sind.

Das „Handbuch Sport und Umwelt" von Schemel und Erbguth (2000) gibt einen guten Überblick in die Konfliktbereiche alle Natursportarten und vermittelt weiterführende Hinweise.

Am **Beispiel Skifahren** wird nun die Komplexität des Themas dargestellt. Die Informationen sind aus dem „Handbuch Sport und Umwelt" von Schemel und Erbguth (2000) entnommen. Skifahren wurde vor allem als Massenphänomen kritisch für die Umwelt und wird deshalb von Schemel und Erbguth als „Skifreizeitsport" bezeichnet. Im Großraum der Alpen halten sich in einer Wintersaison ca. 20 Millionen Skifahrer auf.

Obwohl seit den 1980er Jahren in einigen Ländern vereinbart wurde, dass keine neuen Skigebiete erschlossen werden sollen, waren nach Schemel und Erbguth in Österreich weitere Gebietsneuerschließungen im Gespräch. Man spricht von der „Salami-Taktik", wenn versucht wird, Stück für Stück die aus Naturschutzgründen gezogenen Grenzen zu erweitern (z. B. durch den Bau von neuen Liften in bereits erschlossenen Gebieten). So wurde am Fellhorn bei Oberstdorf der Scheidtobellift mitten durch ein Rückzugsgebiet der vom Aussterben bedrohten Birkhühner gebaut.

Dennoch gibt es auch positive Signale: Die Behindertenwerkstatt „Argo" baut Skistiefel (ebenso Snowboard- und Inlineskatestiefel) auseinander. Die Metallteile werden entsorgt und die Stiefel recycelt, indem sie in kleine schwarze Körnchen zerkleinert werden. Durch Bindemittel werden neue Platten hergestellt, die als Fußbodenbelag in Gärten, Terrassen, Werkhallen oder Garagen wieder verwendet werden können.

Der Sportumweltkonflikt im Bereich Skifahren
(aus Schemel/Erbguth 2000, 661 ff.):

Beeinträchtigung der Schutzfunktion des Bodens in Skigebieten

- Wasserspeichervermögen des Boden ist stark reduziert
- Oberflächenabfluss im Frühjahr und damit verbunden der

Aufgabe 118

Diskutieren Sie zunächst die benannten Konflikte und Lösungsansätze für den Bereich Skifahren. Finden Sie ein Skitourismus-Gebiet (z. B. durch eine Internet-Recherche), in dem „sanfter Tourismus" praktiziert wird!

Planen Sie einen Ausflug, Wandertag oder eine Kursfahrt unter Berücksichtigung sportökologischer Fragestellungen. Welche Sportumweltkonflikte können auftreten, welche Lösungsansätze schlagen Sie vor?

Bodenabtrag ist erheblich vergrößert
- Hochwasser und Überschwemmungen
- Entfernung der Humusdecke
- Bodenerosionen: z. B. Flächen-, Rinnenspülungen, Rutschungen und Sackungen

Beeinträchtigung der Lebensraumfunktion
- Artenverarmung
- durch fehlende Humusauflage fehlende Wiederbegrünung im Frühjahr/ Sommer

Individuelle Lösungsansätze für indirekte Effekte in den Skiregionen
- Verkehr: Anfahrt mit der Bahn, Gepäcktransport mit Taxi/Hotelservice, Skibusse
- Unterkunft: umweltbewusste Betriebe (z. B. im Kleinwalsertal, Saalbach)
- Essen und Trinken: den eigenen Abfall nicht nur den Berg hinauf, sondern auch wieder hinunter tragen
- Sport: bei fehlendem Schnee nicht Ski fahren, sich abseits der Pisten nur mit erfahrenen Tourengehern der Region bewegen, nicht in junge Wälder einfahren, da die Stahlkanten die kleinen Bäume abholzen

Lösungen finden – Kreativität ist gefragt!

Lösungen sind eine Frage des Lebensstils und werden individuell bereichsspezifisch gefunden, d. h. jeder sucht sich eine umweltbewusste Handlung, die individuell zu ihm und zu dem eigenen Verhalten und den Gewohnheiten passt. Am häufigsten werden dabei Handlungen gewählt, die den Menschen wenig Aufwand kosten, sogenannte „low-cost"-Handlungen, wie z. B. den Abfall nach einer Bergwanderung wieder mit ins Tal zu nehmen. Eine Handlung mit hohen Kosten („high-cost") wäre etwa auf den Winterurlaub in einem extrem touristischen Ort zu verzichten und in eine Region zu fahren, die mit den Einwohnern zusammen ein Konzept erarbeitet hat, wie auch noch in den nächsten Jahren die Tier- und Pflanzenwelt trotz Skitourismus erhalten werden kann.

Letzteres setzt am Leitbild der nachhaltigen Entwicklung an: Der ökologische Gesichtspunkt (Schutz von Tier- und Pflanzenwelt) wird mit dem ökonomischen (finanzielle Einnahmen für die Region durch den Tourismus) und sozialen Anliegen (auch die Einwohner fühlen sich in ihrer Heimat noch wohl) verknüpft. Dieser Ökotourismus wird deshalb auch „Sanfter Tourismus" genannt, da sich die lokalen Besitzer nicht von Hotelketten und Liftanlagenfirmen überrollen lassen, sondern weiterhin auf die eigenen, bisher gewachsenen Strukturen setzen wollen (u.a. keine Hotelketten, sondern Pensionen).

Was kann getan werden?
- „Mobilität": Radfahren zur Schule.
- „Carsharing": Anfahrt zum Sportverein in Fahrgemeinschaften.
- „Fair gehandelte Sportgeräte": Sportgeräte und -kleidung bewusst kaufen.

Mittlerweile geht es nicht mehr nur darum, fast Zerstörtes zu schützen und wieder aufzubauen. Ein Ausweg aus der ökologischen Krise kann aufgrund der fortgeschrittenen Zerstörung der Lebensgrundlagen des Menschen nur noch durch innovatives Handeln erreicht werden. **„Gestaltungskompetenz"** ist ein Schlagwort der nachhaltigen Entwicklung geworden und bedeutet die Fähigkeit, kreative Lösungsansätze für den Umgang mit Umweltschäden zu finden (z.B. im Bereich von Technologien innovative Entwicklungen zu kreieren). Hier sind der Vorstellungskraft keine Grenzen gesetzt, alleine die Realisierung wird länger dauern.

Jeder ist selbst aufgerufen, eigene Lösungen zu finden. Die **Problemkreise** sollen abschließend, obwohl in einigen Fällen bereits erwähnt, nochmals zusammengefasst werden:
- Ozonwerte im Sommer und Sporttreiben
- Wassernutzung und Gewässerschutz
- Wald – CO_2-Emissionen – Rad- (und Zug-)fahren als alternative Verkehrsmittel
- Natursport (z.B. Mountainbiking, Klettern, Kanu, Ski/Snowboard fahren) – sensible Landschaftsräume
- indirekte Belastungen: Material, Kleidung, Anfahrt.

So müssen sich die Sporttreibenden an die eigene Nase fassen, um das Mögliche dazu beizutragen, das gemeinsame „Haus Erde" zu entgiften. Einhellig wird es als ein Ziel angestrebt, dass sich Sporttreibende dieser Verantwortung bewusst werden. Meinberg (1993, 14) stellt hierbei die Frage nach den „rechten" Bedürfnissen: „Dürfen alle sportlichen Novitäten und Tollheiten, die auf Kosten der Natur gehen, toleriert werden?"

Aufgabe 119

Was versteht man unter Natur- und Umweltschutz? Was bedeutet das Leitbild der Nachhaltigkeit und welche Gestaltungskompetenzen sind gefordert?

Die Frage ist rhetorisch, zentral bleibt jedoch die Überlegung, wann das „rechte Maß" überschritten ist und Grenzen gesetzt werden müssen. Sporttreibende sind aus Gründen der Fairness gegenüber der Natur aufgefordert, sich zu einer Grundhaltung der Ehrfurcht vor dem Lebendigen zu verpflichten. Dies kann nur auf der Grundlage einer Koexistenz von **allem** Natürlichen (Mensch, Tier, Pflanzen ...) geschehen.

Zur vertiefenden Weiterarbeit empfohlen:

Altenberger, H. (Hrsg.): Sport – Umwelt – Lebenshilfe. München 1994.

Lang, S.: Der Ökologische Orientierungslauf. In: Sportpädagogik 29 (2005) 6, 24–26.

Schemel, H.-J. / Erbguth, W.: Handbuch Sport und Umwelt. Aachen 2000.

Seewald, F. / Kronbichler, E. / Grössing, S.: Sportökologie. Eine Einführung in die Sport-Natur-Beziehung. Wiesbaden 1998.

Literaturverzeichnis:

Hartmann-Tews, I.: Umweltbewußtsein im Freizeit-/Breitensport: Konturen eines Dilemmas. In: Hartmann-Tews, I. / Allmer, H. (Hrsg.): Sport zwischen Umweltbelastung und ökologischem Bewußtsein. Sankt Augustin 1993, 18–29.

Kleinhans, M.: Natursport und Naturschutz. In: Egner, H. (Hrsg.): Natursport – Schaden oder Nutzen für die Natur? Symposium am Geographischen Institut des Johannes Gutenberg-Universität Mainz am 11./12. Mai 2001. Hamburg 2001, 7–20.

Kuhn, P.: Indoor-Sport und Ökologie. Studien zur Umweltproblematik des alltagskulturellen Sports. Schorndorf 1996.

Liedtke, G. / Lang, S. / Jakob, E.: Outdoorkultur als pädagogische Aufgabe. In: Ferstl, A. / Schettgen, P. / Scholz, M. (Hrsg.): Der Nutzen des Nachklangs. Neue Wege der Transfersicherung bei handlungs- und erfahrungsorientierten Lernprojekten. Augsburg 2004, 210–222.

Meinberg, E.: Sport-Umwelt-Konflikt. Eine ethische Problemanzeige. In: Hartmann-Tews, I. / Allmer, H. (Hrsg.): Sport zwischen Umweltbelastung und ökologischem Bewußt-

sein. Sankt Augustin 1993, 5–17.
Meyer-Abich, K.M.: Von der Umwelt zur Mitwelt. Unterwegs zu einem neuen Selbstverständnis des Menschen im Ganzen der Natur. In: Himmelheber, M. (Hrsg.): Scheidewege, 18. Jahresschrift für skeptisches Denken. Baiersbronn 1989, 128–149.
Schmidt, K.: Ozon und Sport. In: DSB (Hrsg.): Sport und Mobilität. Dokumentation des 5. Symposiums zur ökologischen Zukunft des Sports im Sept. 1997 in Bodenheim (o.S.). Frankfurt/Main 1998.

Quellen im Internet:

Bayerisches Landesamt für Umweltschutz (Zugriff am 4.11.2006) unter: http://www.bayern.de/lfu/tat_bericht/tb_200x/tb_2004/pdf/skipisten.pdf
Bayerischer Landtag (Zugriff am 4.11.2006) unter: http://www.bayern.landtag.de/bayer_verfassung.html
Envit (Zugriff am 4.11.2006) unter: www.env-it.de/umweltdaten/public/theme.do?nodeIdent=2726
Jugend für Umwelt und Sport (Zugriff am 4.11.2006) unter: http://www.juus.de/index.php?id=8023
Learn-line Nordrheinwestfalen (Zugriff am 4.11.2006) unter: http://www.learn-line.nrw.de/angebote/agenda21/archiv/bildmed/dreieck.jpg
Umweltbundesamt (Zugriff am 4.11.2006) unter: http://www.umweltbundesamt.de/verkehr/emissionen/schadstoffe/motorraeder/emimessmot.htm
Umwelt-online (Zugriff am 4.11.2006) unter: http://www.umwelt-online.de/recht/natursch/bng/bng_ges.htm

Bildnachweis:

Sofern nicht anders angegeben Archiv Limpert Verlag.
Abb. 12: PIXELIO/P.-G. Meister (Fechten); PIXELIO/hita56 (Leichtathletik); PIXELIO/Tom Trumpelt (Schwimmen)
Abb. 16: Autoren
Abb. 17: PIXELIO/streckie
Abb. 18: PIXELIO/Hofschlaeger
Abb. 19: Autoren
Abb. 20: PIXELIO/Kollekowski
Abb. 21: Autoren
Abb. 22: PIXELIO
Abb. 26: istock.com
Abb. 27: PIXELIO/fit1
Abb. 53: Archiv LRP
Abb. 55: Imago/Karl-Heinz Stana
Abb. 56: Imago/Karl-Heinz Stana